U0962944

BLACK SWAN 黑天鹅图书

为 人 生 提 供 领 跑 世 界 的 力 量

BLACK SWAN

罗辑思维

中国为什么有前途

罗振宇 著

中国友谊出版公司

图书在版编目（CIP）数据

罗辑思维：中国为什么有前途 / 罗振宇著. —北京：中国友谊出版公司，2016.3

ISBN 978-7-5057-3671-9

Ⅰ. ①罗… Ⅱ. ①罗… Ⅲ. ①发展战略—研究—中国 Ⅳ. ①D60

中国版本图书馆CIP数据核字（2015）第317442号

书名 罗辑思维：中国为什么有前途
作者 罗振宇
出版 中国友谊出版公司
发行 中国友谊出版公司
经销 新华书店
印刷 北京鹏润伟业印刷有限公司
规格 710×1000毫米 16开
22.5印张 210千字
版次 2016年3月第1版
印次 2016年3月第1次印刷
书号 ISBN 978-7-5057-3671-9
定价 42.00元
地址 北京市朝阳区西坝河南里17号楼
邮编 100028
电话 （010）64668676

目 录

第一章　理性乐观派

这个世界上最好的生存态度不是当一个傻帽悲观派，而是当一个理性乐观派。

第二章 看不懂的中国经济

费正清说：“中国可能做出的选择，中国一切历史事件可能流经的渠道，也许是一条比我们可以轻易想象的更窄的路。”

第三章　现代化的本质

中国会不会有前途？这个问题不仅中国人关心，全世界人民都关心。这可不是个政治话题，这是和地球上此时此刻所有活着的人命运攸关的话题，尤其攸关我们中国人。

我们关心的是，每一个活在这个领土上的中国人对自己未来的成败利钝要把握住什么样的机会，这个国家会把我们的命运带向何方，这是基本的坐标系问题。所以，只要你是一个中国人，只要你在读书，在思考，这就是你心中排遣不去的问题。

第四章 成长的坐标

我常说，互联网时代的生存哲学就是“要享用，但是不一定去占有”。因为占有是存量逻辑，而享用是靠自己的本事去挣钱，然后享用它，是一个增量逻辑。

第一章

理性乐观派

我认为，未来20年中国经济会一路向好，20年之后会达到我们今天完全没有办法想象的高度。

01 | 中国为什么有前途

“希望美国政府变成中国政府”

中国会不会有前途？这个问题不仅中国人关心，全世界人民都关心。这可不是个政治话题，这是和地球上此时此刻所有活着的人命运攸关的话题，尤其攸关我们中国人。

我们关心的是，每一个活在这个领土上的中国人对自己未来的成败利钝要把握住什么样的机会，这个国家会把我们的命运带向何方，这是基本的坐标系问题。所以，只要你是一个中国人，只要你在读书，在思考，这就是你心中排遣不去的问题。

全世界人民都关心这个问题。前几年，《纽约时报》的专栏作家弗里德曼写了一本著名的书，叫《世界是平的》。弗里德曼这个人很有思想，前年他在台湾做了一次演讲，说如果再过几百年，我们回头来看21世纪前10年人类的历史，会发现 “9·11”事件、奥巴马上台等都是浮云，都不重要。这10年真正重要的历史事件只有一个，那就是中国政府决定走可持续发展的道路。

然后他说，美国政府真要命，民主、共和两党为是否要走可持续发展的道路在扯皮。有什么好扯皮的呢？有眼光、有战略高度的政治家马上就可以确定，美国人也要走这条路。但是，美国政府就是定不下来，“我真希望有一天美国政府能变成中国政府，赶紧把持续发展的决策定下来。”

全场人目瞪口呆、鸦雀无声，都在听他下面怎么讲。弗里德曼说，当然，把这个决策定下来后，还得赶紧变回美国政府。

从这次演讲当中，我们就能看出美国公知的一种心态：世界上崛起了一个国家，我们不喜欢它，也不认同它，但是它有时候真的很有效，所以我们真心希望有一天我们能变成那样，把它有效的部分也利用一下，中为洋用，然后再变回来。

中国经济会好到我们不敢相信的程度

这体现了西方公知的一个矛盾心态，他们面对这个国家，既厌恶又羡慕。我们中国人也一样。我还记得前几年去美国，有一个人10年前就断言中国不行了，觉得自己得移民。移民到美国后，他其实混得很一般。一旦国内来人，他就问：“中国现在怎么样了？新闻我是不敢信的，我问问你们，中国怎么样？”我们就说很好啊，蒸蒸日上。他就很失落，很沮丧，因为这跟他10年前的判断不一样，跟他用生命和全部家当赌上去的那个方向不一致，所以他的后半生也够悲惨的，天天在美国、在自己的别墅里盼着传来祖国不好了的消息。

我还记得在一个企业家论坛上，大家都在抱怨现在生意不好做，企业的发展环境不好。然后我的朋友、主持人袁岳就蹦上台说：“这个现场弥漫着一种很奇怪的氛围，大家一边在抱怨生意不好做，一边却拼命在投资、在做生意。所有的生意人都是对未来看好才会去投资、做生意的吧，谁要是觉得这个国家快完蛋了，就会马上把钱换成金戒指跑路了，可你们还在做生意，这说明你们的判断和你们的行为是完全相反的。”

中国这个大国妙就妙在这儿，复杂也就复杂在这儿，因为它太大，我们能看到的现象太多，它折射给我们的那些面相太多元、太丰富，所以就看你信什么。

《罗辑思维》要得出自己的结论。这个结论就是，我预测未来20年内，中国经济会好到我们不敢相信的程度。什么叫不敢相信的程度？你倒下带，30年前中国人无论如何都想不到我们今天会是这样一幅生活光景，这就叫好到不敢相信的程度。换句话说，我认为，未来20年中国经济会一路向好，20年之后会达到我们今天完全没有办法想象的高度。我是中国经济的铁杆乐观派。

为什么这么说？这个观点是我画线画出来的吗？有一派傻帽经济学家就这么画线，他们告诉我们，过去30年我们每年征粮10%，延长到20年后就会达到一个高度，所以我们很好——这叫傻帽儿。真正有眼光、有格局、有战略高度的经济学家，一定会回到一个词——“现有格局”。

什么叫中国经济有前途？前途指的是我们能够改造或者颠覆现有的国际经济格局，否则就变成了一个没有阻力的真空，我们自己走上康庄大道，一路往前狂奔就可以了——实际上哪有那么容易？每一步我们都是在束缚之下往前走出的，这个束缚就是美国人在二战后已经维持了70年、已经熟透了的一套捆绑体系，我们中国人就被捆绑在这个体系的某一个位置上。

要想搞清楚这个体系，我给大家推荐一本书——《中国为什么有前途》，它的作者叫翟东升，是中国人民大学的一位老师。这本书是相关主题的著作当中，框架最简洁，但是论述最深刻的一本书。其中我重点推荐第一章，它能帮我们理清很多似是而非的框架，比方说，现在国际经济到底是一个什么格局？按美国人的说法，全球经济一体化，也就是所谓“全球化进程”。可是，“自由”这个词能够解释我们的现状吗？不能，这本书告诉你，现在全球经济实际上是一个喷泉。

这个喷泉是怎么喷的呢？且不说复杂的，我们就说中美两国。中国在下面，美国在上面。第一点，中国人生产东西，然后卖给美国人。中国经济的对外依存度很高，主要依存对象就是美国市场，江浙一带的很多工厂生产了东西卖到美国市场，让美国消费者来买，买完之后要付钱，付的是美国中央银行联邦储备局印的美钞。这些绿票子到了中国人手里，中国人觉得这钱好烫手啊，搁在手里也没有好的投资渠道，怎么办？再存到美国的银行。美国再发行各种金融产品，把这笔资本反过来投资到中国。

大家清楚了吧，里外都是美国人赚。我们造的东西给他们用，他们付给我们的钱是他们印的，他们印的钱回头我们还存在他们那儿。所以经济学上就有一个词叫“铸币税”，这个铸币税跟其他税都不一样，其他的税只能收自己国民的，可是铸币税不同。美国人依靠自己强大的经济、文化、军事后盾，可以向全球发行美钞。现在美钞连印刷成本都省了，在键盘上敲几个字，钱从硬盘的一个区换到另外一个区，就完成了一笔大交易，然后就可以免费地、无偿地占有中国人的劳动了。

郎咸平教授经常讲一个例子，芭比娃娃在美国市场卖10美金，但是中国人生产出芭比娃娃卖给美国的经销商，只能得到1美金，这意味着，在全球的产业链里面，我们才占10%，剩下的钱全让美国人赚了。

如果这套理论你听着还有点迷糊，那我再给你举个例子。十几年前，房地产商在劝我们贷款买房的时候，给我们讲过一个美国老太太和中国老太太的故事。美国老太太怎么活？她年纪轻轻就贷款买了一套房，临死前一天把贷款还完了，但是她住了一辈子的房。中国老太太不行，她拼命攒钱，在临死前一天才凑足了买房的钱，买了一套房，一天没住就死了。所以房地产商告诉我们，聪明人都得按美国老太太那套活法过。

经过房地产商十几年的谆谆教导，中国人也接受这套玩法了。但是不知道你从中琢磨出什么没有，凡有一个美国老太太，就必须有一个中国老太太。如果全世界人民都按美国老太太的活法，贷款借钱，谁借给你？总有一些傻帽儿天天只干活儿不消费，勒紧裤腰带把钱借给你，富人借了这笔钱开始花天酒地，然后又用自己想的各种招，把钱还给穷人。所以，当美国老太太在壁炉前安详地摸着孙子的头讲故事的时候，总有一个中国老太太汗流浃背地举着杠铃在她身后站着。

所以，不是每个人都可以选择美国老太太的活法，你在国际经济格局当中的位置决定了你的活法，这就是中国和美国之间的关系。所以中国有前途的前提是，美国这套玩法要解体。请问这有可能吗？当然很难，美国人也不是吃干饭的，美国可是世界精英荟萃之地，是一个强大而有创造性的国家。他们用战后的70年和冷战之后的20年，处心积虑地打造了这样一个体系，一个金钟罩、铁布衫，能轻易被你破掉吗？不容易。

美国第一个罩门：陷入产业空心化

但是，我坚信世界上有一个东西叫辩证法，所有东西有生必有死，有兴必有衰，有盛世必有衰亡。美国这一套东西，不过才玩了70多年，还没到一个世纪呢，这在人类历史的漫漫长河中不过是一朵浪花，这朵浪花有翻起的时候，就有落下的时候。辩证法决定了这套玩法迟早会玩不下去。

但是问题来了，美国人这一套金钟罩、铁布衫的罩门在哪儿？根据翟东升先生的分析，罩门有两个。

第一个罩门，美国人这套玩法其实也是一个诅咒，他们可以用一个花招占用别人的无偿劳动，轻易就能挣到钱，那么那些苦活儿、累活儿、脏活儿，那些很难挣的钱，他们就不会挣。换句话说，美国一定会陷入一种叫产业空心化的状态。其实，这一点已经出现了。美国的底特律，原来那么红火的汽车城，现在萧条成什么样子？就是因为他们美国人在撅腚哈腰干活的时候，觉得不过瘾了，就这么简单。

所以他们制造财富的基础是不断被掏空的，这是美国的一大罩门，现在已经呈现出一些苗头。

美国第二个罩门：大有大的难处

第二个罩门就是，美国要维持这么大的摊子得花成本，什么成本？军事开支。山姆大叔其实相当于开了一家面向全世界人民的银行。开银行需要什么？需要资本金，需要大客户，需要大规模结算的业务，需要金融产品。

首先，资本金。在二战结束的时候，美国的实力是最强悍的，占有世界黄金储备的四分之三，资本金雄厚。

其次，大客户。美国把日本、中东那些石油大国全部揽在手里，都是联盟，左牵黄，右擎苍，在亚洲牵着日本，在欧洲擎着英国，这些就是它的大客户，可以避免美国这家银行被其他客户挤兑。

再次，大笔结算的业务。二战后，美国最重要的是什么？是石油、美元，让工业时代最大宗的能源产品石油用美金去结算，这套把戏才获得了坚实的基础。

最后，能创造出各种各样的金融衍生产品卖给全世界，这家银行就开得成。可是开这家银行，必须要有雄伟的大厦，看起来厚厚的墙壁，坚不可摧的金库，帮大客户搞定任何难题的能力，以及门口站着的保安。所以，我们看美国的军力部署，美洲司令部才几个人，因为那里不重要；但美国在全球布司令部。为什么海湾一出事他那么紧张？借用王熙凤的一句话，“大有大的难处”，要撑起这么大的场面，就得付出这么多的成本。

有本书不知道大家看过没有，已经畅销了很多年，叫《大国的兴衰》，作者是美国人保罗·肯尼迪。书里面有一句话，我觉得是这本书的文眼——“一个大国兴衰的转捩点其实非常好计算，就是一个公式，当一个国家扩张的成本已经超过了它扩张的收益的时候，就是它由盛转衰的转折点。”

美国现在就到了这个转折点。中国的宏观经济学家王健，曾经算过这么一笔账，他说美国的国力大概在2009年达到了峰值。他是这么算的，那一年美国的入钞大概是9000多亿美金——给出的东西没有拿进来的东西多，这个就叫入钞，就是白拿的那堆东西。而那一年美国的军费支出是4000多亿美金，基本净赚5000多亿。可是到2011年的时候情况就不对了，2011年美国的入钞只有4000多亿美金，可是军费支出已经高达7000多亿美金，这将近3000亿美金就是净赔。

历史上，英国的衰落也是这样。二战之后英国为什么要把大殖民地吐出来？因为不划算了。它维持这么大的摊子，军费开支已经不划算了，所以就撤了，绝不是因为良心发现。美国现在也正好处在这样的转折点上，这是美国的第二个罩门。

总之，根据辩证法，一朵浪花喷薄而起，就一定会有衰落下去的时候。所以，美国迟早会衰落。但问题是，美国衰落之后，上位的一定是中国人吗？未必。

刚才我们说到，美国人用战后70年的时间，打造出了一个看似坚不可摧的庞大的世界经济体系，由它来主导。但是中国有一句古诗："神龟虽寿，犹有竟时。"美国的这一套玩法总有日薄西山的那一天，那么，代之而兴的会是哪个国家？会不会是我们中国人呢？

这个结论我们先不急着下，我们先往后退，一直退到能够看到500年的大历史跨度的时候，再来看能够获得什么样的启示。

500年间大国崛起的两个动因

从1492年哥伦布的地理大发现开始直到今天，大概是500多年。在这500年的历史当中，我们会发现，坐庄的中央国家一直在换，原来的霸主会下庄，然后不断有新霸主上来。

16世纪、17世纪的霸主是谁？是伊比利亚半岛上的两个国家，葡萄牙和西班牙，加上后来的荷兰。这三个国家都是袖珍型国家，只有百万级人口，但是很牛。教皇曾经下过一纸教令，说葡萄牙和西班牙别打了，在地球上画道线，东半球归你，西半球归它，就这么把地球分了。那个时候，它俩就是地地道道的中央国家，雄霸一时。

到了18世纪、19世纪，中央国家就换成了一个更大人口级别的英国——千万人口级。

可到了20世纪，英国必须把指挥权交出来，交给亿级人口的美国和苏联作为中央国家。

从这500年的历史中，我们会发现一个规律，后来崛起的大国，永远比前一个中央国家在人口数量上高整整一个数量级。这是什么道理？翟东升先生就讲出了一套道理。

大国崛起是由两个动因来决定的，第一个动因叫创新。道理很简单，谁创造了新技术，谁创造了新的制度，谁就会崛起。就像当年的荷兰，造船技术、航海技术很牛，而且创造了全新的金融制度，所以就崛起了。

可是创新有一个命运，就是所有人知道这一套很管用以后，就会学习。大清帝国被打趴下之后，爬起来做的第一件事就是“师夷长技以制夷”，开展洋务运动——我又不傻，都是人类，你的创新我一定得学到自己身上。所以创新之后一定是创新的扩散，创新一旦扩散，什么会成为大国崛起的条件？

这时候，第二个条件就出现了——规模。因为你那三板斧我全会耍了，即使我的技术比你差一点儿，但是我肉大身沉，一屁股就可以把你坐趴下。这就是大国崛起的第二个规律。

这500年的历史，就是这两个动因交替起作用的结果。

下一个世界霸主会是谁

不妨再回到20世纪初，当时世界上有两个大胖子，美国和苏联。真要比创新的话，欧洲看不起这两个国家，觉得都是从欧洲偷去的。就像现在美国人指责中国人的盗版，说我们不尊重知识产权，当年英国人就是这么说美国人的，美国人也气得要死。英国人经常跟美国人开玩笑：你知道你爹是谁吗？你知道你爷爷是谁吗？你知道你爷爷的爷爷是谁吗？我们这儿都很清楚，可你们国家没历史，看看你们那些教堂，只能给上帝住经济适用房；到我们欧洲看看，教堂一造就是几百年，雕梁画栋，文化差距太大了。

再看俄国。欧洲人当时给俄国起一个外号，叫“蒸汽压路机”，就是说，俄国看似很胖、很大，但是走得太慢了，气喘吁吁。在欧洲的宫廷里，一个人不会说法语都不好意思跟别人打招呼，会被认为没文化，会被撵出去。但是，等俄国学会了欧洲的先进技术，人口又比欧洲多，欧洲还敢说什么？

二战刚开始的时候，丘吉尔找过斯大林，问他能拿出多少个师，说我们英国能拿出20个师。斯大林稍微拨了一下算盘说，我出700个师吧。这国力差距根本没法比，苏联的人口级别太大了。

说到这儿，不知道大家是否能想到我下面会说什么。对，当美国的霸主地位下庄之后，如果此前500年的规律还在起作用，请问下一任霸主该是谁？谁会继位成为中央国家呢？翻翻世界地图就会知道，只有两个候选人，一个中国，一个印度。这两个都是大胖子，都有10亿级的人口，都被西方欺负了那么多年，这两个大胖子都蹲在地上看了100多年了。现在如果美国这一套玩不转了，下面继任的会是谁呢？在印度和中国之间，你会赌谁赢呢？

我赌中国赢的几个理由

我罗胖从来不是一个民族主义者，但是在这道选择题当中，我赌中国赢。为什么？

我们再来看20世纪的历史。二战之后，想从边缘国家变成中央国家，是每一个独立民族的天然愿望，不管是谁都会这么想：得崛起，得带领这个国家强大起来。

可是有谁做到了？从目前来看，把这一步走完的国家和地区屈指可数，比如说新加坡、韩国、中国台湾。还有谁？没有了。这些国家和地区之所以能走完这几步，有几个内在的规律。

第一个规律，它们摆脱了资源的诅咒，在资源上几乎是一穷二白。资源太多才叫资源的诅咒，这跟我们的常识是相反的。资源多的国家，因为地底下随便一挖就是金子、矿产、石油，所以其他产业就没法建立。而且因为有这样确定的财源，军事集团或者政治集团就会把持，那么现代化的经济结构和政治结构就没办法建立。所以，你以为上帝是你表哥，特意给你在地底下埋了些好东西，其实是在害你。

二战之后崛起的国家和地区，第一个共同点就是资源上一穷二白，什么都没有。新加坡有什么？那么小一个国家，所有航班都是国际航班，有什么资源？韩国如此，中国的台湾也如此。

第二个规律，人口基本都控制住了。为什么崛起的都是小国或者是一个地区呢？比较好控制人口。

第三个规律，都摆脱了所谓赶超的梦想。什么叫赶超？就是把国门一关，美国人有什么，我也得有。当年我们中国人把门一关，开始造大飞机，造自己的汽车厂，可这是用国家的过度投资堆出来的，在国际上毫无竞争力，虽然东西造出来了，但成本上不划算，最后就被套牢了。印度现在的汽车产业就是这样。把国门一关，继续维持既不挣钱、效率又低、用国家资本来保障的产业，骑虎难下，左右为难。

真正崛起的国家和地区全部是不赶超、不封闭，干脆接入全世界的分工体系，从最脏最苦最累的活儿干起的，无论是当年的新加坡、韩国，还是中国的台湾地区，都是这样，反而获得了一个成长的机会。

第四个规律，这几个地方都是强人政治。你别跟我讲什么民主，韩国当年正是朴正熙时期，台湾也处于国民党的威权时期，经济大起飞。为什么？其实道理也很简单，如果我们向西方资本打开大门，接入全球经济体系之后，那些民族主义分子就会抗议，说政府把外资引进来是卖国求荣，迫害我们的民族产业。如果这个国家或地区是完全民选制的，又没有控制力，那谁会上台？委内瑞拉总统查韦斯这种人会上台，打着民主主义的旗号，争取到多数选票。

所以只有威权政治——在政治上有绝对的控制力，才能够执行这一套策略。资源陷阱、人口陷阱、赶超陷阱和政治陷阱全部绕过的国家和地区，在过去的50年里屈指可数，只有新加坡、韩国和中国的台湾做到了。

听完这些，你想到了什么？对，中国也基本凑齐了这四个条件，而印度还差得远，这就是我赌中国赢的原因。

中国是如何加入世界分工中的

在过去的30年里，中国执行的是 “三外路线”，就是引进外资、鼓励外贸、管制外汇。“三外政策”的本质就是打开国门，和世界经济体系用一种极不平等的条件完成对接。过去30年，我们天天当“中国老太太”举着杠铃，让“美国老太太”坐在家里享福。但我们获得的是什么？几乎全中国的农村劳动力都被动员起来进入了城市，用自己的一双手获得了跟世界经济体系对接的机会。我们就好像创办了一所又一所大学，让全中国人民都卷入了世界的分工体系，这是办多少所学校也做不到的事情。

虽然在表面的账本上，我们真的是亏了，但是真实的账本是什么？中国由于和世界对接，参与了世界分工，我们人力资本的价值在过去30年里暴涨。

举个简单的例子，中国的汽车产业政策一直被很多专家诟病，说我们原本要用市场换技术，结果把市场开放了，技术却没换来。中国现在的汽车技术还是一塌糊涂，但是市场一直被外资汽车，比如大众这些汽车厂家绑架着，我们失败了。真的失败了吗？是因为那些专家没有算清一笔账。中国现在民族汽车品牌的人才都是谁培养的？都是那些外资企业培养出来的，我们在人力资本这个账上赚大发了。

如果当年不引入大众、奥迪的生产，我们能培养出自主品牌这些人才吗？例如，奇瑞的老板尹同耀就是一汽在外国人的工厂里面培养出来的。现在一汽自己开发出了国产品牌奔腾。如果没有外国人给我们培养人才，我们哪有今天国产自主品牌的创新呢？

可是印度就是另外一番天地了。在印度独立之前，“国父”甘地就说，印度不要开放了，我们自己关起门来就挺好。尼赫鲁也如故，印度当年搞国营企业的劲头不比中国小，天天关起家门来搞。可问题是，印度的民主会天然地左倾，或者天然地走向保守。

给大家举个例子，是前两年发生的事情。当时印度总理打算把零售业对全球资本开放，把沃尔玛、家乐福引入印度。印度的零售业主死活不干，他们有组织，有工会，有游说集团，于是上千人、上万人上街游行，政府只能放弃。所以现在印度很少有大超市，基本上都是夫妻老婆店和那种很小很小的零售商。

中国政府就不一样了，国策既定，大门彻底打开，让开两厢让零售业进入，你看现在哪个大城市没有沃尔玛、家乐福？

所以我们的零售企业就起来了。相应地，我们得到了什么？固然让美国人、法国人挣着钱了，可是也培养出了大量的零售业人才。现在京东商城、天猫、一号店的人才，能说跟这个外资进来没有关系吗？里里外外这个账一算，中国人还是很划算的。

《中国为什么有前途》这本书里说，中国人用的这种武功就是《天龙八部》里面段誉使的北冥神功，是逍遥派的当家武功，它最大的特征就是在跟对手交手的时候，可以吸对手的内力。没错，美国人在跟我们的每一笔交易当中都划算，但是总体算起来还是中国人最划算。

当年我当记者的时候，到安徽无为去采访，有一个年纪很大的村支书蹲在地下，我拿摄影机对着他问："这村里还有年轻人吗？"

"哪有年轻人，没有年轻人了。"

"年轻人都哪儿去了？"

"到城里打工去了。"

"还有在家的吗？"

"谁待在家里？在家里不光彩。" 他拿手指比画着脸，说在家里不光彩。

没错，在过去的30年里，中国大量的年轻人被动员到城市，参与到国际社会分工里面。虽然每一笔细账都不划算，但是总体算下来，中国人难道不是吸了欧美国家的内力吗？我们的"北冥神功"用了30年，我们的内功获得了很大提升。

中国、印度的发展战略比较

中国只会这一种武功吗？不然，我还总结出另外一种武功，同样出于《天龙八部》，是虚竹他爹少林寺的玄慈方丈使的大金刚掌，这是一派佛门心法，有刚猛之势。其实，我要讨论的就是中国的人口规模。

你可能会说，印度的人口规模也很大呀！没错，印度的人口规模也很大，但是和中国的人口是两回事，中国的人口是被深耕过的，每一个人都可能对接到世界分工体系里。印度可不然，印度只有几百万人对接到了软件外包这些貌似“高富帅”的产业里面，剩下来那些庞大的底座仍然处于自然经济状态，没有进入世界分工体系。

中国的经济学家徐滇庆教授写了一本书，叫《终结贫穷之路》，副标题是“中国、印度的发展战略比较”。他在这本书的序言里铁口直断，说和中国相比，印度把路走错了，印度人老看不起中国人，说我们的产业没有印度的“高富帅”——印度是搞软件的，是高科技，我们只能搞搞制造业，生产些芭比娃娃、塑料盆什么的。

正是因为中国人干的是低端制造业，才可以让每一个普通老百姓有机会参与到国际分工中去，有机会在国际市场中提升自己的人力资本。而印度不行，因为印度只有极少的精英能够参与到这样的机会中，而庞大的底座还沉在深深的湖底，没有浮出水面。这就是中印两个国家的差距，在人口上的差距。

中国的人口有两大特征，第一特征，规模大。规模本身就是力量，很多人说中国现在制造业人工成本上升，制造业的优势不再。这都是胡扯，中国制造业的优势从来不是只站在人工工资低这一个基础上的。

你知道在中国的街上随便买一个打火机多少钱？一块钱人民币，这是零售价。你知道工厂的批发价最低是多少吗？一毛三分钱。你拿给美国人或者德国人，说人工除外，我给你一毛三分钱人民币，你帮我做一个打火机，他们也能做。所以根本就不是这个问题。

中国真正的实力不仅是人工费用便宜，还有由于人口规模巨大带来的产业集群和产业配套能力。所以很多人说有的国家要替代中国在制造业的地位，是白日做梦，谁拿得出四个亿受过良好的初等教育的劳动力？拿不出来，怎么替代中国现在在制造业中的地位？规模本身就说明问题。

中国人口的第二个特征是，每个人都有强烈的发财欲望。我给大家讲个故事，2008年北京奥运会之前，有一个印度记者跑到中国来采访。他第一次来中国，就跟媒体同行说，好奇怪，我觉得中国的人口密度应该大过印度才对啊。确实，两国人口比起来，中国还要多一点，但是我们的可居住国土面积是差不多的，所以算起来中国的人口密度应该大一些。可是他到中国一看，没有人啊，很多二三线城市早上九点上班之后，街上就稀稀拉拉没什么人了。在北京，出了六环往两边看，哪有人？中国的媒体同行就跟他开玩笑说，都做成罐头出口了。

过了一段时间，这个印度记者说，他终于明白为什么了。他说他发现了一个特别奇怪的现象，每一个中国人都知道自己第二天要干什么。我们说，这很奇怪吗？他说很奇怪，至少在印度，人们不是这样的，很多人不知道自己第二天要干什么。

这就是这两个国家的区别。所以这位印度记者讲，中国为什么到处见不到人？是因为人口发生了大量的积聚。湖南的一个村落一般有几千人，可是我们会发现青壮年都不在村子里了，去哪儿了？在深圳蓝洼洼的屋顶下夜以继日地加班，挣加班费。北京的公园到了周末，也看不到太多年轻的面孔，他们在哪儿？在写字楼里加班，在课堂上学习，或者在Shopping Mall里带孩子参加各种补习班。他们在奔日子，在奔前程。

每一个中国人，不管是底层的引车卖浆者流，还是高官巨贾，每一个人都不以自己的现状为满足，都在往前奔，这就是中国。虽然我们自己已经觉得见怪不怪了，但是四面张望一下，会发现全世界没有一个民族是以这种方式生活的。

有一个海外归来的经济学家就跟我讲，中国当然有前途，中国经济肯定要发展，这还用说嘛！世界上哪一个国家像中国这样，每个人都急切地要改变命运，不管自己现在的命运是什么样，也不管自己的理想是不是现实，都要去改变命运。这样的民族不发财，那才是见鬼了。

这个道理虽然好像很生硬，但我们不能不承认，还真是个硬道理。

中国未来的两个不确定性

不知道大家注意到没有，前面我讨论中国为什么有前途的时候，两次用到一个字："赌"。是的，我告诉大家的不是一个确定无疑的答案，只是一种可能性。换句话讲，在下一轮世界中央国家兴起这个火车站里，我们中国人拿到了仅有的两张车票之一，而且我们比月台上另外一个乘客——印度，好像距离列车要近了那么一步，仅此而已。我的判断也只能止步于此，因为还有巨大的不确定性在等着我们。

我至少可以列出三个不确定性。

第一，中美关系。要知道，人类历史上两个中央国家的和平交接，历史上只发生过一次，就是在盎格鲁-撒克逊人内部，英国人交棒给了美国人，剩下的都得靠剧烈的摩擦甚至战争才能解决问题。中美如果发生中央国家的交棒，到底是通过和平的方式还是战争的方式呢？我们不知道。我们只知道，那些"愤青"天天说中美必有一战，都是胡说八道，因为这一战不管谁赢谁输都是人类的悲剧，都是要用漫长的时间才能平复的创伤。我们有没有可能用智慧来完成这一次交替？不管是共同成长，还是完成中国的超越。

中国人在30年前进入世界体系的时候，我们的体量很小，就好像一只猴子在美国这株大树上蹿蹦跳跃，美国人也乐观其成。可是30年后，我们已经长成一头大象了，如果这个时候再在大树上蹿蹦跳跃，也得考虑树受得了受不了啊！所以，美国现在拼命地想把中国这块牛皮糖从身上撕下去。中美双方都意识到了，如果再按过去30年的玩法玩下去，大家只会两败俱伤。所以中美关系如今处于一个巨大的利益调整期、格局调整期。我们有没有智慧安然度过这个调整期？历史在考验我们。

总而言之，任何公式中当一个变量足够大的时候，公式本身就要崩溃。牛顿力学不就是这样嘛，那样一个完美的世界，当速度变成了光速的时候，只有切换到爱因斯坦的相对论才能解释得通。所以中国变成大象，闯进了世界的瓷器店之后，过去所有的规矩都得改写，至于改写成什么样，有没有痛苦，那就要看我们的智慧了，这是第一个不确定性。

第二个不确定性就是，我们不知道以互联网为代表的新技术带来的世界政治经济格局底层逻辑的大变局，会把人类引向何方。因为我们前面所有的分析都是根据过往500年、200年、70年的经验倒推出来的。可是未来的几十年，这些规矩还会奏效吗？谁都不知道。

比方说能源，会不会出现新能源格局？如果出现，那么工业时代对石油的依赖，中东那种战略性的枢纽地位就会发生变化。再比如说制造业，在未来互联网驱动、数据驱动的情况下，第三次工业革命还会依赖像中国这样的低成本劳动力来支撑吗？未必。奥巴马政府最重要的国策之一，就是让制造业回流美国。这件事情会把双方的关系格局带到哪里？我们也不知道。

02 傻帽悲观派

煽动者的逻辑

我想为煽动者画一张像。煽动者通常用三段论逻辑，第一句话他会告诉你，这个世界一团漆黑，马上就要大祸临头了！第二句话他会告诉你，为什么会这样呢？因为有一小部分人作恶，比如希特勒嘴里的犹太人、某经济学家嘴里的罗斯柴尔德银行，所以我们才沦落到如此处境。第三句话他会告诉你，怎么办？团结起来，组织起来，行动起来，跟我来，我有办法。这样的人就叫煽动者。

你还别觉得煽动者只存在于政治当中，现在很多商业广告的逻辑都是煽动者的逻辑——列出问题，摆出解决方案，然后把问题再强调一遍，把自己的解决方案说得无比美好。这都是煽动者。

举个简单的例子，美国前副总统戈尔曾在全球各地演讲，还拍了一部纪录片叫《难以忽视的真相》，说地球马上就要升温了，升温之后环境就完了，再升温几度，人类就要永远灭绝了。那么，大祸临头怪谁呢？怪中国人，中国人烧煤、烧汽油，拼命买车，美国人看着就糟心。怎么办呢？我有一套解决方案，通过碳交易来减碳、减排，然后就召开了斯德哥尔摩会议，给中国政府施压。这套逻辑就是煽动逻辑。

我们《罗辑思维》的逻辑正好是反着来的。第一，我们强调的是这个世界无比美好，而且会越来越美好。以互联网技术为代表的一系列新技术正在给每一个国人洞开崛起的大门。第二，我们强调不要去仇恨，应该让爱的人、气味相投的人、玩得来的人跟我们一起玩，不要跟别人去斗争和抗争，因为人类早就摆脱那样的时代了。第三，我们强调的是自由人的自由联合，这才是创造力的源泉。

当一个傻帽悲观派还是理性乐观派呢

《罗辑思维》的逻辑和煽动者的逻辑起点就不一样，那就是，这个世界到底是会越变越好，还是会因为某个迫在眉睫的危机而变得一团黑暗？我们是要当一个傻帽悲观派，还是一个理性乐观派呢？

看到这儿，估计有朋友已经猜到了，我要讲的是《理性乐观派》这本书。

先从悲观谈起吧，大家闭上眼睛想一想，这个世界有多少会让我们悲伤的事情啊，贫困、疾病、土壤沙化、大气层酸雨、臭氧层稀薄、生物种群灭绝、小行星撞地球、雾霾围城、癌症发病率上升、普遍的道德堕落……这些问题经过专家、教授、学者和媒体的添油加醋已经深入人心了，他们为什么这么说呢？因为这么说有名有利。

先说利，有人给美国前副总统戈尔算过一笔账，他光靠吓唬全世界人民就有上亿美金的进账，而他自己在田纳西州的豪宅的人均碳排放量是美国人均的十几倍，是中国的100多倍。当有记者去责难他的时候，他就说，我花钱买的你管不着，就好像中国人烧煤炭、买石油不花钱似的。

另外就是有名，不知有多少诺贝尔奖获得者、畅销书作者、纪录片导演，都是靠给人类带来坏消息而成名的。这些人有忧郁的眉头、机智的眼神、坚定的信念，怎么可能没有一颗善良完美的心灵呢？

一个人是不是高尚，跟他得出的结论是不是正确，这之间的逻辑差了十万八千里。但是所有这样做的人，都获得了好名声；相反，所有对这个世界抱有乐观态度的人反而显得很浅薄。

著名的经济学家哈耶克讲过一句话："如果对人类发展的善性抱有乐观态度，这样的人就显得心智浅薄。"所以，有名又有利，还显得不浅薄，为什么他们不趋之若鹜呢？

我们现在是最糟糕的?

悲观的论调在人类历史上源远流长，在古希腊时代，公元前8世纪就有诗人吟唱道："过去的时代多美好，现在是多么糟糕。"古希腊人把世界历史分成三段，黄金时代、白银时代、黑铁时代，黄金时代那是很久很久以前的事了，而现在是最糟糕的黑铁时代。

中国的孔子也这么说，所有的思想家都这么说——过去很美好，现在很糟糕。孔子之后一千多年的朱熹就说，三代以上，天理流行，王道圣战；三代以下，人欲横行，霸道盛行。

但有趣的是，所有这些高大上的、显得那么正确有智慧的言论，它们没有对过一回。人类世界到今天为止一直是蒸蒸日上的，所有的担忧几乎都没有实现，所有我们认为注定要恶化的情况都没有恶化。

举个最典型的例子就是工业革命，工业革命应该说是人类历史发展到今天最没有争议的，对人类贡献巨大的一个历史阶段。我们就拿工业革命的发源地英格兰来说，英格兰在1750年到1850年这100年里，发生了什么呢?

首先，我们看到的一个表象就是人口大爆炸。1750年英格兰只有600万人，到了1800年，已经变成了900万人，到1820年的时候已经变成了1200万人。人口爆炸肯定能说明一些问题。最起码，食物增多了，人们普遍的营养水平提高了，生活品质上升了，才会发生人口大爆炸，唯有盛世才会有这么一个结果。

可是当时的文人是怎么描述那段日子的？大学者罗素就讲过一段话，稍微学过经济史、有一点常识的人都知道："工业革命带给英国人的是一场灾难，那100年英国人的幸福和前100年是没法比的，而这些问题都怪科学技术。"

其实当时考察过英格兰社会的人有很多，比如说伟大的革命导师恩格斯。他那时候还很年轻，1844年在伦敦待过一段时间，然后写了一本书叫《英国工人阶级状况》。他在伦敦看到的的确都是贫民窟，是工人阶级在啼饥号寒。到了1892年，他的《英国工人阶级状况》已是名作，正要出版第二版，恩格斯写了一篇序言，在序言里老老实实承认，当年描述的情况现在在英国已经不复存在了。当然，恩格斯接着又讲了"但是……"，但那都是后话了。在工业革命阶段，当时人们感受到的那种痛苦、那种不堪，后来才发现全是谎言，全是错误。

其实当时很多把工人阶级的生活状况描述得一团漆黑的人，是根本没有到工业区待过的文人，包括有些贵族老爷到工业区一看，那么脏乱差，居然把衣服晒在户外！在当时的工人住宅区里，这儿拉一根绳，那儿拉一根绳，就像20世纪80年代的上海一样，万国旗飘扬，到处都在晒内裤、晒胸罩、晒被单。

贵族老爷自然看不惯，但这恰恰是工业革命爆发之后英国人生活水平改善的一个标志，他们开始换洗衣服了。那个时候法国人一般不在外面晒衣服，一辈子就一件老棉袄，而且还是传代的，是爷爷的爷爷传下来的，白天当衣服，晚上当褥子，当然不用洗。虽然看起来很干净、很原生态，可那恰恰是落后和贫困的标志。

18世纪早期，英格兰人只能吃黑麦、燕麦做的面包，但是到了工业革命快结束的1850年前后，小麦做的面包，以及原来非常奢侈的肉、蔬菜、水果这些东西，已经进入了寻常百姓家。所以隔了100多年我们往回看，那段时期是最没有争议的人类经济和普遍状况蒸蒸日上的时段，尽管无论是当时人还是后来人都把它描述得一团漆黑。

我小时候真被吓得不轻。1968年，有几个意大利人和一个苏联学者在一幢小别墅里搞了一个小聚会，把全世界很多著名的科学家都给请去了，探讨人类未来会怎么样。一探讨，就觉得这日子没法过了。1972年，他们发表了一篇著名的报告，署名是罗马俱乐部，那篇报告叫《增长的极限》，内容是说，整个地球的资源快用完了，石油最多够用30年，人类没几天好日子过了，等等。

所以我上小学、初中的时候，老师就跟我们讲要环保，要发扬中华民族勤俭节约的好传统，资本主义再这么糟蹋，世界人民的好日子不多了。可是实际上呢？40多年已经过去了，各种资源的探明储量不仅没有减少，而且在增加，增长的极限没有到来，人们没有听那帮学者高瞻远瞩、无比正确的建议，我们仍然在玩命地往前跑，丝毫没有停下来的迹象。

又过了几十年，到了1992年，在巴西里约热内卢召开的联合国大会上，世界各国的领导人一起签了一本特别厚的文件，叫《21世纪议程》，就是说人类已经到了最紧要的关头，我们再不停止发展的步伐就不行了。总而言之，大祸临头了，咱们得想想未来怎么过日子。

不管这些言论有多么崇高的动机，它们都有一个共同的特征，就是都说错了，因为它们对现状的描述、对未来的预期都没有兑现，最后被证明正确的是我们这些傻呵呵的理性乐观派。

我们为什么倾向于接受坏消息

我在前面提到过，有些人向我们传扬坏消息是图名图利，但问题的症结不在这儿，而在于我们作为听众和读者，为什么愿意听这些坏消息？生理学家告诉我们，我们的大脑中有一个区域叫杏仁核，它负责“预警”，说白了就是过滤信息的。因为人接收到的信息是非常丰富的，哪些信息对我们的生存、安全和繁衍至关重要，由杏仁核负责筛选。它还掌管人类的很多原始情绪，比如恐惧、愤怒、仇恨。在莽莽榛榛的原始森林里面，我们的贤明们，我们的祖先，就是靠这个杏仁核来分辨，哪里有老虎的身影，什么是豺狼的嚎叫，什么人动了我的女人，什么时候粮食不够吃了，这对我们能否生存下去至关重要。

随着人类社会的发展，我们的大脑渐渐进化出了另外一部分，叫前额叶皮质，就是大脑皮层前额这块。这就高级多了，因为它管理很多亲社会行为，比如友谊、爱情、情感、协作、善意的表达、语言这些东西，它旨在平衡杏仁核那种很原始、不理性的反应。

这样的坏处是，一个坏消息进来之后，因为杏仁核是先进化出来的，总有个先来后到，它就会做出恐惧、仇恨这些反应，当大脑的前额叶皮质再去做理性处理的时候，杏仁核已经反应完了。这就是我们人类倾向于接受坏消息的一个生理基础的原因。

这个知识是谁告诉我的？是一本书，叫《富足》。这本书跟我前面讲的很多观念是暗合的。生理学家是这样解释的，有一个诺贝尔奖获得者叫卡尼曼，就是《思考，快与慢》的作者，他发明了一个词叫“锚定效应”，什么意思？就是人的决策实际上是依据过往的信息和局限的信息做出来的，我们没有能力依靠全部信息来做决策。所以那些过往的和局部的信息就主导了我们的决策，因而产生了认知偏差。

举个简单的例子，19世纪末整个伦敦人民最烦恼的事情就是街上到处都是马粪，因为当时主要的交通工具是马车。当时的伦敦已经不适宜人类居住了，马粪越堆越高，根本就没有办法清除掉，人们就觉得末日来临了。他们万万没有想到，汽车出现后这个问题就解决了。因为他们只能根据过往的信息得出结论。

人类历史上这样的例子有很多，比如计算机刚发明的时候，IBM的创始人沃森就说过一句话，人类只需要五台电脑就够了。当时还有一个计算机学者说，人类总不能每家每户有一台电脑吧，这成何体统？他们没想到，几十年之后就实现了，就是人人一台电脑，有些人甚至还不止一台。

为什么他们当年会犯这么愚蠢的错误？虽然在当年他们都是聪明绝顶的人，但当时他们看到的电脑是什么样子？好几吨重，大得能装满一间屋子，这样的电脑当然不可能一人一台了。他们所有的决策都是根据过往和受局限的信息做出来的。

看到这儿，你可能会问，这锚定效应和对人类的悲观预期有什么关系？当然有关系，就在《理性乐观派》这本书里，我看到一则材料，2008年美国的一个环保激进分子写了一份文件，这份文件替中国人算了一笔账，这笔账算完，美国人都傻眼了，说这样下去可不行，要遏制中国发展。

那笔账是这么算的，如果到2030年的时候，中国人的人均用纸量和美国人一样，是什么结果呢？中国一年消耗的纸张是全球纸张产量的两倍。到了2030年，如果中国人的人均汽车保有量是四个人有三辆车的话，那么全中国的稻田都应该铺上水泥变成停车场和高速公路才够用，因为那时候中国人要享有11亿辆汽车，而现在全世界汽车保有量不过才八点几亿辆。到2030年的时候，如果中国人有这么多车的话，一天要烧掉9500

万桶石油，而现在全世界石油的日产量不过8500万桶，全都给中国人使还不够。就是这么一笔可怕的账。

这背后的道理，可不就是我们前面讲的锚定效应？我们是根据过往的经验对未来进行预期，这就会导致错觉。

其实资源使用是人类悲观论调最集中的一个领域，每个时代都会有这样的预期，英国人就受尽了这玩意儿的折磨。17世纪的时候，工业革命还没开始，但是英国经济已经开始稳步增长，当时一家炼铁厂一年要烧掉400英亩的森林，这还得了？酿酒厂也要烧火，一年也要烧掉几千卡车的木材。当时英国人就犯愁了，据说1650年英国的木材价格比50年前烧柴火时期的价格涨了七倍，很多地方已经出现穷人烧不起柴火被冻死的情况。

很多贵族，包括国家掌权者就惶惶不可终日，这样下去可怎么办？英格兰这片土地上的森林很快就要被我们耗掉了，所以很忧虑。几百年以后，我们这些人就知道解决方案是什么了，很简单，把自己的床挪开，底下就是煤，烧煤。烧煤烧出来一个工业革命。但是问题又来了，人们又开始犯愁。

1865年的时候，工业革命在英国已经基本完成了，当时有一个经济学家说好日子快过到头了，现在的繁荣是用煤炭支撑起来的，美国人会把它用完。1866年由于这个经济学家的煽动，再加上当时媒体配合炒作，真的出现了煤炭恐慌，这是英国历史上非常著名的一年。当时英国的首相格雷斯顿在做年度预算的时候，就在下议院讲了一通话，说我们要趁着煤炭还没有用完，赶紧想办法在预算里留出足够的额度，把我们的国债给还完，因为好日子到头了。英国人现在处于历史的顶峰，以后再没这好日子了。甚至还建立了一个皇家煤炭运营委员会，来应对马上出现的煤炭危机。

但是历史就是这么讽刺，就在那10年，不知道是上帝有意和英国人开玩笑还是怎么回事，全世界范围内突然发现大量煤矿，对煤炭的焦虑一下子就解决了。接下来为什么忧虑呢？石油。

石油这玩意儿就像一个噩梦，占据了20世纪几乎所有媒介的重要话题榜。在这本书里我看到一则材料，1910年美国的矿产局发布消息，说现在美国境内探明的石油储量够用10年，到1920年的时候告诉大家还能用13年，到1930年的时候告诉大家还能用13年。要知道，它不是基于理性的发布。每一次都告诉人们石油快用完了，我们不能再开汽车了，不能延续这样的生活方式了。一直到20世纪70年代，卡特总统还讲过这样的话，说我们这次繁荣的境况10年后就要终结了，旁边又有罗马俱乐部给他背书，所以当时人们觉得这就是必然的。但是实际情况是什么样呢？实际情况是，现在仅仅靠美国的新技术开采出的页岩气就足够美国人用上300年，石油越用越多。

我们对资源有大量的误解

历史上，几乎所有对于资源的论断都会破产，为什么？是不是因为人类运气太好？当然不是，是因为我们在长久的观念当中，对于资源这个概念有大量的误解。

我今天来给大家破三个问题。

第一，资源的本质不是客观物体而是知识。举个简单的例子，如果在工业革命之前，一块农民的土地里突然冒出了石油，请问它是资源吗？当然不是，黑乎乎、油腻腻、黏糊糊的那个东西，只会让土地变得不宜耕种。如果那个时候山洞里有油矿，人们进去之后受了辐射生了病，只会说山洞里闹鬼。无论是石油还是油矿，都不会让当时的人类认为是资源。人类的知识足够发达之后，它们才成为了资源。

第二，资源的总量是永远处于变动之中的。例如石油，石油总会用完的，这一点我们承认，但是从短时间内来看不是这样的。2013年俄罗斯探明的石油储量是六点多亿吨，目前它全年的开采量是五点几亿吨；中国也一样，新探明储量比我们当年的开采量要大得多。可见，在已知的范围内石油是越开采越多的。而且中国现在的开采率还很低，我们石油的开采率只有30%左右。随着技术的提升，我们还能进一步增大资源的总量，所以资源的总量是变动的。

第三，资源是可替代的。这话怎么讲？举个简单的例子，现在人类处在互联网时代、电器化时代，我们的电缆是一个庞大的总数，如果没有发现光纤的话，如果我们现在还是用铜做电缆的话，地球上的铜早就用光了，但是人类不会等到铜用光的时候再做这样的创新。这时出现了玻璃，用知识加工成了光纤，就能用了。再比如说，很多人担心纸张问题，我现在很少用纸，除了买书，我们的办公室没有打印机，一人捧着一台iPad讨论问题。所以，未来就得靠这种资源替代。

最有趣的一个例子是，很多人在讲，有一天罗胖说的这些突然都不能兑现了，过往的历史经验不奏效了，人类所有资源真的枯竭了，怎么办？你以为人类历史上没发生过吗？发生过。

1972年，石油输出国组织决定对西方进行制裁，因为他们支持以色列，阿拉伯人就不爽，就不卖给他们石油，限制总量，然后抬高价格。反正从1972年开始搞这种石油禁运，1974年的时候石油价格大概涨了三倍，10年之后就涨了10倍，石油生生从每桶3美金涨到了35美金，现在更高，那又如何？人类的繁荣和文明没有崩溃。没错，资源这样突然一涨价，美国、欧洲的工业生产当年下滑了30%，但是几年之后呢？一桶石油3美金的时候，美国生产的汽车动不动就是几十升每百公里的油耗，但是到了20世纪70年代末，美国生产的汽车油耗已经变成了大约17升每百公里，现在基本上是10升每百公里，而且很多厂家还在研发耗油量更低的车，甚至很多人骑压根儿不用油的电动车。

而且当时有一种铝制发动机，因为它轻，所以耗油量小——技术成熟在一定程度上解决了石油短缺问题。站在石油危机之前，没有相关知识，你是打破脑袋也想不清楚，石油和金属铝之间怎么会有替代性。

所以，资源这个东西它永远可以是互相替代的，此处没有了，彼处就会冒出来。还记得那句话吗？上帝给你关上一扇门，总会给你打开一扇窗。

你可能会觉得罗胖你还是没说服我，因为有一个段子是这么说的，有一个人在摩天大楼上跳楼，坠到二楼的时候他还给老婆打了一通电话，那时还没事，情况一切良好，实际上下一秒就落地了。

你可能会问，我们人类到现在为止境况都很好吗？不是说此前宣布坏消息的人都是王八蛋、撒谎者吗？不是。他们只是说早了，没准我们这代人已经到了二楼了。

停止发展，不行

回到刚才那个故事，人类社会从摩天大楼的顶上纵身一跃，现在距离摔到地面只剩下一米了，马上就要粉身碎骨了，这个时候该怎么办呢？就好比上帝发明了人，但是他觉得人类这孩子太淘气了，现在终于发了雷霆之怒，要惩罚我们一下，给我们制造一场大灾难，我们的好日子就要到头了。假设我们这一代人就这么悲摧，就这么命苦，我们真的就赶上了这一波灾难，那怎么办呢？悲观论者的解决方案无非是两条，第一条，停止发展；第二条，节约发展。

我们来看看这两条路是不是有可能。

首先，停止发展是不可能的事情，追逐更好、更舒适、更豪奢的生活，这个欲望是藏在每个人心灵深处的，靠舆论宣传、道德教育就把这玩意儿给遏制住是不可能的。你看天天讲减低碳排放的美国前副总统戈尔，自己还拼命增加碳排放，所以这件事情本身就不可能。

因为全世界市场经济背后的驱动力量叫资本，资本的本性就是扩张，马克思主义也是从扩张这一点来批判它，歌颂资本的人其实也意识到了这一点。关于资本主义有一个定义，说它是人类协作的扩展之学。请注意“扩展”这两个字，这是资本的本性。所以节制人类的发展，这是不可能的。退一万步说，假设可能，现在我们终于通过道德说教勒住了人类发展这匹劣马，那会发生什么呢？全世界每一个人的生活水准会下降吗？大家都会乐于过清贫一点儿，但是更安全、更可持续的生活吗？你放心，不会，一定会有一些有权、有力、出身相对占优的人继续追逐豪奢的生活。

既然没有化石能源，没有其他资源可以用，怎么办呢？很简单，奴役人。比方说1700年法国国王路易十四，也就是著名的太阳王，据说他吃一顿饭后厨得有498个人伺候。对，奴役人就解决了这个问题，我照样可以过得很好。我们今天每一个人过的都是路易十四的生活，你随便到餐馆点一盘沙拉，腰果可能来自越南，蔬菜来自山东，橄榄油来自加拿大，盛沙拉的盘子可能来自约克波希米亚，等等。我们现在享受的何止是500个人的后厨！

经济学上有一篇著名的短文，1958年经济学家里德写的《铅笔的故事》，写得非常好。这篇文章说铅笔这么简单的一个工业品——里面一根石墨棒，外面一圈木材，裹一个铜皮，上面有一块橡胶橡皮——实际上是卷入了全球几百万人的劳动和协作，才会来到消费者的面前。我们今天每一个人都是路易十四，我们享受着无数人伺候我们的生活。

如果这个扩展秩序停止的话，怎么办呢？那就回到路易十四的状态，一个人坐在那儿吃，498个人在后厨里忙，回到人奴役人的状态。这不是危言耸听，反过来一想你就能明白其中的逻辑。

为什么19世纪中期美国人通过南北战争解放了奴隶？你以为这是人类道德水准的演进，是政治理想的实现吗？错，最底层的力量是什么？这个时候用奴隶已经不划算了，明明有石油、煤炭驱动着蒸汽机、内燃机，为什么还要用功率又不高、管理成本还居高不下的奴隶？所以人类就自然切换到化石能源，人对人的奴役就解放了。

如果化石能源被排除在人类的资源之外，那怎么办？回到人奴役人的状态，奴隶会不会再登上历史舞台呢？你心里应该有个谱儿吧！

省着点使，也没用

悲观论者的第二个解决方案就是省，咱不停，省着点使总可以吧。省着使也不是解决方案，经济学上有一个著名的悖论叫“杰文斯悖论”，有一本书就专门讲这个的，那本书里面很多东西我觉得大家没必要看，了解一下这个概念就行。

杰文斯是一个经济学家，他在分析人类机器的发展史的时候，发现了一个奇怪的现象：人类一直在节省能源，提高能源的使用效率，但是每提高一层，能源的消耗总量就越大。在卡特改良蒸汽机之前，蒸汽机的能源效率是1%，也就是说，100吨的煤只有1吨能够转化成为人类做功的功率。卡特改进蒸汽机，能源效率提高到10%，后来出现的内燃机又提高到20%。现在最先进的火电站的机组已经达到了60%的转化率，但是人类耗费能源的总量怎么样？增加了。大家想一想，当汽车百公里的油耗降低的时候，会有越来越多的人用汽车，因为汽车越来越省钱，所以有越来越多的路要去跑，耗费的汽油就越来越高。这就是所谓的杰文斯悖论。

所以省是省不出一个光明的前途的，悲观论者解决问题的方案往往就是这样，在直觉上觉得可行，实际上一推导，还不如不这么干。比方说每年3月29日，全球有一个一致性的活动叫“熄灯一小时”，虽然主办方也讲这个活动的宣传意义大于实际意义，但是你有没有想到它还有反面意义？你以为大家这一天会不用光吗？晚上当然得用光，那怎么办？点蜡烛，蜡烛输出的光明要小得多，但是它的能耗其实要大得多，它排放的二氧化碳和其他废气对人类身体的伤害要大得多，这个替代方案其实远远不如用电。

此外，虽然“熄灯一小时”这一天大家很欢乐，每个人都献出了爱心，都表达了对地球妈妈的爱，但是有一伙人向隅而泣，敢怒而不敢言，是什么人？电厂工人。平时晚上电力的负荷高峰都是那么高，这一小时负荷突然下来了，锅炉可能会熄火。要知道，电厂的锅炉重启非常困难。平时发电机的机组都是靠阻力对转子的影响来运行的，现在阻力突然减小了，整个机器的运转速度突然加快了，对所有的电厂设备都可能造成不可逆转而且无法预测的巨大损失。

那些悲观论者是不会去算这笔账的，他们以为我们这个行动即使没有实际意义，也不至于有什么害处，错，恰恰是没有益反有害。

继续想办法往前冲

你可能会问，你们理性乐观派的基础方案是什么呢？

理性乐观派认为，想解决这些问题，不能靠省，也不能靠停，而是继续想办法往前冲，即使距离地面只有一米，也要想办法在地面钻出一个洞来穿过去。

能源不够用？那就想办法发明新的能源，开拓全新的资源，让我们的发展继续可持续，而不是停步，更不是缩减。

怎么往前发展呢？人类历史几百年的文明进展，无非告诉我们两个办法。

第一个办法，靠市场经济的核心价格信号。人类发现新资源、新能源不是靠什么环保、什么有志之士的大声疾呼，全部是靠资本家贪婪的眼神盯住市场信号。太阳能什么时候能普及？不是靠大声疾呼来普及，而是当石油越用越少，价格越抬越高的时候，用太阳能已经有利可图的时候，太阳能就会大行其道。而且随着太阳能的用量越来越大，它的单位成本也会相对下降，那么太阳能就可能逐步替代一部分石油。所以，最终还是要通过那个被很多悲观论者、环保主义者看不起的、贪婪的市场的扩张，通过价格信号，最终解决问题。

第二个办法就是知识。前面我们讲过，资源的本质就是知识，所以解决资源问题的核心路径就是知识本身的增长，可是我们要知道怎么产生知识。得用能源、资源才能产生知识，知识越用才会越多，如果所有人都安贫乐道，回到“一箪食，一瓢饮，在陋巷，人不堪其忧，回也不改其乐”的状态，还能产生什么新知识？知识需要人类的发展、大量的协作、便利的交通、充分的交流、舒适的生活，才会冒出来。

很多人指责美国人，说他们能源用得太多了，美国人不服，说我们创造了知识，知识可以分享给全人类。咱们不妨算一笔账，假设这世界上只有最后一吨石油了，你是地球妈妈，你会分给谁？假设只有两个分配对象，一个是非洲丛林里的土著，很节省，一吨石油他们可以用100年，点个小煤油灯，就这么凑合着过。一个是美国人，一吨石油只能用一个月，但是很可能会产生新知识，新的解决方法。请问你会分给谁？当然给美国人用，分给土著使100年也是没有进展的100年，又有什么用！

所以想要生产知识，必须耗费资源。当然，我并不是号召大家去浪费，丝毫没有这种意思。我只是认为，面对人类的未来，悲观主义的论调在历史上从来没有对过，就算它未来对，按照他们主张的解决方案，也仍然不会成功。所以这个世界上最好的生存态度不是当一个傻帽悲观派，而是当一个理性乐观派。

03 中国从哪里来

为什么人类会有身份社会

直到现在，我们中国人每天还浸泡在“身份社会”当中。但是它真正的模样，我们已经不认识了。

我们现在连养个宠物都讲究是不是纯种，如果想在中国历史中找出一个纯种的身份社会，那就要一直回溯到春秋时代，乃至更久远的西周时代。稍晚一点儿的战国都不是纯粹的身份社会。

我想给大家推荐一本书，叫《春秋大义》，作者叫熊逸，在我个人的阅读视野当中，熊逸兄是中国当代最重要的思想家之一。这本书就向我们介绍了一个当代中国人已经不太熟悉的古代中国，春秋时代的中国，一个身份社会的中国。

为什么人类会有身份社会？其实在先民时代，就是原始人那个时候，都是小部落，成员之间都是亲属，都有血缘关系。但是人类是一个进化得特别迅速的物种，部落和部落之间有交易，也有战争，所以大家就倾向于合并成一个更大的共同体，让交易变得更频繁，繁荣得更快，而战争变得更少，大家生活得更安定。

小共同体拼凑成大共同体，这是历史发展的要求。但问题是，我们没有相应的管理技术。就像今天我们看到海尔、格力、富士康这样动辄几万人的大企业，它有着非常复杂而缜密的管理技术，才能拼成这么大的人力协作共同体。可是原始人没有，怎么办呢？

有一个办法自然涌现出来，就像小学一年级的时候，班上一定要选出一个班长，刚开始谁是班长？如果没有班主任指定，当然就是胳膊最粗的小朋友当了班长。

中国古代的大禹做了天下之主后，第一件事干什么？就是问问天下所有的部落，服不服？跟我们小时候那个胳膊最粗的班长一样，实际上他管不了我们，只是问我们服不服。大家都服了，尊他为天下共主就好，然后每个人从家里给他带个苹果，草纸撕给他一半，如此进个贡，这个基本的共同体结构就打造完成了。

大禹这样的共同体之主，在乎的只是你服没服。历史上有一个记载，公元前2198年，大禹跑到绍兴旁边的会稽山，召集全国诸侯来开会。“会稽”跟“会计”是同一个音，意思也差不多，就是来看看诸侯们的功绩怎么样，一年给我进贡多少东西，我们来算算账。不知为何，有一个家伙来得迟了，这个人叫防风氏。防风氏是远古防风国的创始人，又称汪芒氏，就是今天汪姓的始祖。大禹就发火儿了，当着众人的面把他杀了，借此树立自己的威信。由此可见，只要大家都服，这个共同体就树立了。

中国封建社会发展史

但问题是，此时仍然没有所谓的管理，只需要大家点个头，认我为主子，这就是一个朝代。那个时候的改朝换代也很有意思，比如说周朝替代商朝，周武王吊民伐罪，没打几仗，就把商纣王给弄死了，就算改朝换代了。就像一只猴子把猴王打服了，老猴王就去当一个普通的小猴，认它当猴王，这事就算完了。

我小时候读历史的时候，还觉得周武王这个人很仁慈，他灭了商朝之后，并没有把商朝的王族后裔斩草除根，而是在今天河南的商丘给他们划了一个封国，这就是后来的宋国。后来一想，哪是这么回事！无非是猴王争夺战之后，新猴王没有能力把老猴王杀了，所以只能容忍他在猴群中做一个正常的存在。

当然，即使老猴王只是一个正常的存在，新猴王心里也是不舒服的。周朝时，大家对于宋国人各种嘲笑。描述一个人蠢、笨的成语，比如揠苗助长、守株待兔、尔虞我诈、朝三暮四，说的都是宋国人。周朝人虽然看着宋国不爽，但也没有别的办法。

出了宋国，范围更广大的那些领土怎么办呢？要知道，周王跟前代那些君王不太一样，他有一颗雄心，就是不满足于当猴王，他特别想把这些领土给管起来。但问题是，他没有管理技术，后来在皇权制度下发育出来的选举制度、官制、田赋、兵制，这些都没有。周王不得不走上一条路，就是把有血缘关系的亲眷派到全国各地去当诸侯王，说到底还是只相信自己人。

就像中国的民营企业家，在企业规模没有达到一定分量的时候，他们是绝对不可能相信职业经理人的，只能相信自己的亲儿子、亲兄弟、大姨子、小舅子，让他们负责管账，把自己的家业看住。

当年的周王也是同样的心态，所以他把自己的儿子、兄弟封到全国各地当诸侯王。当然，像姜子牙这个级别的大功臣，也能捞到一碗汤喝，姜子牙就被封到了齐国。但是当时那些大国，像晋国、魏国、郑国，都是姬姓国。就是跟周王一个姓，说白了，就是他的亲戚。

这种方式确实解决了第一层问题。但是，有点儿像大企业之间的并购，我并购了一个企业，不熟悉这家新企业的内部组织结构，业务也不熟悉，虽然派去了一个总经理，但这个总经理也是两眼一抹黑，根本无法实施自己的政令。怎么办呢？这些子弟、兄弟和功臣封到各地当诸侯王之后，继续照猫画虎，把自己的亲眷、功臣、朋友往下分封。

所以在周代，就形成了一种叫世亲世禄的制度，一层一层地分封。欧洲的封建社会也是这么回事，封建这个词就是这么来的，就是建一个一个的封图，而且是一层一层的。

欧洲人经常讲一句话："我的附庸的附庸不是我的附庸。"封建制度是一层一层地对上负责，用这种角度理解周朝的封建主，也大差不差。很多中国人都以为，民国之前都算封建社会，其实严格地从历史意义上讲，这是错的，封建特指从西周到春秋的社会状态。

孝的政治意义

但是这种社会状态是有问题的，在第一代的时候，大家是亲兄弟、亲父子，没有问题。但是时间一长，几代之后，大家虽然还是远亲，但是血浓于水的情感关系渐渐地就变淡了，大家眼里看到的都是各种实际利益，眼珠子是黑的，银子是白的，就难免发生纷争。

这种纷争一起，祖先好不容易打下来的江山，形成的这个大共同体，就出现了离心力。怎么办呢？所以整个周朝的制度——周礼，就是要解决这个问题，解决离心力的问题。

当时的人想出了两个办法。第一个办法，就是家国一体。

现在我们中国人动不动就会说，我们有个优良传统：孝顺。孝本质上并不是一个家庭人伦关系，在西周和春秋时代，它是一个典型的政治问题。

要想理解这一点，我给大家讲一个段子，这个段子也是我从熊逸先生的书里面看到的，是见于《左传》的正式记载。卫桓公被自己的亲弟弟州吁杀了，然后州吁自己当了卫国的国君。这种行为叫犯上作乱，是弑君，所以当时的人都不服他，他的位子坐不稳。州吁心里特别郁闷，跟自己的一个死党石厚商量怎么办。

石厚说我也没招儿，但是我们家老爷子聪明，我回家问问我爹去。他爹叫石碏，是卫国一个很重要的士大夫。石碏就跟石厚讲，你们俩想在卫国国境之内解决，估计是没戏了，你们应该去找周天子，他是天下共主，他要是点头，你们的合法性不就得到承认了吗？但是你们俩跟周王不熟，所以你们路过陈国的时候，一定要去找一趟陈桓公，他跟周王熟，他要是给你们支几招儿，你们肯定能把周王搞定。州吁和石厚俩人得了这个主意特别高兴，收拾好行李就上路了。

他俩前脚一走，石碏就给陈桓公写了一封信，说有两个王八蛋现在正投奔你而去，你一定得给我扣住，扣住之后，我马上派人来处理。

陈桓公那边当然就扣住了那两人，石碏就派了两个人，一个人代表国家去诛杀州吁，另一个是他的家臣，代表自己去诛杀自己的亲儿子石厚。就在陈国把这两个乱臣贼子给宰了。

这件事情里面有两个疑点，第一个疑点是，同样一拨罪犯，为什么要派两个人去杀？一个人代表国家，去杀乱臣贼子州吁，还有一个人代表石碏本人去处置自己的儿子。可见，父子关系在政治上也有生杀予夺之权。所以能说这种父子关系是简单的亲情吗？它就是个政治关系，家国一体。

更能说明家国一体的，其实是第二个疑点。这石碏不也是犯上作乱吗？因为州吁现在是他的主君。要弄清这个疑点，就得清楚石碏和州吁之间的亲戚关系。

中国的很多农村，一个村子往往就是一个姓，村民们原来都是一个先祖，虽然有的穷、有的富，有的家大、有的家小，但都是一个姓。大家都觉得，自己是这个村股份公司的股东。如果这个村子的村长经常做一些不像话的事，村里比他辈分长的人就有权力把他给废黜了。

这正是石碏在这一桩公案当中扮演的角色，他就相当于少林寺的那个扫地僧，虽然我不担任什么职务，但是一旦寺中有大难，我还是要出来打一打的。

我们再回头来看刚才讲的那两个疑点。第一个疑点，石碏杀自己的儿子石厚，是用处理国事的方法来处理自己的家务事。第二个疑点，石厚杀国君州吁，是用处理家务事的方法来处理国事。

这个故事非常好地说明了什么叫家国一体，就是用“孝”这样一个伦理准则，把亲情的原则外推到国家政治当中，让上下阶层的关系变得稳定、确定。这就是“孝”的政治意义。为什么“孝”在中国文化当中这么重要，就是因为它是从身份社会而来的一个重要原则。

礼的政治意义

但这只是一层关系，而封建社会是多层关系就好比一个多节棍，虽然这一节用孝字巩固了，但是棍子和棍子之间那个节怎么处理才好呢？所以在孝之外又多了一个字——礼。

我们今天讲礼，是对对方的尊重，是为了体现自己的善意。比如说下围棋的时候，在日本的礼仪当中，第一手一定要上在右上角，就是为了方便对手下在他的右下角，这样对手伸手的距离比较短。

但是在春秋时代，礼的意义可要严肃得多。因为人性当中总有贪婪的成分，儒家虽然一直在讲“君子思不出其位”，就是不要想着出位，但是有几个人能做到呢？大家都想往上爬。所以，这根棍子就乱了。唯一的解决方案就是，每个人各安其位，既认识到自己的位置，又能坚守它。

“礼”这玩意儿作为一个原则，抽象得很。你可以天天讲、月月讲、年年讲，但是如果它不能变成日常生活当中磕头碰脑、行止坐卧都得遵守的规矩，就很难深入人心。

打个比方，在军队里，如果师长和普通小兵共用一个澡堂子，这就会出问题了。大家一看，师长脱光了也就这样，在战场上听师长的命令时，就会打个折扣。之所以将军官的澡堂、食堂、厕所要跟士兵的分开，其实就是个礼，从日常生活细节中来确定等级规则。

所以到了周朝，礼变得非常繁复，而且涉及日常生活的各个细节。从大的分类上讲，就有五礼，就是所谓吉、凶、军、宾、嘉。凶礼就是葬礼，而葬礼里面又分很多细类，有很多繁杂的流程。

你可能会问，这种社会结构岂不意味着特权、等级、不平等吗？这些听起来很邪恶的词，其实在当时并没有邪恶的含义，也不意味着谁欺负谁，大家都认可这套规则，每一个人各安其位，整个社会共同体也就安定了。它的着眼点就是社会安定。

比如说“刑不上大夫，礼不下庶人”这句话，有些人会觉得好令人气愤，凭什么对我们平民老百姓就不能讲点儿礼呢？凭什么那些贵族犯了法，刑法就管不到他们呢？其实这句话在西周和春秋时候，不是这个意思。

什么叫“礼不下庶人”？那个时候的庶人本身没什么文化，生活又很困苦，为什么要用规范贵族的那些繁复的礼节去折磨他们呢？算了，就不要用这些来约束他们了，这些罪就让贵族来受吧。这背后还有一点点善意。

有趣的是上一句话，“刑不上大夫”。那个时候的刑可不是今天有期徒刑的刑，那个时候的刑特指肉刑，比如割鼻子、打屁股。为什么对大夫不能用这些肉刑？汉代的贾谊也是一个大哲学家，他讲过一个词，现在也是一个成语，叫“投鼠忌器”。就是打老鼠的时候，会担心把旁边那些珍贵的器皿打翻。

贵族虽然犯了法，也应该承担刑事责任，但是不能让老百姓觉得，原来他们犯了错也要摁翻打屁股，跟我也差不多。这就有点儿像一个小兵在澡堂子里看到师长脱光了的样子，那份尊敬就没有了。但是并不意味着贵族犯法不受处置，只不过和平民的处置方法是不一样的，至少不能对他们进行折辱。

欧洲文化和中国文化在这方面有一个特别有趣的大翻转。欧洲的贵族如果犯了死刑，一定是砍头，你看法国的路易十六、英国的查理一世，都被砍了头。而普通的老百姓犯了死刑，则是绞死，或者吊死。

而在中国正好是反过来，砍头适用于老百姓，相对体面一点的贵族的死法反而是绞死，允许保留全尸。但内在的机理都是一样的，就是上下阶层适用的刑法是不一样的，而处置本身并没有太大的区别。

西汉的汉成帝时期，有一个宰相叫翟方进。翟方进当了10年宰相，眼看要告老还乡了，这个时候突然天空中星象有变，“荧惑守心”，这个我就不解释了，总之星象不大好。

汉成帝想，老天爷好像要降罪于我，可我是皇上，我不能承担责任啊，由谁承担责任呢？宰相。所以汉成帝就对翟方进各种暗示。翟方进已经是60岁的老头儿了，他舍不得死，逼得汉成帝给他下了份诏书，这份诏书现在还见于史书。意思就是，自打你当了宰相之后，这不好那不好，我赐给你十坛酒、一头牛，你自己看着办吧。翟方进接到诏书的当天，就自杀了。

这种情境在汉朝是非常多的，一旦天象示警，宰相就得自杀。

以上，我把春秋时代社会运行的大体样貌给大家做了一个勾勒，不管你高兴不高兴、喜欢不喜欢，那个时代的人就是这样生活的，这套规则运行得非常好。周朝毕竟也有800年的江山，这在中国历代的王朝当中，活的时间是最长的，所以这套制度有它的生命力。

皇权社会诞生记

但是，这套玩法到了战国时代，就再也持续不下去了。前面我们讲过，整个人类社会都在回答一个问题：怎么把那种由血缘凝结成的小共同体，拼凑为一个更大的共同体，而且有一个稳定的架构？

要回答这个问题很难，它在拷问所有的民族；而中国人到了战国时代，就搞出了一套全新的答案。欧洲人一直到18世纪、19世纪才搞出了一个类似的东西，而且很多东西还是跟咱们学的，我们足足领先了2000年。

这就得说到战国时代的那个大变革——商鞅变法。当时各国都在搞变法，方式差不多，目的也都差不多，只不过秦国的商鞅变法搞得最好。商鞅变法锻造了一种全新的管理技术，正是由于这个技术的突飞猛进，才让王权变得独大。

春秋和西周时代的王权，不是不想大，只是苦于没有相应的技术，所以只好搞成三明治式的社会结构。但是随着商鞅这些战国时代的法家的发明、创造，突然让王权独大变得可能了。也就是说，王权可以击穿这个三明治，直达社会的底层，把这个国家的每一份人力、每一粒米都榨取出来，形成力量，收缩到王权的手里，然后投放到战场上去，去争霸。

这个王权在秦始皇手里改了一次名字，改叫皇权，在2000多年的时间里，它越长越大，最后变成了一个通吃的大魔鬼。人们从战国时代把它从瓶子里放了出来，发现再也收不回去了。

当然，这个过程非常漫长，按照唐德刚先生的说法，大概是200年。还有人说直到唐代末期才完成了这个切换，这是学术上的争论，我们不去管它。

那问题来了，这个把小共同体拼凑成大共同体的新方法，它到底是好还是不好呢？我们这代人听了太多对皇权的各种批判，在这里我们不从情感上去评论它，仅仅从逻辑上去判断，这个答案到底是不是一个好答案。

皇权社会的逻辑缺陷

皇权替代身份社会、封建社会，它带来了一个逻辑缺陷和一个现实后果。我们先来看这个逻辑缺陷。

西周和春秋时代的社会结构，是一个三明治式的社会结构，每一层有每一层的道理，每一层对上一层负责，所以那个社会是一个讲小道理的社会。

给大家举一个例子，比如说鲁国的孔子，一辈子都跟三个大家族过不去，就是所谓的“三桓”——鲁桓公的三个儿子的后人，形成的三个大家族。他们跟鲁国国君是亲戚，但这三个大家族变得很大，领头人就是季孙氏、叔孙氏和孟孙氏。孔子一辈子都在跟他们说，你们不要当乱臣贼子，一定要恪守本分，等等。好话说尽，歹话也说尽。

后来季孙氏有一个家臣反叛了，他说我跟孔子是一样的，都是为鲁国国君好。他反叛失败后跑到齐国去了，连齐国的君臣都痛骂他是乱臣贼子。那个时代的人可不管他是为了谁好，你是季孙氏的家臣，你就要对季孙氏忠诚。而孔子是鲁国国君的大司寇，他当然要维护鲁国国君的地位。他们俩的地位不一样，所以应该遵从的那个小道理就不一样。不要看俩人的行为方式一样，目的也一样，但是孔子这么做就是对的，家臣这么做就是错的。

《论语》里面记载了这么一个故事，一个叫叶公的人跑到孔子那儿去吹牛，说我们那个地方的人可正直了，有一个人偷了一只羊，他儿子发现之后大义灭亲，马上把他告发了。你看，民风淳朴吧。孔子听完之后就反唇相讥，说我们那个地方的人也很正直，但是方式跟你们不太一样。如果发生类似的事情，我们那个地方的人一定是父为子隐，子为父隐，父子之间互相包庇隐瞒。

按照我们今天的观点，一定会支持叶公，觉得孔子错了。但是要知道，大道理和小道理永远摆在我们人类的面前，大道理就是，为了社会的公共福祉、公共秩序，偷羊这种行为一定要举报、要揭发、要惩罚。小道理是，父子之间出于人伦天性，一定要互相包庇。

大道理和小道理发生冲突的时候，哪个大呢？孔子那个时代就认为，小道理应该大，父子人伦大于一切。

再举个例子，春秋时期的楚昭王，有一次打仗失败后出逃，逃到了陨国。陨国上上下下都跟这楚昭王有仇，因为陨国此时当权的是兄弟俩，一个叫斗辛，一个叫斗怀，他们的父亲就是被楚昭王的父亲给杀掉的。一看楚昭王来了，这兄弟俩的意见就发生了分歧。

老大斗辛就说，他是王，他到我们这儿来，我们仍然把他要当王对待。弟弟斗怀说，我们的父亲就是被他父亲给弄死的，我也要把他弄死。老大一看，实在说服不了自己的弟弟，就护送楚昭王逃走了。

后来楚昭王回到了楚国国都，继续当他的国君，下了一份红头文件，把这兄弟俩都给表扬了。一个要宰他，一个要保他，他居然都表扬，是什么道理呢？楚昭王说，一个是侍君以礼，一个是侍父以礼，这两个道理我都认。

所以在那个时代，大道理和小道理是可以调和的。但是问题是，在皇权时代，还能够调和吗？

在皇权独大的时代，皇帝当然希望大道理要压过小道理，自己的政令能够通达，全天下一盘棋，都听我的。可是小道理在西周和春秋以来，一直是中国人伦社会当中一个坚定的存在，这二者之间难免有矛盾，而且这个矛盾在战国时代就已经初露端倪。

战国时，儒家的掌门人孟子有一个小徒弟，叫桃应。桃应有一天问了老师一个刁钻古怪的问题：中国古代著名的圣君大舜，他的父亲叫瞽叟，是中国古代最著名的一个坏父亲，真是头顶长疮、脚下流脓的一个坏蛋。假设瞽叟犯了罪，被抓起来关在国家的大牢里。请问，贵为天子的大舜应该怎么办呢？

这个问题刁钻就刁钻在，小道理和大道理在同一个场景下发生了激烈的冲突。贵为天子的大舜如果要主持天下的正义，就应该秉公执法，把自己的父亲判刑或杀掉；而身为瞽叟的儿子，他又不得不照顾父子的亲情，那该怎么办呢？

孟子回答得非常好，孟子说，大舜应该弃天下如敝屣。就是把自己的天子之位像破鞋子一样扔掉，然后跑到大牢里，把瞽叟背起来就跑，一直跑到国家政权管不到的地方。然后像欧洲童话里讲的，像王子和公主一样，快乐地度过下半生。

可见，在孟子的观念里，仍然是小道理大过大道理，父子亲情要比天下正义大。可是这套解决方案在皇权时代我们没有见过，什么样的皇帝可以轻易地抛弃天下，专门去照顾父子亲情？所以，矛盾就出现了。

这种矛盾在中国古代历史上真是俯拾皆是。话说唐代武则天执政的时候，朝中有个大官叫赵师韫，某天晚上在驿站被人杀了，杀他的凶手叫徐元庆。他们俩之间有什么过节？

原来很多年之前，赵师韫在一个县当公安局局长的时候，把徐元庆的父亲给杀了，杀父之仇不共戴天，所以徐元庆当晚手刃仇人，然后投案自首。

这个案子可把主审的官员为难死了，按照大道理来讲，国法要伸张，杀人要偿命，徐元庆必须死。可是按照小道理来讲，儒家最讲究的就是杀父之仇不共戴天，他明明是个孝子，怎么能杀呢？

最后这个矛盾交到了武则天的手里，按照武则天的想法，放了算了，不要再搞这种真理标准大讨论了，权当这件事没发生过。但是朝中有一个人不干，就是著名的大诗人陈子昂。陈子昂写了一篇著名的文章，叫《复仇议》，专门论述这件事。陈子昂出了一个馊主意，说此人既然违犯了国法，就应该按国法处置，把他给杀了。杀了之后，我们再表彰他的孝道，这不就两全其美了吗？

这是一个多么鸡贼的主意啊！武则天后来还真就这么办

了，把徐元庆杀了，然后再表彰他。

陈子昂死了几十年后，又出现了一个人，这个人也大名鼎鼎，叫柳宗元。柳宗元写了一篇《驳复仇议》，专门跟陈子昂抬杠。说一个国家执行法律的时候，怎么能这么不严肃呢？一个孝子，你既表彰他，又把他宰了，这是人干的事吗？应该一码归一码。如果他的父亲当年是被赵师韫冤杀的，那国家就应该向徐元庆赔礼道歉，然后表彰他这个孝子。如果他父亲当年是因为触犯国法被赵师韫杀的，再去杀徐元庆也不迟。

我并不想判断是非，只想通过这个案例来说明，大道理和小道理在中国皇权时代一直是一对矛盾。而且这对矛盾发展到最后，甚至对皇权本身的合法性都提出了挑战。

汉景帝就遇到了这个问题。他手下有两个大儒生，一个叫黄生，一个叫辕固。黄生有一天大放厥词，说我认为历史上有两个大坏蛋，就是儒家一直尊奉的先贤——商汤和周武王。为什么？因为他们造反。人家夏桀、商纣王的天下坐得好好的，他俩偏要搞革命，所以这两个人应该被钉在历史的耻辱柱上。

辕固在旁边听着就来气，说你搞反了吧，夏桀和商纣王才是坏蛋呢！在他们的统治下，老百姓民不聊生，所以商汤和周武王才会造反，这叫吊民伐罪，有什么错呢？

黄生这个时候讲了一句很著名的话："冠敝于上，履新于下。"意思是，帽子即使破了，也得戴在头上，你的鞋再新，也得穿在脚下。上下之分已定，你凭什么造反呢？

辕固反驳道，那我们汉朝刘邦他老人家造秦始皇的反，难道也错了吗？

这句话太厉害了，他说完之后就拿眼瞟汉景帝，汉景帝就很为难，到底是否定自己的老祖宗刘邦，还是否定儒家一直主张的上下尊卑这个秩序？他两个都不能碰。

但汉景帝这个时候就显露出了高超的领导艺术，他讲了一段话。第一句话是，我听说有一些美食家从来不吃有毒的东西，这可不是他们不懂吃东西。下句话就有意思了，他说你们这些读书人不去谈汤武受命，而是在争论这些乱七八糟的东西，也不能说你们是蠢人。

这明显是反话正说——你们要再谈汤武受命，可就是蠢人了，那我就要对你们动手了。汉景帝就是画了一个学术禁区，让大家不要再谈这件事情了。在当时的思想观念和政治架构下，大道理和小道理的矛盾是无解的。

这就是皇权政治从身份社会中破茧而出之后，带来的一个逻辑死结，这个问题一直没有解开。

对等关系解体之后

皇权社会时期还有一个现实后果，这个后果就是，人和人之间的对等关系被拆解掉了。这个对等可不是平等，而是指你对我什么样，我才会对你什么样。

孔子所说的“君君臣臣、父父子子”，就是说君主要有君主的样子，臣下才会有臣下的样子。这句话反过来说可就不好听了，君主要是没个君主的样子，臣下可就不必有个臣下的样子了。孔孟是一体的，在先秦，大家都是这么想的。

给大家举个例子，春秋时陈国有一个君主，叫陈灵公，他跟两个臣下共同包养了一个女子，叫夏姬。他们三个经常让这个夏姬穿上各种情趣内衣，在朝堂上奔跑嬉闹。

有一个臣下叫泄冶，实在看不过去了，就对陈灵公说，您是不是该稍微收敛一下？这样做影响不好。陈灵公一听，觉得好像有点儿道理，然后就跟夏姬和包养她的臣子商量，说有人给我提意见，你们说怎么办呢？三个人一商量，觉得应该把提意见的人给宰了。后来真就把泄冶给杀了。

这个故事的是非曲直好像很明显，有人就问孔子怎么看这件事。孔子说，泄冶活该。他又不是国君的亲戚，更不是商纣王的叔叔比干，给国君提意见被杀，也算是个忠臣。泄冶不就是个职业经理人嘛，既然投奔了这样的国家，侍奉了这样的昏君，还对他提这样的意见，妄图用一己之力改变这个淫乱的朝廷，这不是活该吗？所以，比干值得上一个忠字，而泄冶只称得上一个狷字，狂狷的狷，就是一个妄人。

孔子这套说法很有意思，就是说泄冶根本就不必跟昏君讲道理，根本就不必臣服于昏君，走人就是了。这是先秦儒家的观点。

后来还有一个故事，就是廉颇、蔺相如将相和的故事。当时我觉得廉颇是好样的，是个忠臣，以大局为重。可是后来发生的故事你知道吗？廉颇意识到赵王不再重用他了，想用别人来替代他，就出走了，先去了魏国，后来又去了楚国。十几年后，赵国就被秦国灭掉了。

在廉颇这样的人看来，你赵王重用我、待见我，我就好好对你尽忠；你不待见我，那么此处不留爷，自有留爷处，我就走了。这就是先秦时代人们的价值观。

皇权时代，这种对等的关系逐渐解体，渐渐变成了单方面的义务——臣下单独对皇上尽忠。

在中国的历史长河当中，有一个瞬间很有意思。宋太祖赵匡胤有一次召见自己的宰相范质谈工作，赵匡胤突然说，我眼神不太好，你手里拿的那份文件我看不清楚，你拿过来给我看看。范质就老老实实地把这份文件送了上去。范质退回去的时候发现，旁边的小太监已经把自己的座位给撤了。要知道，宋朝以前，宰相在皇帝面前都是有座位的。这是一个非常重要的瞬间，从此，宰相在皇帝面前就没有座位了。

到了清朝，就变本加厉了，所有的大臣都要在军机处，在皇帝面前跪受笔录，皇上说什么，他们记下就好了，没有说话的份儿。君臣之间的义务关系越来越单向。

清代的皇帝雍正，有一次收到臣下的一份奏折，里面说了一堆漂亮话，说君恩深重，我涓埃难报。就是说，您对我的恩情实在是太重了，我怎么报答都报答不过来。

这明摆着就是拍马屁，可雍正听了很不高兴，说难道君恩不深重，你就不报君恩吗？我们之间没有对等关系，你就尽你的臣节就好，至于君恩深重不深重，不用你管。你看，对等关系一解体，皇权就没有节制了。

记得年轻的时候，我读过孟森先生的《明清史讲义》，里面说明朝最大的劣政有两样，一样是廷杖，一样是诏狱。廷杖就是在朝堂上直接把大臣摁翻打屁股；诏狱就是不通过国家的正常司法秩序，皇帝想抓谁就抓谁，要杀谁就杀谁。

廷杖真的是惨无人道，我在史料中看过执行廷杖的过程，就是把大臣从肩以下捆上，脱掉裤子露出屁股，直接就打，而且让大臣的脸直接贴到地面。打完之后，屁股肯定是烂掉了，嘴里也要吃上一嘴土。你以为就这样就完了吗？还要让同朝的百官都站在旁边看着。

明朝的时候，君上折辱臣下的程度，已经到了匪夷所思的地步。皇权对士大夫和朝臣都能够摧残成这个样子，更何况是普通的老百姓呢？更是要抓就抓，要杀就杀。

很多人是从情感的角度来批判皇权，觉得它血腥、黑暗。而如果今天我们从学理上来看，皇权之所以走到这一步，就是先秦、春秋时代那种人和人之间的对等关系解体掉之后的一个必然的现实后果。

这里面还牵扯到一个话题，很多人觉得儒家和皇权是一体的，是狼狈为奸的，这可真是冤枉了儒家。因为儒家创生于西周和春秋的社会土壤里面，那时的儒家才是原汁原味的儒家。皇权时代的儒家早就面目全非了，它变成了卖东西的，卖思想的，当然要尊重顾客的意见了，而皇权是它唯一的顾客，所以这个时候的儒家早就变种了。

再给大家讲一个小故事，大家都知道，《三国志》里面的孙权是江东的大王，有一天他跟自己的臣下聊天，让大家都说说小时候读过什么书。臣子严畯说，我小时候最爱读《孝经》。孙权说，你背来我听听。严畯就从第一章开始背："仲尼居，曾子侍。子曰……"背到这儿的时候，突然有人喊停，说你不能这么背《孝经》，这是书呆子的背法，听我来背。这个人就是张昭。当时江东有一句话："外事不决问周瑜，内事不决问张昭。"说的就是他。张昭就开始背："君子之事上也，进思尽忠，退思补过。"

同样一本《孝经》，怎么背出了两个版本呢？因为严畯是从第一章开始背的，张昭是从第十七章开始背的。

可是张昭的解释特别有意思，他说这个时候的《孝经》哪还是《孝经》呢？"君子之事上也"，这就是忠，就是臣下对君主应该尽的孝。

所以《孝经》到了三国的时候，就已经变味了，它的本质已经从人伦关系的调整，变成国家政治的一个基本准则，儒家在这个时候已经变形了。

以法治国

零零碎碎讲了这么多，最后我来归纳一下。

第一，人类历史一直有一个大主题——怎么把小共同体变成大共同体。刚开始，一些发达文明的解决方案都是一样的，就是封建制或者身份社会，是一个三明治的分层结构。无论是中国的西周和春秋时代，还是欧洲的中世纪，搞的都是这一套。

第二，中国人非常聪明，早在战国时就发明了一套全新的东西，就是皇权。皇权独大，就把这根多节棍变成了一根大铁棍，就可以从上到下捅到底。

这个解决方案好不好？好。它后来形成了一个超级稳定的结构，在中国历史上持续了2000年的时间。但是它也付出了一个惨重的代价，这个代价就是，除了皇帝本人，所有人都生活在巨大的不确定性当中，没有人可以把握自己的命运，没有人能真正获得安定和有尊严的生活。

结果就是，整个国家和民族丧失了活力和创造性。如果没有1840年鸦片战争那一声炮响，没准儿我们中国人还觉得，我们搞出了这么一个超大型的稳定系统，是一个伟大的创造。

第三，超越西方人搞出的第三套方案，中国人的皇权解决方案，是从上到下解体身份社会。而西方的身份社会解体，是自下而上，它假定每一个人都是平等的，人与人之间通过一套确定性的规则体系、契约体系来进行协作和交往。这就是《古代法》的作者梅因教授讲的，什么叫现代化？就是从身份到契约。

第四，中国人走到了今天，再也不会质疑现代化这个词了。我们经过2000年的实验，转了这么大一个弯子，发现从上到下解体身份社会也许不是一个最佳方案；从下往上去建设一个由契约、法治来构建的现代化国家，才是中国人必须要走的道路。

什么叫契约社会？本质上就是法治社会。所谓现代化，除了民主，更要靠法治保障人和人之间自由平等，按照规则构建出大共同体，才是现代化的真相。

十八届四中全会正式提出，中国要全面推进依法治国，也就意味着一条从身份到契约的现代化道路，摊在了中国人的面前。

第二章

看不懂的中国经济

有了数据，人和人可以对话，人和人可以协作，知识和知识可以产生累进的作用。而现代化不就是这样爆发开的吗?

01 | 阴谋是可能的吗

源远流长的阴谋论

5岁之前，我唯一还记得清楚的情境是一次惨痛的失败经历。那是一个夏天的傍晚，有一个孩子王，拿着一柄木头做的红缨枪，带着我们七八个小伙伴上街抓阶级敌人。结果走了一两个小时，我们遇到的不是面目慈祥的大人，就是面目凶恶的大人。这面目慈祥的，不像阶级敌人；这面目凶恶的，就算他是，我们也打不过。我那时候就胖，走了一两个小时，累得气喘吁吁，一看夕阳西下了，大家就哄然而散回家吃饭去了。所以那次抓阶级敌人的任务就可耻地失败了。

任务虽然失败了，但这个目标却留在了我的心里，因为世界上总有坏人，总有阶级敌人，亡我之心不死，但他是谁，又在哪儿呢？怎么才能抓得住呢？随着成长阶段的不同，我得出来的答案就不同，形形色色。有的时候觉得是帝国主义及其走狗，或者资本家及其走狗；有的时候觉得是日本军国主义及其极右势力，有的时候觉得是美国人及其中央情报局；后来又觉得是房地产商，他们全是坏人。

不管答案是什么，总而言之，这是一种思维模式，叫阴谋论。我们认为那些坏人不是明目张胆跟我们作对的，他们藏在这个世界的某一个角落里，在某个密室里谋划一些小阴谋，总想在我们出其不意的时候蹦出来，祸害一下我们这个由善良人构成的世界。这就叫阴谋论。

在人类历史上，阴谋论的说法真可谓源远流长，最古老也最臭名昭著的一个，就是针对犹太人的阴谋论。在中世纪的欧洲，甭管什么屎盆子都可以扣在犹太人身上。比如说黑死病、大瘟疫，肯定是犹太人干的；经济危机就更没跑了，犹太人都是银行家，不是他们干的是谁干的呢？包括革命。十月革命的时候，西欧的太太先生们都觉得，犹太人果然发动了革命，你看，第一届苏维埃中央委员会的24个中央委员中有16个犹太人，托洛茨基、捷尔任斯基、加米涅夫、季诺维也夫都是犹太人，所以这当然就是犹太人阴谋的总爆发。

对犹太人的迫害在二战时期达到了顶峰，纳粹德国对犹太人实施了种族灭绝政策。二战结束之后，由于纳粹德国的失败，迫害犹太人的声音就从主流舆论界淡出了，但是边边角角、零零星星依然多得很。

你们可能认为自己不相信阴谋论，确实，有些阴谋论扯得实在不像话。例如，有人说希特勒根本就不是德国人，有大量资料证明他是英国特工机构培养出来的一个特务。你看，德国让他祸害了吧！英国终于把世仇德国人给搞下去了吧！为什么敦刻尔克大撤退，希特勒不下令追杀，反而让英国人安全撤退？桩桩件件的历史事实都证明，希特勒就是英国人培养的。

这种低级的阴谋论你当然不信，但是我们往下看，有些阴谋论你会不会信。比方说，美国有一派人说，阿波罗登月是肯尼迪政府造的一个假象，美国人从来没有登月，都是在地球上拍的。你是信还是不信呢？人家手里可有大量的证据。

还有一套说法，说“9·11”事件也是假的，什么拉登、伊斯兰恐怖极端势力，都是扯淡，那就是小布什干的。美国人为了获取中东人民的石油，就得找借口出兵，所以策划了“9·11”事件，所以一切都是监守自盗，都是自导自演。这个你信不信？

顺着这个思路往下推，还有一些阴谋论，我们很多人就半信半疑了。因为《罗辑思维》的受众当中，智商特差的估计没有，但是我们都有一颗自由主义的心，自由主义就是不相信任何权威。美国人一定没有骗人吗？当然有可能。

还有一些在中国流传甚广的说法，比如说全世界最大的种子公司孟山都在不遗余力地推广转基因食品，目的是什么？就是掌控住中华民族的命脉，什么时候想让我们的粮食绝收，我们就真的绝收了，这就是帝国主义的大阴谋。你信不信？

还有人说，美国人及其小伙伴正在构建一个针对中国的、扼制中国崛起的国际阴谋，想要祸害咱们中国人。你信不信？

再比如说，韩寒和他爹韩仁均，瞒天过海，欺天下无人，明明是他爹写的文章，非要说是韩寒写的文章。你信不信？

所有这些，你有没有相信一点点呢？有，那就说明你和我一样，这是我们人类从进化初期就带到今天的一个毛病——我们天性当中多多少少都是有点儿相信阴谋论的。

为什么呢？原因很简单，因为我们要简化世界。

构建阴谋论的一些手法

阴谋论为什么会长久存在？人们在用什么手法构建阴谋论？识破阴谋论的根本思维方式是什么？

其实构建阴谋论的手法很简单，无非就是几招。

比方说共济会，何新先生就在他的书里面铁口直断，说美国43个总统里面有41个都是共济会的，只有两个不是，一个是林肯，一个是肯尼迪，还都被刺杀了。这么说总得有点儿证据吧？没有，人家就是不告诉你证据在哪儿，一口咬定41个都是。而且还告诉我们，美国签署《独立宣言》的56个人，有53个都是共济会会员，所以美国就是一个由共济会控制的国家。证据在哪儿？人家从来不跟你扯证据。

再比如说，宋鸿兵先生写的《货币战争》里面有一个判断，说美联储表面上是个国家机构，其实就是个私人银行，它是有股东的，他们都在隐瞒这个事实。

真的是这样吗？真是这样，美联储真的是有股东的，可是美联储的股东都是什么人？这在1913年颁布的《美国联邦储备法案》里面写得清清楚楚，只要在美国联邦注册一家银行，就必须入股美联储。入股之后，可以享受到两个权利：

第一个权利，每年拿6%以下的股息。这是什么概念？细的推算咱们就不展开了，一家银行一年大概可以分到10万美金。对开银行的人来说，这点钱估计都看不到眼里，还不如中关村一个干得比较好的产品经理的年薪高呢。

第二个权利，可以参加地方美联储主任委员的选举。要知道，美国联邦储备委员会的7个人都是由总统任命的，跟选举根本没有半毛钱关系。

所以，宋鸿兵先生在《货币战争》里这一整套推论，在事实上是站不住脚的。

阴谋论可以论证一切观点

我们再来总结一下阴谋论者的手段。第一，在论据上完全造假；第二，在论据的采用上，完全采用旁证；第三，在论证方法上，完全不可证伪；第四，跑到“爱国主义”的大旗之下，把头一蒙。请问，这样的阴谋论，我们如何去反驳它？不能反驳也就罢了，大家有没有意识到，只要用这四种方法，阴谋论可以论证一切观点。

我在网上看到一篇有趣的文章，有人仿造阴谋论的口气写的，论点是：早睡早起是一个大阴谋论，是集权主义者对我们的迫害。首先，他抛出了一个假论据，说20世纪70年代，美国有个教授发现了一个惊天的事实——人的脑部有一块区域的发育是跟集权主义相关的，这块区域发育得越健全，我们就越适应集权主义。这块区域要发育需要一种激素，叫褪黑素，而天光越暗，褪黑素就分泌得越多。

所以，证据就来了：原始人早睡早起，是因为那个时候没有灯，所以他们就愚昧，就倾向于集权，所以奴隶制就诞生了；等人类技术发展了一点，我们有火把有蜡烛了，人就睡得晚了，所以孔子、释迦牟尼、柏拉图这些智者就出现了，人类文明就进步了，我们就不再那么愚昧了；到后来，有了电灯，汽车、飞机、互联网就发展了起来。所以，人类摆脱愚昧跟睡得晚很有关系。

为什么有人要宣传早睡早起呢？就是希望我们睡得早一点儿，让我们适应集权主义的黑暗。不信我再给你一个证据，你看现在什么机构是希望人早睡早起的？军队。军队晚上10点钟熄灯，早上5点钟起床，这不就是证据吗？因为军队需要集权，需要服从，需要愚昧。你看那些需要对员工加强管理的大公司，都是早上9点上班，所以员工就不得不早睡早起。而那些需要创造性的IT公司呢？他们允许员工中午才到公司上班，然后熬上一夜，他们多有创造性啊！所以，只要哪个媒体宣传早睡早起，他们就是集权主义者的爪牙，就要迫害我们。

这套论证看起来没问题，但是仔细一对照，用的就是我刚才提到的阴谋论的四大招。如果按照这种方法，你完全可以论证，我罗胖这么胖，就是一个阴谋，我就是想联合全世界的胖子把地球压垮。有这种可能吗？你可以试着论证啊！罗胖在何时何地讲过要减肥，这说明他想减肥，可他想减肥又不减，这说明他有阴谋，想干坏事。然后你可以找出一万张我在各种场合大吃大喝、把自己喂得肥肥的照片当论据。罗胖还经常请朋友吃饭，要把他们也养成胖子，他的目的就是把地球压垮。如果你得出了这套论断，我又怎么申诉呢？我真的是百口莫辩。

听了我上面的话，有些朋友可能已经按捺不住了——罗胖你什么意思？本来还挺喜欢你的，结果你净替美国人和韩寒这些坏蛋说话。

我并不知道韩寒是坏人还是好人，有没有代笔我也不知道，我只知道目前拿出来的证据不足以证明这一点，我的论证仅止于此。如果你用这个旁证就一眼看穿我拿了美国人的钱，跟韩寒勾搭了，或者我自己想炒作，对不起，你的思维方式就叫阴谋论。

阴谋论思维是一种根深蒂固的思维，古往今来就有，往后也会有，它是无法灭绝的。所以，我真没打算跟阴谋论抬杠，把它驳倒。没有用，它永远会存在。

那我到底想干什么？《罗辑思维》之所以提到阴谋论这个话题，其实是想问一个问题，这个世界到底是由谁、由哪一种力量来控制的？阴谋论的前提就是这样，只要一小拨人足够团结，有足够的智商，策划的时间足够长，且计划足够严密，控制的资源足够多，那么理论上这拨人就可以控制整个世界。

真相是不是这样的呢？如果把这一点驳倒了，阴谋论的理论基础是不是就倒塌了呢？

我们来看人类历史，人类从有文明一直到现在，能够整合的社会力量只有两种。第一种，以暴力为后盾的权力；第二种，以自由为前提的市场。仅此两种而已。越往前追溯，市场越不发达，权力越发达；越往后看，你就会发现，市场起到的作用越大，权力的作用就越萎缩。这个分水岭就出现在20世纪。

我们知道20世纪以冷战为基本态势，实际上人类做了一个大实验，一方面是苏联东欧集团，他们用集中的权力，试图通过中央的计划经济、集中权力这样的一种安排，给人类造出一个天堂。但是这个实验在1992年前后就整体失败了，人类发现这条路好像走不通。

1992年，我们中国人干了一件事，那一年小平同志南巡，我们坚定地朝着市场经济方向走去。这说明整个人类在1992年的时候形成了一个共识，原来靠权力、靠集中来造天堂这种方式可能不大行，我们还是要试试市场这一条路。

但是你发现没有？历史越往前追溯，权力起到的作用就越大；而权力的作用越大，阴谋论成功的可能性就越大。中国历史上就发生过这么两件事，一件是公元835年，唐文宗觉得身边的太监太跋扈了，企图控制自己的身家性命，那怎么行？于是他心生一计，说要去一个大臣家看天降甘露，结果就跟大臣勾搭好，把那群太监全部给杀了。太监头子叫仇士良，这哥们儿特别精明，没上当，反而把皇帝带回皇宫，把大臣全杀了，这就是历史上著名的“甘露之变”。

又过了几百年，1457年，明朝又发生了一件事情，叫“夺门之变”。明英宗那时候在南苑当太上皇，有一个将军叫石亨，一个太监叫曹吉祥，这两个人跑到南苑把太上皇拥立到皇宫里来，取代了当时在位的明景帝，这就叫“夺门之变”。

这两件事情都是阴谋，阴谋为什么起作用呢？因为社会是由权力来控制的。权力本来就是一种中心化结构，中心的中心不就是皇上嘛，只要把皇上拿住，只要控制了皇上，就可以“挟天子以令诸侯”。所以阴谋论在历史上确实有对的一面，因为历史越往前追溯，权力就越能控制人类。

市场经济中，阴谋论还管用吗

可是当1992年整个人类发生了大转折，市场成为协同人类的最重要的手段之后，阴谋论的思路还管用吗？

我们来做一个假设，假如美国的登月工程阿波罗计划全是假的，是美国政府捏造的。那么，搞这个阴谋的人必须要做两件事情。第一件事情，是把所有参与这个计划的人的嘴全部封牢。稍有点儿生活常识的人都知道，你跟闺密讲的话都会被传出去，何况上千人的大工程，上至科学家下至看门的老大爷，想让他们都把嘴全部扎严不跟外人说，用什么方法才能做到呢？

要知道，当一个气泡越吹越大的时候，任何一个小爆破都可能造成整个气泡的崩溃。如果给每个人发钱买他的嘴，新闻机构要用多少钱来封嘴？这是没法博弈的，要出比别人能出的最高价多几千倍的钱，这怎么可能做到？

更何况有的人根本就不在乎钱，就怕对不住自己的良心，临死就忍不住向全社会公开。所以，封闭这个信息的可能性是几乎没有的。很多人说“9·11”事件是小布什自导自演，我从来没有赞赏过小布什的个人道德，他是不是坏人我不知道，即使他是坏人，他也做不到。自导自演那么大的工程，得多少人配合他？让这些人封口、住嘴，是一件太难做到的事情。

第二件事情，所有阴谋论者，如果有一个控制全世界的阴谋，他必须要有一种能力，就是要对世界上所有人、所有机构、所有企业的反应，每一个时机的反应，做出精准的预测。为什么鲁迅先生说《三国演义》里的诸葛亮“状诸葛多智近妖”？因为，事事料敌先机，能够把所有人的动态都想明白，这不是人能干的，只有妖精才能做到。

没有妖术，他怎么可能知道那么庞大的信息呢？我随便举个例子，一个美国农民现在有几百亩地，今年要种玉米还是种大豆，请问他怎么判断？如果他整天到处搜集信息，哪个地方玉米市场怎么样，哪个政府用玉米提炼油的计划到底有没有破产，中国人接不接受转基因大豆……那么，这个美国农民无论组织多大的班子，都不可能把这些信息搜集完全。搜集完全之后再做决策，黄花菜都凉了，下种的时机早就过了。

这就是阴谋论的一个根本难题，在一个开放的自由市场上，想封闭信息和了解全部信息的真相，都是完全做不到的事情。那请问，市场经济是怎么来完成对这个世界的控制呢？很简单，用两个方法。第一个方法叫分头决策，每个人根据自己的利益做自己的决策；第二个方法叫用价格信号来调整每一个人的行为。

我们再来看刚才那个美国农民，要种几百亩地，种玉米还是种大豆？不知道。决策方法很简单，到期货市场上看价格。玉米和大豆的期货价格哪个高就种哪个。

就这么简单？就这么简单。因为期货市场上的价格表现出来的就是一个数字，它的实质是什么？实质是全世界关于玉米和大豆的复杂信息，通过市场交易的机制，最后浓缩成价格这一个信号。北京市到底哪个企业污染，哪辆车不达标，我们不知道所有的信息；我们只知道，今天PM2.5多少值，这就是最终合成的信号。

今天早上要不要出门锻炼身体？看看PM2.5数值就可以了，没必要说今天有多少辆检验不达标的车从我们家门口过，这些信息你是不可能掌握的。这就是市场的优越作用，分头决策，最后加一个非常精妙的、集成的价格信号。

价格是由消费者自己来决定的

很多人其实并不了解什么叫市场经济，尤其在价格这个问题上。比方说到现在为止，中国和外国很多媒体都在讲央行决定利率，我们经常在各种财经评论里头听到，央行该不该升息，什么时候升息，大家都盼着呢，表面上看起来好像是央行在决定。当年格林斯·潘每天夹一个公文包到美联储开会，大家都说，要根据他公文包的厚度判断，他到底是要升息还是降息。

我要告诉你，根据经济学理论的分析，格林斯·潘每根本没这权力。权力在哪儿呢？权力是市场给的。央行——不管是中国人民银行还是美联储——能干的只有一件事，就是跟在市场的屁股后头，想办法把市场已经决定好的那个利率表达出来，仅此而已。

其实这个道理很简单。什么是利率？这是一个非常复杂的现象。简单地说，构成利率最重要的因素是人们对于未来通货膨胀的预期。比如说我预计一万块钱到明年只能买一盒火柴，那我现在最理智的行为是什么？赶紧找所有朋友借钱。因为明年一万块钱就只值一盒火柴了，明年买几盒火柴还给他们，我就赚了。

所以利率的本质是人们对于未来通货膨胀的预期，就那么简单。央行行长、美联储主席能做的是什么呢？就是判断人们对未来的预期。由于这个预期全是分散的，所以他们要去想，人们对未来通货膨胀的预期，那个合适的点在哪里。因为这个决定很重要，如果把利率定低了，没有跟上市场，大家会拼命来借钱；如果定高了，没有人来借钱，会导致市场的银根不足。

所以央行行长的工作就是体察市场，寻找到、倾听到那个市场已经形成的利率，然后把它告诉公众，仅此而已。他们不是在决定利率，因为利率的本质是什么？是货币的价格。价格是不可被预测，而且不可被决定的，这是经济学的基本原理。

举两个例子，第一个，现在很多人都在说火车票价格、地铁车票价格、暖气价格应该怎么样，好像价格是能由谁决定似的。其实，价格从来不是由谁定的，甚至不是由商家定的，因为商家和顾客之间从来不是竞争关系，他们永远是合作关系。是谁在竞争？是消费者自己，价格是由消费者自己来决定的。就算是天上掉馅饼，也得看底下有多少人抢。天上掉下的馅饼本来是不要钱的，但是底下饿汉太多了，馅饼的价格仍然会涨。经济学的道理就这么简单。

第二个例子，如果你熟悉过去十几年中国的经济新闻，你可能听说过，2000年中国诞生了一个彩电价格联盟。因为国美、苏宁太不像话，把价格搞得太低，这个联盟坚决不降价，不停开会，还签下生死文书。后来呢，中国的航空公司也搞了个价格联盟，声称绝不打折。2007年，重庆洗车行业也有一个价格联盟，说10块钱洗车太便宜了，我们要涨到20块钱。

所有的价格联盟基本上瞬间就崩塌了，因为那十几年我都在做财经报道，在我印象中这些联盟结成一两周后就崩塌了。所以，商家若想多挣钱，控制价格是没用的。那政府把价格按住有没有用呢？我告诉你，一样没用，历史上这样的案例多了去了。最可笑的是，对于兰州拉面，政府都出过一纸公文，规定一碗拉面不准超过多少钱。

最典型的就是眼下对房地产的限价，请问有用没用呢？当然没用。为什么没用呢？因为大家误解了价格的本质。价格是什么？价格不是这个商品销售的价格，价格是指你要购买的一整套配套服务。你如果能理解前面两个价格控制和价格联盟崩溃的原因，你就能理解这个道理。

为什么航空公司的价格联盟没用？因为我们即使定下来北京飞深圳的经济舱多少钱，但是每个航空公司都有办法在私下里突破这道底线。航空公司可以不背弃联盟，但是它们可以把座位加宽点，把机舱的伙食变得好一点，还能免费送票上门，对70岁以上的老人免票，对一米以下的孩子免票，甚至还能把空姐弄得漂亮点，这都是在价格之外建立自己的竞争力。

所以价格联盟有什么用呢？价格是一整套服务最后的信息标签，你把这个标签定死了，后面的实质内容还是可以变的，所以价格联盟是控制不住的。政府限价是同一个道理，你可以限一碗兰州拉面的价，但你无法限制里面有多少根面，有多少块牛肉，牛肉是找贵的大厨做还是找街边的小工来做。你怎么控制？

最著名的案例发生在1973年，阿拉伯国家联合起来跟美国人对抗，要控制对美国的石油出口，导致石油价格飙涨。于是美国政府就做了一件事，限制汽油价格，结果呢？加油站大排队。你以为你到加油站买的是汽油吗？错，你买的是汽油周边的一整套组合服务，其中就包括买汽油，包括不排队买汽油，包括买汽油没有搭售。

结果政府一限价，汽油的价格是控制住了，但是要排队了。不排队买汽油这项服务不提供了；24小时营业的加油站就没有了，因为不挣钱，加油站为什么要24小时营业？我一天营业几个小时就可以了嘛！如果不想排队怎么办？有的加油站就开始提供一种服务，只要同时购买某款润滑油，买汽油可以不排队，这款润滑油的价格就上去了。美国当时有一个评论员开玩笑说，石油危机期间是美国车辆润滑销售状况最好的一段时间。

因为价格是一个剧烈变动的因素，而价格本身仅仅是一个信号。所以老想控制这个世界，老想控制价格，这是人类从权力时代带来的一个妄念，由此才产生了阴谋论的想法。这个世界实际上是由谁控制的？由所有在自由市场中作为交易主体的决策者。他们分散决策，形成的一个总体现象，这就是我们看到的世界，没有谁能够真正控制它。

如果这个道理你还没弄懂，你就想想，冬天要不要穿秋裤这件事情。政府、中央银行行长是可以规定你哪天穿秋裤，但是你真正穿秋裤的时间，跟你妈妈、你媳妇、跟任何人都没有关系。你穿秋裤只是对天气变冷的一种反应，而不是说你可以通过穿脱秋裤来控制外在的天气。

阴谋论为什么会破产

前面我讲了一系列经济学的原理，其实只是想描述一个趋势，就是历史越往回追溯，你越会发现人类社会是由权力来主导、由中心来控制的一种社会样态。但是越往后，越往未来，人类社会就越以自由为前提，以市场来协同，由分散的节点来分头决策，就会变成这样一种社会样态。如果你接受这个前提，我们回头再来看阴谋论这个话题，你就可以得出两个结论。

第一个结论，在空间上看，阴谋会永远存在，但是阴谋的规模会遭到限制。为什么？因为阴谋的前提是保密，策划阴谋的一帮人不跟其他人说。但是保密的难度和成本越来越高，所以阴谋的规模就会越来越受控。你瞒着你老婆出去玩点儿花花肠子也许能做得到，一帮人躲在家里想控制全世界几乎是不可能的。

第二个结论，在时间上，历史越往回追溯，和中心化的社会联系越紧密的时候，阴谋就越奏效。但是越往后看，随着开放社会的到来，信息流动的加强，阴谋得逞的可能性就太低了。

如果你还是觉得有点儿糊涂，那就记住这句格言吧：“你可以短暂地骗住所有人，你也可以永久地骗住一部分人，但是如果你想得永久地骗住所有的人，对不住，您办不到。”这就是阴谋论会破产，它的理论根基扎不牢的根本原因。

我们不想跟阴谋论者抬杠，因为他们是说服不了的；我们的主要任务是想探查一下人类未来发展的一个趋势，叫“去中心化”。你可能会反驳，人类没有中心怎么行？没有国家，没有政府，没有法律，这天下不就乱了吗？

你还真别把这个中心的作用绝对化，我给大家推荐一本书，叫《市场的力量》，作者叫李子旸，是一个用小故事来揭示市场经济原理的高手。在这本书里，他讲到一个例子，18世纪的时候，欧洲对于鲸鱼的需求非常大，那个时候妇女穿的裙子里面都是用鲸鱼骨来支撑的，而且家家户户点灯用的都是鲸鱼油。但是在浩瀚的大洋上，那些分头进行捕猎和作业的船只之间产生矛盾的可能性太大了，因为一头鲸鱼那么大，不可能一个鱼叉叉上去它马上就死，一般会带伤逃亡一段；第二艘船上去再来一叉子，这条鲸鱼死了，请问这头鲸鱼是谁的？非常容易产生纠纷。

奇怪的是，在18世纪中期，将近100年的时间里，英国法院很少接到这个方面的诉讼。说白了，就是捕鲸船的老板们和水手们之间形成了一套规矩，没有法院的掺和，没有成文的法条，他们就可以解决自己的纠纷。

根据李子旸先生的介绍，欧洲的捕鲸船大概形成了两个规则。第一个规则在英国海岸周边适用，叫系牢原则。什么意思？就是一个鱼叉叉上去，你后面得带根绳子，这头鲸鱼负伤跑掉以后，你可以像牵着一条狗一样跟在后头追，一直追到这头鲸鱼死掉，你把它收获上来。但是请注意，什么能够证明你是这条鲸鱼的主人呢？就是这条绳子，一定要系牢。

可是到了北美海岸就不一样了，就不能用系牢原则了，为什么？因为鲸鱼品种不一样。英国海岸的鲸鱼叫露背鲸，性格比较温顺，它不会往下沉，不会跟你折腾，它就是跑，跑累了就死了。美洲海岸的叫抹香鲸，抹香鲸的脾气很大，你扎我，我就下沉上浮跟你一通折腾，所以这个时候再牵一根绳就太危险了，容易把船都拽到大海底下去。那就得另定一套规则体系，叫“鱼叉占有规则”。就是每个鱼叉上要带有这艘捕鲸船的标志，最后这头鲸鱼死了，就看上面的第一个鱼叉是谁的，那这头鲸鱼就归谁。

虽然形成了两套规则，可是这两套规则不能互换，比如说在英国海岸，如果你用鱼叉规则的话，那就很麻烦，因为露背鲸常常单独出现，一堆捕鲸船要是都上来用鱼叉戳，最后怎么判别哪个是第一个叉的？但是抹香鲸不一样，抹香鲸成群出现，几艘捕鲸船可以一起作业，分头追捕，所以容易平息纠纷。

任何一个长期在一起博弈的群体，都可以形成大家默认的法规，而没有必要用白纸黑字把它写下来。

但是很奇怪，到了19世纪中期，英国法院突然接到很多捕鲸业的诉讼，为什么呢？根据李子旸先生的分析，原因很简单，这个行业没奔头了，大西洋海域的鲸鱼都被捕杀得差不多了，这个行业很快就要日落西山了。

所以这又得出另一个结论，人们在长期博弈过程中，要想形成一套共同遵守的规则，得有一个前提，就是有盼头、有奔头。如果没盼头、没奔头，大家都倾向于打破这个规则，这个时候就得法院介入，就得中心化的那个社会结构来介入了。

西方的法理学当中有一脉理论，叫作自然法理论，它的理论就和李子旸先生讲的这个理论差不多。自然法理论认为，人类的法律是客观的，它有一些公序良俗、天理人心、公平和正义、先验的原则在。我们人类制定法律，不过就是把这些早已经客观存在的法律条文落实到纸面上，然后在执行的过程中不断地修正，更倾向于公平正义、公序良俗，仅此而已。所以法律是客观的，而不是主观的，不是什么统治阶级的工具，而是我们努力去发现的一个天条。

看到这儿，你是不是发现，这跟我们刚才讲的那个利息、利率的来源有点像？美联储不是去制定利率，而是去发现市场已经形成的利率，然后把它表述出来而已。所以这个社会到底是由中心来控制，还是由大家分头决策，早已经形成，最后只不过是通过价格、法律法规这些显示屏把它显现出来而已。

最后，我们还是回到阴谋论这个话题，阴谋论有一个隐藏得更深的前提，那就是阴谋论者认为这个世界是以谁战胜谁、谁控制谁、谁把谁搞定为基本样式的，就像30多年前的一首歌唱的那样："东风吹，战鼓擂，这个世界到底谁怕谁？"但是站在市场经济的角度来看这个世界，你会发现谁怕谁一点儿都不重要。重要的是，谁和谁发生了良性的、有行为规范的合作，这个世界才会是一个美好的世界。

02 | 中国窄门

既重要又看不懂的事

国庆长假期间，我读了一本书，名字叫作《历代经济变革得失》，作者是著名的财经作家吴晓波先生。

我跟吴老师认识很多年了，最开始他写了企业史《大败局》，然后是中国经济史，一段一段地往前写，先是《激荡三十年》，然后是《跌荡一百年》，最后是《浩荡两千年》。所有朋友都跟他开玩笑说：“你用了这个‘荡’字，后面可没什么好词了。”正当我们等着他再捧出一本什么荡多少年的时候，他突然就捧出了这本《历代经济变革得失》。

前不久遇到吴老师，我请教说：“这么枯燥的专门史，又是古代的，有多少人会看？你为什么要写呢？”

吴老师给了我一个典型的知识分子式的回答。他说：“如果不理解中国的古代经济史，就没有办法理解现在的中国经济。”这话听着有道理，但是当时我觉得太牵强了。

中国古代是农耕社会，经济结构多简单呀！而现在是多么大的经济体量，多么复杂的博弈环境，多么复杂的经济分析工具，以及多么复杂的产业结构！这东西你非说有联系也行，但是借鉴意义并不大。

可就在我仔细拜读过这本书之后，我的认知发生了大翻转。这本书至少帮我解决了两个问题，一个微观问题，一个宏观问题。

微观问题是，为什么中国以市场为导向的改革进行了30多年，可是计划经济残留的国营企业不仅没有死掉，反而死蛇翻身，越活越健康？不仅“垂死病中惊坐起”，而且返老还童了，这是为什么？

宏观问题是，当中国经济的体量变得这么大，在GDP这个单一指标上要赶超美国已经指日可待的时候，总不能说中国崛起之后就是另一个美国或英国吧？我们总有自己文明的特质，可这个特质是什么？

这可不只是中国人关心的问题，全世界都关心我们中国到底要往哪儿走，将来的变形方向到底是什么。就像关汉卿那首小曲里说的，那颗“蒸不熟、煮不烂、锤不扁、炒不爆，响当当的铜豌豆”，从历史中带来又一定会带去未来的那个特质是什么呢？

带着这个问题，我们再回头看中国经济，会从这本书中得到一些阶段性的解答。

中国经济现在好可怕，西方人也觉得看不懂，因为它越长越大了。就像诺贝尔经济学奖获得者科斯死前写的一本书得出来的结论，让我大惊失色。他说中国经济有三大特征：第一，伟大；第二，非计划；第三，意外，说白了就是看不懂。他说这是人类行为的意外后果。

美国人萨默斯曾经当过哈佛大学校长、美国财政部部长，还险些当了美联储主席。他说，如果300年后再来看21世纪最初这十几年，很多历史事件的重要性是要被颠倒过来的。冷战结束只能算是第三流事件，现在觉得很热闹，300年后一点儿都不重要，不就是两个国家竞争嘛！第二流事件是中东的伊斯兰世界和西方世界的关系。真正的第一流事件是什么？以中国为代表的发展中国家的崛起。

在西方的主流经济学界精英看来，中国崛起、经济总量的迅速膨胀，是一件既重要又看不懂的事。

现在，我们中国的学者自己回溯到历史的源头和深处去看，什么东西导致了我们现在的经济状态，以及它未来可能的走向和各种各样的不确定因素。这就是这本书的价值。

大一统：中国文明的内核

那粒铜豌豆到底是什么？什么是中国文明到现在为止还摆

脱不掉的内核呢？吴晓波老师的回答是，这个东西叫大一统。中国上上下下其实都有一个共识，就是统一是好的，分裂是坏的。

分裂为什么不可能是好的呢？历史已经证明，分裂的时候，任何善良的统治者，可能有善治的开始，但是最后一定会结出一个恶果。最典型的就是元末的张士诚，他当时控制着华东的苏、松二府，也就是如今的江苏和上海一带，他老人家轻徭薄赋、礼贤下士，治理得非常好，可是又有什么用呢？最终张士诚没有获得全国性的政权，被朱元璋打败了，所以他的老百姓还是要受苦。有明一代，苏、松二府的赋税都非常重，带有一点儿惩罚的意义。张士诚的铁杆儿部下被朱元璋贬为贱籍，很多工作都不能干，只能干最下贱的事，比如淘粪桶，这种现象一直到清代才终结。

所以，在分裂的地方政权下，是没有绝对的安生日子的。老百姓真想过安生日子怎么办？只能盼望全国统一，天下太平，正所谓“宁做太平犬，不做乱世人”。这是中国上上下下的共识，直到今天都是如此。我们先以这个为逻辑起点。

如果我们中国五千年的文明都是要实现大一统，那我们解决了哪些问题，又建立了哪些制度呢？吴老师在这本书中提出了四项基本制度。第一项，中央和地方分权制度，就是郡县制。第二项，全民思想的控制制度，通过罢黜百家、独尊儒术解决了。第三项，精英的控制制度，这在隋唐年间通过科举制解决了。第四项制度就是宏观经济制度，纵观中国历史，历朝历代都没有从根源上解决这个问题。这就是这本书最主要的叙述框架。

自由派市场经济大师——管仲

讲完这个叙述框架，我们回到公元前，回到一个人的身上，这个人叫管仲。大家都知道，管仲辅佐齐国公子小白登上了齐国的宝座，也就是后来的齐桓公。齐桓公这个人谈不上有什么雄才大略，他只有一个好处，特别信任管仲——只要我吃饱喝好，剩下的我都不管，我给你钱、给你权，你来操持这个国家。

越读管仲的事迹，我越怀疑他是现代人穿越回去的，因为他那一整套经济管理方法，不在哈佛大学、芝加哥大学经济学系读个几年的博士，是根本不可能有那样高的水准的。按吴老师的总结，基本上就是八个字：“放活微观，管制宏观。”听着有点儿熟悉吧！我接下来讨论的内容，你可以对照中国的经济琢磨一下，有多少神似和形似的地方。

“放活微观”很好理解，就是让老百姓到处去做生意，到处发财。管仲上任之后做的第一件事情就是，鼓励全天下的商旅到齐国来做生意。投资环境极好，你只要拉一车货来，吃住我全包了，免费；如果你拉三车货来，你的马的草料我供了；如果你拉五车货来，那就是贵宾，我给你派小厮、丫鬟供你驱使。

此外，管仲特别重视用价格杠杆来调节市场。比方说，他跟国君讲，如果国库里已经征了很多布了，就不能再对布征税了，而要对布的原料——麻进行征税。一旦对麻征税，麻的价格就会上涨。原材料一涨，制成品的价格也就会涨，麻的价格上涨5倍，没准儿布的价格就能涨上10倍，这个时候把国库里那批布在全国市场一甩卖，就能大挣一笔了。你看，这多么聪明，这不就是市场经济的价格杠杆吗？

管仲的事迹非常之多，总而言之，所有事迹都会告诉我们，管仲是一个自由派的市场经济大师。可是你以为管仲只有这一面吗？No，放活微观之后还有四个字，“管制宏观”。

怎么管制？还是收税。有一天齐桓公跟管仲说，不收税哪有好日子过？咱们得收人头税、物业税、遗产税，百姓家里养头猪、养只羊，咱都要征个税，好不好？

管仲说不能这么征，他讲了一句特别重要的话，“取之于无形，使人不怒”。就是征税不能让老百姓有感觉，征得人嗷嗷叫有什么用呢？西方人也说，征税就是“拔最多的鹅毛，听最少的鹅叫”，这就是征税的技巧。那怎么征呢？

管仲提出了一套办法，叫“官山海而已矣”。什么叫“官山海”？就是把山和海都变成官家所有，说白了就是盐铁专卖。在农耕社会里，盐和铁是农家不能生产的东西，一定要通过市场经济去购买，只要把这两样东西看住，国家的赋税就不可能少。

管仲算了一笔账，比如说齐国有1000万人，但是真正能征人头税的，不过就100万人。每个月每人征30钱，不才3000万钱吗？可是，只要在盐价上稍微动点手脚，一个月就可以征到6000万钱，老百姓还没感觉，何必去征那30钱呢？还搞得老百姓鸡飞狗跳，各种贪官污吏还要中饱私囊。

铁也很重要，老百姓的农具、妇女做针线活儿用的针都离不开铁。管仲说，一根针我征它一钱，30根针就是30钱，何必再去征那个人头税？在针上做文章就可以了。更何况，齐国靠着大海，煮海为盐，只要是买我们齐国盐的，都等于给我们齐国交了税。

在管仲留下的很多事迹当中，你会觉得他是一个自由派、开放派。可是管仲也有残酷、严厉、绝不妥协退让的一面，那就是“官山海”。管仲发布的政令中有一条，任何地方只要发现铁矿矿苗，这个地方就立即圈起来，归官家所有。老百姓想要开采，那就严刑峻法伺候，左脚先踏进去就砍左脚，右脚先踏进去就砍右脚。这是他的底线。

在管仲的整套治理结构当中，有和当前经济很吻合的地方，比如放活微观、管制宏观、抓大放小。拿几千年的事和今天比有什么现实意义吗？没有。

我之所以花这么大的篇幅去讲管仲的这套做法，是因为他发明了一个税收制度上的先例，这个发明太天才了！

要知道，税收制度分两类，一类是西方现代社会的税收制度，税收是老百姓和政府之间的契约，老百姓交了税就要享有特定的公民权利。所以，在西方现代国家，税收一定要放在明面上。比如在美国买东西，商品的价格是商品的价格，交的税钱是要单算单付的。

可是管仲的做法就不同了，他的九字心法“取之于无形，使人不怒”，就是要偷偷地收，让老百姓没感觉。怎么才能实现这个目的呢？国营企业、盐铁专营就属于这一套。结果是什么？就是政府直接冲到市场当中，扮演一个与民争利的角色。

什么是国营企业？就是看上去像企业的政府。什么是政府？就是看上去像政府的企业。那么民间资本，所谓自由市场力量的博弈环境就变得特别凶险，这是中国几千年经济架构的一个基本形态。

但是管仲这套做法，并没有一直沿用下去。在管仲和齐桓公死了之后，这套做法基本上就被搁置了，为什么？因为春秋战国时期的博弈形势变得特别残酷，杀人盈城，杀人盈野，国与国之间的暴力冲撞变得特别厉害。这时候管用的就不是管仲这一套和风细雨的做法了，而变成了商鞅那一套，更没有人伦底线、更反人类的法家做法，把整个国家和人民变成一架暴力机器，打造出了一个虎狼之秦。所以，管仲这套做法实际上中断了几百年。但是就像《喜羊羊与灰太狼》里面灰太狼那句台词，“我会回来的”。对，管仲这套做法会回来的。

打个比方，为什么毒瘾几乎是戒不掉的？不是生理问题，不是对于海洛因的生理依赖，以现在的戒毒技术，两周时间就能让人摆脱生理上的毒瘾。真正难戒的是什么？心理上的毒瘾。这个人只要吸过毒，他就知道吸毒的感觉很爽，吸完之后要什么有什么。所以即使他在生理上摆脱了毒瘾，此后再看见那东西还是想来上一口，所以终身无法脱瘾。

管仲这套做法给当时齐国带来的那种繁荣，就是毒品，历朝历代都不会忘。一个长期稳定的中央集权国家建立以后，也就是西汉之后，管仲这套做法就复活了。

管仲式经济政策的复活

西汉初年真是穷，按照礼制，“天子六骏”，可是此时皇帝出门乘坐的马车，六匹马的颜色都配不齐，普通官员出门只能坐牛车。因为长期战乱，打得十室九空，国民经济已经到了崩溃的边缘，怎么办呢？当年我们是实行家庭联产承包责任制，西汉就是一个字——放。就是轻徭薄赋，原来不是十税一嘛，现在三十税一，而且曾经连续12年不征田赋。

《史记》里面有记载，当时“开关梁”，路上不设关卡征税了；“弛山泽之禁”，不再有所谓的“官山海”，没有盐铁专营了，老百姓随便采盐、贩铁。于是，汉兴七十余年，非水旱灾荒，老百姓是家给人足，京师太仓里面的粮食陈陈相因，致露积于外，腐败而不可食，府库里面串钱的绳子都烂掉了。国家富成这个样子。

我们在上中学的时候，历史老师告诉我们，“文景之治”

好啊，那是一代善治，没错。可是历史老师没告诉我们“文景之治”也有害处，那就是“七国之乱”。

民间拥有了大量的财富以后，中央反而会变得比较弱，这就叫弱干强枝，这种局面一出现，地方挑战中央的苗头就会出现。“七国之乱”就是来自吴王刘濞的挑战。吴王刘濞掌控着东南沿海一带，既能自己铸钱，因为他有矿；又靠着海，还能煮盐，所以他非常富有，就有了向中央发起挑战的能力。

虽然“七国之乱”很快被剿平了，但是这个问题算是摆在桌面上了。继续这么放，对中央的集权、全国的统一是不利的。所以汉武帝登基后，第一件事就是颁布“推恩令”。就是诸侯生了儿子，要把土地均分给儿子们，领地越分越小，最后不就没有实力挑战中央了吗？这是当时政治天字第一号的问题：如何解除地方割据。

你不要以为汉武帝是多虑，往后再推几百年，唐玄宗的开元时代那么富有，天下的经济活力那么好，“忆昔开元全盛日，小邑犹藏万家室”。可是随着中央在全国财政重心位置的下降，弱干强枝的局面再度出现了。“渔阳鼙鼓动地来，惊破霓裳羽衣曲”，一次“安史之乱”就把整个大唐帝国击垮了。所以汉武帝当时的担心不是没有道理的。

面对这样的局面，汉武帝应该怎么办呢？这个时候，就是一个字——收，把权力和财富全部收到中央来。这个时候他任用了一个人——桑弘羊，让他主管天下财政。汉武帝虽是一代英主，也有点刻薄寡恩，他之前10年用过六任大农令，两个被他宰了，四个被他废了，唯独这个桑弘羊执政40年，得君专宠，哥儿俩关系特别好。

桑弘羊用的是什么办法呢？第一招，金融管制。从此铸钱这件事，私人、地方政府就别沾手了，统统让中央来。那个时候铸的五铢钱一直用了六七百年，唐代之后才被废掉。第二招，平准和均输。“均输”就是凡郡国应向朝廷贡纳的物品，均按照当地市价，折合成当地的土特产品上交给均输官，由均输官运往其他地区高价出售；而“平准”就是价格管制，由国家控制全国的物资和买卖，以平衡物价，也就是中国30多年前使用的百货商店、供销社那套体系。

第三招，盐铁专营政策，正是复活了管仲那套方法。当然，汉武帝与时俱进，又加了一条——酒也得专营，这就是第四招。专营制度在中国历史上是逐步发展起来的，管仲的时候盐铁专营，汉武帝的时候加了个酒，到唐代又加了个茶，到宋代，醋、矾、香料、象牙这些外贸用品全部专营。就像我们前面讲的，毒品尝上一口就知道好，那个瘾是戒不了的，所以层层加码。

汉武帝时，盐、铁、酒称之为三榷，“榷”就是木字旁加上“鹤”字的左半边，象征一种外形似鹤颈的城门吊桥。老百姓、商旅经过这儿都要收税，所以“榷”实际上就是一种管制手段。

这套办法实行之后，中央就富了，卫青、霍去病就有钱去打匈奴了。但是老百姓却活不下去了，只好造反，做了盗贼。

汉武帝临死的时候很伤心，下了一道《轮台罪己诏》，承认自己的错误。

收放之间，无限循环

从汉初一直到汉武帝，中国历史其实走过了一个大循环，我们来看一下其中的规律：穷怎么办？就搞活经济，就放。放了之后，民间拥有了财富，地方就酝酿着挑战中央，一统的趋势就面临瓦解，怎么办？收。一收之后，国民经济的活力整个就降低了，国富但是民贫，国进但是民退，结果就是天下再度陷入不安定之中。那怎么办？再放。

改革开放之后，中国有个经济学家说，这几十年的宏观经济就是一收就死，一死就放，一放就乱，乱了再收，收了再死，死了再放。

其实放眼这几千年的中国历史，也是这样一种格局。从西汉初年到汉武帝去世的这段历史，给我们完整地演绎了一遍。

所以，中国政权只要维持大一统，维持统一的中央集权政府这个前提不变，那么历史的河流永远只能在河床当中左冲右突，跑不出这个河床。这个河床的左岸是什么？发展是硬道理。右岸是什么？稳定压倒一切。

吴晓波老师这本书里，用小平同志这两句话把这河床的两岸都标定出来了，就在这当中走，因为这个矛盾是中央集权政府的一个内在的、结构性的、逻辑性的矛盾。

西汉初年这个故事在后代的历史上一遍又一遍地重演。唐代也是，开始先放，然后地方挑战中央，出现了“安史之乱”；到刘晏改革的时候，又收。宋代也是这样，刚开始放，民间很有活力；到王安石变法的时候，就开始收，收到最后，整个北宋崩溃了。

到了明清的时候，皇帝一看，王安石变法把我们搞得伤了心，看来在现有的体制内搞全面配套体制改革是行不通的。所以明清两代，对外就变成了铁桶江山，把国家封闭了起来。对内呢？把老百姓打成一盘散沙。这方面做得最绝的就是朱元璋，他发明了一套“路引”制度，只要有人出门，就得让地方官提供一封介绍信，如果没有这封介绍信，出门的人连饭都吃不上，因为当地饭馆不敢卖饭给他。朱元璋用这套办法，把所有老百姓像植物一样栽种在他们的土地上。

“桑弘羊之问”的现实意义

其实民国时期也有这么一轮。民国总共38年，比隋朝多一年，它也分两段。1927年之前，也就是国民党上台之前的政策就是放，中央政府颜面尽失、权威尽失，收税也收不上来，连国债都发行不出去。但民间经济非常发达，当时的中央银行完全私有，99.9%的股份都是民间股本，与汉初非常相似。

汉初的时候，司马迁在《史记·货殖列传》里面列了一个“福布斯排行榜”，里面有21个大富豪，前4个都是钢铁大王。民国初年也是这样，比如说荣家垄断了面粉业、棉布业，张謇在纺织业做得非常好，刘鸿生是火柴业，交通运输业则是卢作孚，各种大王涌现，陈光甫、张公权这些人在银行业也是声名卓著，民间资本非常活跃。

可是1927年，蒋介石发动了“四·一二”反革命政变之后，全国表面上统一了，可他使了几招来收，国民党整个意识形态也是偏向收的。先是把银行收归国有，利用各种经济危机把私营企业搞到国家手里，变成我们一直在批判的官僚资本主义；然后把商人的自治组织——上海总商会解散掉，成立官办的组织，让商人都到政府这儿来报到。再然后，整顿金融市场、证券市场，等等。

从1927年到1935年，蒋介石上台之后三拳两脚就把国家经济全部搞到了自己手里。当然，这里面有抗战的因素，但结果导致继续国富民穷，老百姓只好抛弃这个政权。短短38年之间，就把这个逻辑演了一遍。中国老百姓这几千年，好像完全离不开这个像迷魂阵、鬼打墙一般的内在的逻辑缺陷。

让我们回到公元前81年，这个时候汉武帝已经死了6年，桑弘羊在朝堂之上组织了一场辩论，就是历史上著名的“盐铁论”。很多地方上来的儒生指责他，说这40多年来，盐铁专营制度搞得国穷民贫，有三大害处：第一，国营企业与民争利，民不聊生；第二，国营企业产品质量太差；第三，国营企业导致权贵横行。

桑弘羊那时候已经70多岁了，对答如流，一条一条地反驳。最有力的是桑弘羊最后的发言——你们说我这套制度不好，那我问你们三个问题：第一，如果不这么干，请问战争的军费从何支出？第二，如果不这么干，中央政府的财政收入从哪里来？第三，如果不这么干，地方割据如何避免？你们告诉我一个建设性的、替代性的方案。儒生们哑口无言。

在吴晓波老师的《历代经济变革得失》中，把这一段提问称之为"桑弘羊之问"。如果桑弘羊这三个问题还得不到解答，那么中国经济不管总量有多大，有多么现代化，其实都没有走出左冲右突也不得突围的河床。

中国历史始终逃不开的死循环

中国历史中的这个死循环，这个闭环逻辑，在当代中国你以为不存在吗？不，我们也能找到它的影子。

话说30多年前刚改革开放的时候，国民经济到了崩溃的边缘，怎么办？放啊，当时的话叫放权让利、分灶吃饭，激发各地的活力，先把国民经济搞上去再说。

十几年过后，农民吃饱饭了，乡镇企业发展起来了，贫穷的帽子也摘掉了，国家开始蒸蒸日上了。到了1992年，新问题出现了，并不是说中央遭到了地方的挑战，但是这种苗头已经开始出现了。

1992年全国的财政收入是3500亿，中央只拿到1000亿，剩余的2500亿都归地方所有。分配还特别不均匀，当时共和国的长子，还没有启动改革的上海，一年上交国家的财政有120亿；而广东经济已经那么好了，只需要交10亿。所以当时有人戏言中央财政是“讨饭财政”，每年开两会的时候，总理都得到各个代表团去慰问，让他们多交点儿。当时的财政部部长刘仲藜回忆说，那时中央机关已经到了不借钱连工资都发不出去的程度了。

接下来怎么办？只好收。这个时候就出现了一个著名的经济强人，前任总理朱镕基先生。通过“分税制”的改革，他把税务部门一劈两半，一半叫国税，一半叫地税，把相对好收的、资源丰厚的税源放到国税里，把一些不太好收的放到地税里。这次改革是1993年启动的，到1994年底的时候，一算账，中央财政当年增长了200%，原本占全国财政收入的22%，如今上升到了56%，所以解决了弱干强枝的问题。

可是1994年之后，地方财政也发不出钱，很多乡村教师发不出工资，怎么办呢？中央开了一个口子，搞“土地财政”，就是地方政府可以经营城市，可以卖地，可以搞房地产。现在房价的飞涨正是植根于此。

所以，你不理解几千年来的这个闭环逻辑，就没法理解现在这个状态是怎么来的，国营企业是怎么“垂死病中惊坐起”的。一切的前提都是，只要你想维持中央集权统一的、安定的局面，就走不出这个逻辑。

你可能会说，干吗要统一呢？民国的时候就有文人提出“联省自治”，中华大地像美国那样，每个省都来自治，这多好？我敢铁口直断，在可见的未来，中国如果没有一个强大的、有权威的中央政府，等待中国人民的一定是一场灾难。

中国历史上出现过多次地方自治，也不是没有好事，比如说残唐五代时期南方的藩镇割据，当时的地方经济发展得很好，老百姓也安居乐业。但紧接着，就发生了五代的互相残杀。

民国时也搞过地方联省自治，广西就是那时的模范省；阎锡山在山西搞得也很好，但是结果呢？中国文化几千年来的向心力，迟早会把这个局部的繁荣、富庶和安定，卷入到一个大乱流当中。

如果统一是前提的话，那换句话说，我们至今也没有走出历史的闭环逻辑。

中国要面对的也许是一扇窄门

在这本书的最后，吴晓波老师提出了一个结论，他说这可能是一个保守的结论。

他说：“中国式改革在可见的未来，是一个以自由市场经济为导向，以统一文化为边界，在民主法制和中央集权体制之间找平衡点的非西方式改革。”

这段话的每个词都很重要，“在可见的未来”，太久了咱们说不清，至少在我们这一代人的生命历程当中可以看到；“以自由市场为导向”，这个大政方针已定；但是底线和前提是“维持统一和坚定、强大的中央政府”；然后平衡点很重要，在“民主法制和中央集权之间找平衡点”。

最重要的是最后一个词，“非西方式改革”。中国这头大象冲进了全世界体系这个瓷器店中，没有任何条条框框能够框定它的未来，这就是中国人要面对的局面。传统的风险我们今天仍然在面对，现代化的机会我们也正在接纳。

关于中国的未来，有很多极左和极右的说法，我们不去理会，它们只是配饰。但是对中国的未来，有两派观点。

一派是历史学家唐德刚老先生提出来的，老先生认为，中国历朝历代的体制大概分三种，第一种叫封建，第二种叫帝制，第三种叫作民制。从封建到帝制的转型用了300年，从商鞅变法一直到汉昭帝时期。第二段，从帝制到民制需要多少年？说白了，就是中国全盘西化需要多少年？老先生说，大概要200年，就是从1840年到2040年。他说这一段叫历史三峡，是剧烈的动荡期。到2040年前后，中国如果运气好就冲过去了，从此变成自由、民主、富强、法制的国家。

这派说法充满了诗人般的浪漫主义的气质，其实也没什么依据，凭什么上一次转型用了300年，这次一定要用200年？它的前提是，中国一定会变成跟现在世界主流国家一模一样的国家，至少基本的内核是一样的。

另外一派是费正清老先生提出来的，费正清是美国学者中到现在为止研究中国成就最高的。他曾经在中国各地行走了十几年，对这个国家的了解非常深。1948年他写了一本书，叫《美国与中国》，他在这本书里讲了一句话，也是吴晓波老师这本书的最后一句话。费正清说："中国可能做出的选择，中国一切历史事件可能流经的渠道，也许是一条比我们可以轻易想象的更窄的路。"

中国人面对的一定不是一条宽广的大门，我们必须自己去探索一条通向一扇窄门的道路。

也许费正清是对的。

03 是非功过说泡沫

经济不能没有泡沫——从荷兰“郁金香泡沫”说起

“经济泡沫”这个词大家都很熟，它指的是人们追逐某一个商品或者投机机会，导致它的价格虚高；而这种价格又和它真实的价值完全背离，这个泡沫破灭之后，导致经济受到巨大损失，我们把这种现象称为经济泡沫。

很多年前，我听一个经济学家讲过一句话，他说经济不能没有泡沫，经济有点儿像啤酒，没有泡沫反而不好。说实话，我当时并不理解。这么多年，我们一直在琢磨泡沫这个概念，那么泡沫的本质到底是什么？它发生的机理是什么？它产生的后果又是什么？

我今天就回到人类历史上第一个大规模而且很有名的经济泡沫，就是发生在1637年的荷兰郁金香泡沫说起。

1637年是个什么年头？搁中国来说就是崇祯十年，这个时候大明王朝已是风雨飘摇，张献忠起义就发生在这一年。从全球范围来看，当时中西两种文明可以说是此消彼长，中国渐渐地衰弱了，西方正在完成一次又一次的大国崛起。

整个17世纪，西方社会最强的是哪个国家？就是荷兰。当时仅仅一个东印度公司，贸易量一度就占到了全球贸易量的一半。而且，荷兰人在17世纪侵占了中国的台湾，郑成功收复台湾就是从荷兰人手里收复的。可见，它的足迹、它的商船已经遍及当时已经开发的文明地区的所有角落。所以荷兰有一个名字，叫“海上马车夫”。

荷兰人的故事我们先搁一边，我们来看看郁金香泡沫是怎么回事。

讲一个简单的例子，1637年1月，有一种郁金香的球茎只能卖到20多个荷兰盾，但是到了2月，已经被炒高到了1000多个荷兰盾，比现在我们看到的任何一次大牛市的股价的涨幅都要高得多。当时最名贵的一种郁金香的球茎的价格已经达到了5000，甚至是6000荷兰盾。这是什么概念呢？当时一个富有的荷兰商人投资一船货，运到远洋去贸易，大概也只需要一万到两万荷兰盾，换句话讲，几乎是用半船货来换一朵花的球茎。可见这个价格已经疯狂到了什么程度！

这个故事的后半段是什么呢？当然就是泡沫破灭。到2月的时候，价格开始狂跌，一下子跌去了近乎99%，很多花的球茎只值原来1%的价格。据说对当时的荷兰经济造成了沉重的打击，这就是“郁金香泡沫”的一个大体的状况。

因稀缺而引发的泡沫

现在我们来看看其中的细节，有哪些值得我们反思，供我们琢磨。

郁金香这种花为什么会被炒到这样？所有能被炒高的东西一定是稀缺品，如果是欧洲人满地都在种的玫瑰花，一定不会被炒成这样的，对吧？

郁金香的原产地不在欧洲，而在中国的天山地区以及中亚一带。现在中国新疆有些地方，每年还要搞郁金香节。当年郁金香就顺着丝绸之路这个中亚的贸易路线，一路向西传播，传到了土耳其；然后通过一些住在土耳其，也就是奥斯曼帝国的那些大使，渐渐地送到了维也纳，最后抵达了荷兰，所以这个传输过程非常长。

现在全世界还有三个国家以郁金香为国花，第一个是荷兰，因为它有郁金香培育的技术，种植量很大。第二个是土耳其，第三个就是新疆西边的哈萨克斯坦。这三个以郁金香为国花的国家，基本上也显示出了郁金香的传播路径。

郁金香为什么很名贵呢？跟这种花的生长机制有关系。郁金香的培育方法大概有两种，第一种就是下种子，这跟我们种韭菜、种花菜是一样的。但是，从一颗种子落地到培养出一个能开出艳丽的花的球茎，大概要7～15年，所以这个方法太慢，太不靠谱。现在只有那些专业的园艺师，会用这种方法培育郁金香。

还有一种方法，就是用球茎。郁金香一年开一次花，开完之后，它的球根就会分裂一次，1个变成2个；第二年，2个变4个；第三年，4个变8个。把球茎栽种下去，然后再长出郁金香，相对来说就比较快，一年就可以见到花。

但问题在于，这种种植方法虽然来得比较快，但并不是每一代分裂出来的球茎都能拿去种花，多少会损失掉一批。而且这种方法还有一个天然缺陷，就是花形会衰竭。原来一朵花形状特别好看，颜色特别鲜艳，但是种了几代之后，美人迟暮，就变丑了，又得从头再来。大家想想，郁金香的原产地在中国的新疆和中亚地区，那是什么地方？少雨，干旱。可是荷兰背靠大西洋，湿润、多雨、多风，所以郁金香到了这个地方那叫背井离乡，多少是有点儿水土不服的。再加上它比较名贵，名贵就会比较柔弱，有点儿像林黛玉，动不动一个病毒来了，一死就一大片。

所以郁金香就符合所有能被炒上去的产品的特征——稀缺。什么东西会引发泡沫？往往都是一些原材料，比如说石油、铁矿，经常会有泡沫。为什么？就那么多，它是稀缺品。

包括现在的农业，最近几年中国的投资业就特别看好农业。你可能会觉得奇怪，不是说农民伯伯不挣钱吗？为什么资本家还看上这个行当了？农业和工业最大的区别就在于，对工业来说，只要这个产品适销对路，马上上产能，就能迅速扩张，所以它就炒不起来。可是农业不一样，一旦一个产地、一个品种被垄断之后，只要把营销做好了，它的供应量就那么多，价格就容易上来。就像“罗辑思维”之前卖的柳桃，就是联想投资的佳沃农业生产的。这家公司大量买进来自世界上很多原产地的物种，把货源给控制住了，只要营销做得好，这个公司肯定挣钱。

所以有的时候投资农业跟投资矿产是差不多的道理，这就是资本家会为农业这种明显不挣钱的行业疯狂的原因。

很多企业家都在讲，我们为客户创造价值，这没有错。但问题是，仅仅有价值是没用的，价值不见得能在市场上兑换为价格，不见得有真实的交易产生。为什么？缺了一个因素，就是稀缺性。

给大家举个具体的例子。对我们人类来讲，最重要的生活物资、最有价值的东西是什么？当然是空气，缺了空气里的氧气，我们几分钟都活不下来，所以它非常有价值。但它不见得有价格，因为太多了嘛，在真实场景当中，谁能靠卖空气谋生呢？

如果是在外太空，那就不一样了，空气变得很稀缺，商人要什么价钱，你就得给他多少钱。郁金香也一样，正是通过它的稀缺性，完成了成为泡沫的第一个因素。

被行为赋予的价值

但是这还不够，毕竟还得有价值，哪怕这个价值是假想的。就像私人游艇、直升机，虽然我们老百姓用不上，但是这个东西总会有傻子会接最后一棒。所以我们在前面可以尽可能去倒手，最后让富人去接盘。

郁金香的价值在哪儿？作为花，它只有观赏的价值。这个价值是怎么形成的呢？首先得有高品位，说白了，就是异国风情。

17世纪的时候，奥斯曼土耳其帝国可是横跨欧亚非三大洲的一个庞然大物，而且它代表的是东方式的生活方式。欧洲人那种平民都是皇帝的奴仆，没有自由的生活方式，土耳其人是看不起的。但是有一条，东方贵族过的日子可比西方贵族好太多了。

欧洲中世纪的时候，很多贵族，甚至是国王，一辈子大字不识一个，甚至一辈子也没洗过澡，一件棉袍子、毛袍子，一穿一辈子。可是奥斯曼土耳其的皇帝苏丹，他们可是穿着丝绸的长袍，天天沐浴更衣，身上洒着香水，住着金碧辉煌的宫殿，花园里全是奇花异草，其中最著名的就是郁金香。

奥斯曼土耳其帝国有一任苏丹，叫艾哈迈德三世，他把自己的宫殿起名叫“郁金香和眼泪之宫”。这眼泪之宫听起来有点儿不太吉利，但是不得不说这是一个很有异国情调的名字。

所以当郁金香这个物种随着商船刚刚来到荷兰的时候，大家是不认识的。当时人觉得郁金香的球茎就是洋葱，所以给吃了。也有人把它种在土里，结果开出来非常美丽的花朵，就找植物学家来看。植物学家一看，呦，这不就是我年轻的时候，在苏丹的花园里看到过的郁金香吗？从此，郁金香在荷兰就拥有了相当高的社会地位。相当于解放前中国人一听什么东西是来自欧洲巴黎的，这东西马上身价倍增。

紧接着，巴黎还真起了点儿作用。别看法国的国力在欧洲一直谈不上有多强，但因为法国是一个率先实行中央集权制的国家，所以法国贵族，包括法国国王的很多行为，就成为了欧洲时尚界的风向标。

1610年，法国国王是路易十三，巴黎上层突然兴起了一种风尚，就是男士要送贵妇们一朵郁金香。送花的历史很悠久，原来都是送玫瑰什么的，但是不知道怎么回事，在这一年突然就流行起了送郁金香。

当时最好看的郁金香炒到多贵呢？1000荷兰盾一枝。那个时候贵妇们的衣领开得比较低，别上一枝郁金香，是很时尚的一件事情。

既然巴黎的郁金香已经炒到了这么贵，荷兰人就可以把它变得更贵，因为荷兰人比法国人有钱多了，因为人家是“海上马车夫”嘛。

今天很多的金融制度、经济制度其实都来自荷兰，比如说现代的银行、借贷，包括有限责任公司这些制度，都是荷兰人创建的。在16、17世纪的时候，“海上马车夫”赶着他们的船来到世界各地，比如他们在美洲建立了一个城市，叫新阿姆斯特丹，就是今天的纽约。今天大名鼎鼎的华尔街在英文中写作“Wall”，就是墙，是什么意思呢？当年荷兰人在这儿竖过一堵墙，后来这墙被拆了，这条街就变成了华尔街，当年荷兰人在这儿创新了现代的金融制度。直到今天，荷兰人都是一个善于创生制度的天才的民族。

在当时，荷兰人把这种能力兑换成了大量的真金白银，可以说是举国皆商，人人都具有强烈的投机意识。

现在，这几个条件都凑齐了：郁金香的稀缺性，具有异国风情的观赏价值，加上荷兰人听闻巴黎人居然肯花1000荷兰盾去买一枝郁金香敬献给那些美丽的贵妇人，再加上我们又很有钱，为什么不把郁金香的价格炒高呢？

荷兰的发达跟它的宗教宽容政策有关。当时欧洲新教和天主教打成一团，很多人就带着资金跑到了阿姆斯特丹，阿姆斯特丹就有点儿像30年前的中国深圳。

17世纪的时候，阿姆斯特丹的居民几乎没有一个是原住民，都是新来的移民。这些人带来了大量的资本，包括做生意的头脑以及冒险的精神，所以荷兰人就变得很有钱。有了钱自然就想显摆显摆，但是当时的新教传统又不容大家显摆。穿着方面，即使是富人，也只能在自己的长裙边上多绣几朵花而已。那怎么才能显示自己有钱呢？盖房子。盖房子就得有大花园，大花园里如果能种上一点儿郁金香，既不显得自己的生活很奢侈，跟新教的信仰不冲突，又能够低调地炫富。

所有这些条件加起来，郁金香成为大家炒作的一个物资，就顺理成章了。

顺理成章的炒作与泡沫

1637年，第一轮炒作开始了。有一款郁金香的球根已经被炒到了5000甚至6000荷兰盾，这一款郁金香的名字叫“永远的奥古斯都”。我没见过那种花，想必非常好看。

当时有一个咖啡馆的老板死了，他一生致力于收藏郁金香的球根。他死了之后，留下7个孤儿，这些孤儿被孤儿院收养了，孤儿院为了这7个孩子将来的前途考虑，就把他们爹生前收藏的郁金香球根拿出来拍卖了。这是荷兰历史上最著名的一次花卉拍卖。其中最贵的一个球根拍出了5000荷兰盾的价格，剩下的几十个球根一共拍卖出了9万荷兰盾。这是有据可考的郁金香这一轮泡沫的最顶峰。

众所周知，所有泡沫都会有一个转折点，郁金香泡沫的转折点现在众说纷纭。有人说是有一个英国水手来到荷兰，下船的时候顺手拿了船主的一个郁金香球根，把它当洋葱炒了吃了，就是我们前面提到的那个最贵的品种——“永远的奥古斯都”。这个船主听说之后呼天抢地，一气之下就把这个水手告上了法庭，索赔5000荷兰盾。

法官觉得这件事情很荒诞，5000荷兰盾是什么概念？如果买奶酪，能买27吨；如果买房子，可以买一栋乡下的豪华别墅。这玩意儿怎么赔呢？如果让这个英国水手赔这么多钱，显得荷兰人疯了；如果不让他赔，显得荷兰的法律疯了。所以法官就陷入了纠结之中。

这件事让当时荷兰郁金香花市的所有疯狂的参与者都觉得，我们是不是真疯了？从此郁金香球根的价格就一路狂跌。

也有一些其他的说法，说是因为在某几次交易当中，大家突然发现，昨天刚刚拿到手的球根1200荷兰盾一个，今天怎么只能卖出1100荷兰盾呢？所有指望别人接手的市场投机者都觉得，是不是这个风向要逆转了？

所有投机者心里都明白，价格迟早会跌下来的，只不过自己不能接最后一棒而已。这个信号出现之后，就有人开始恐慌性地抛售，结果市场价格就跌下来了。

当然，郁金香泡沫的出现也有一些宗教因素，有一些新教教徒，因为反对奢侈浪费，看到大家都在炒一个愚蠢的球根，觉得太疯狂了，就对郁金香进行污名化。很多新教教徒画招贴画，说郁金香就是“娼妓的女神”。还有人画了幅漫画，说魔鬼撒旦左手拿着一个钓钩，就是说你们要上当；右手拿着一个沙漏，就是说交易的时间已经所剩不多，等等。

当时荷兰的政府也在恐慌，觉得炒得实在离谱，就印了大量的小册子，劝大家理智、淡定。现在很多历史学家研究“郁金香泡沫”都是基于这些小册子里面的素材。

不管怎么讲，到了1637年2月，整个市场一下子就垮掉了。

这就是1637年爆发在荷兰的郁金香泡沫的始末，我是怎么知道这么多细节的呢？得感谢一本书，它的作者是苏格兰人迈凯，书名叫《大众幻想和群体性癫狂》。这本书把郁金香泡沫、英国南海泡沫、法国的密西西比泡沫——人类投机史上的三大事件放在一起，中心思想就是让大家警惕这种投机性的事件。

这本书出版于1841年，距离郁金香泡沫已经过去200多年了，其中的很多事实和细节靠谱不靠谱呢？我们就算它靠谱，细节也对，事实也对。但问题是，里面很多东西写得跟段子似的。

比如他写道，荷兰海牙有一个鞋匠，这个鞋匠在自己家的花园里培养了一株黑色的郁金香，价值连城。结果有一天，有个人跑来要买，最后用天价——1000荷兰盾，买了下来。这个人拿到这株黑色郁金香之后，出门就把它丢在地上用脚碾碎了。这个鞋匠就很奇怪，这么贵的东西，你怎么舍得呢？那个人说，你有所不知，我也培养出了一株黑色郁金香，把你这一株毁掉，我那一株不就成了孤本，马上就价值连城了吗？

这种段子在很多国家的收藏市场上都能听见，但是很少有人亲见。它符合人们的想象，但是它不太符合当时人的心理。

反正距离1841年有100多年了，我们也不跟这位迈凯先生抬杠，就算他书里写的所有的事情都是真的，可是关于投机这件事情，我觉得还是应该再琢磨琢磨。

投机这件事情，最受人指责的一点就是，把看起来不值钱的东西炒得好贵好贵。郁金香不就是一朵花吗？能有多好看？球根长得跟洋葱似的，炒了还不如洋葱好吃，凭什么能卖到5000～6000荷兰盾呢？

这笔账不能这么算，因为用这种球根培养出来的花，在市场上也是有价值的。比如在法国巴黎，如果用于追求一个贵妇，一枝郁金香能够卖到多少钱？1000荷兰盾。法国人也真够拼的，因为郁金香的花期只有7～15天。既然郁金香有这个价值，那可以培养出郁金香的球根卖到5000荷兰盾，你真觉得很贵吗？打一个不恰当的比方，当一只小猪崽能够卖到1000元的时候，那个能生小猪崽的老母猪卖5000元，你真觉得贵吗？一所房子，一年的租金是1000元，这所房子卖5000元，你觉得贵吗？当然也不能完全这么算，毕竟郁金香在性状上是有衰减的。但是这个模型是大致通用的，这笔账可不是我罗胖算的，是中国当代著名的经济学家周其仁先生算的。

所以，即使是在郁金香市场最疯狂的那段时间，荷兰的投机者也锚定了郁金香的价格，他们的投资行为也不是彻底失控和疯狂的。

价格是自愿交易定出来的

这种事情在中国也发生过一次。20世纪80年代，中国长春曾经有过一次“君子兰泡沫”。那个时候普通工人一个月的工资是60元，一盆君子兰却能卖到上千、上万元，最疯狂的时候卖到了14万元！

14万元是什么价格？就是一个普通工人10～20年的工资。可是我们今天到长春的君子兰花市上去看，顶级君子兰的价格是普通人10～20年的工资，我们怎么就不觉得今天的花市疯掉了呢？

还有一点，在投机大热潮的时候，很多传说中的价格其实是假的。就像在1637年2月，郁金香价值五六千，都是人们在一些小酒馆里喊出来的，并不是那种有监控的交易市场的交易结果。所以很多价喊到最后，实际上并没有人接盘。就像前几年炒普洱茶，我们经常听说一块茶饼炒到多少万，但是真正成交没有？其实未必。

给大家打一个比方，在2011年长春的君子兰花市中，有一株花的叫价是9999万，差一万就是一个亿了。但是它的成交价是多少呢？100万人民币。这其中差了100倍。

很多投资市场或者说投机市场的价格就是这个样子，往往只是为了宣传，在所有人都冲昏头脑的时候，不免有些传播效应。

这也牵扯到经济学界一个著名的争论：一个商品有没有确定性的价值？什么样的价格叫靠谱，什么样的价格叫虚高、不合理？这场争论在经济学界也搞了100多年。反正我上中学的时候，老师就告诉我，一个商品是有确定性的价值的，凝结在这个商品上的无差别的人类劳动就是它的价值。

这话有点儿绕弯，说白了就是，人们花多少劳动把它生产出来，这个商品就有多大的价值。价格就应该围绕价值进行小幅的波动，波动一旦过大，那就叫虚高，就叫不合理。

但是，这套理论是解释不了很多经济现象的。比如说钻石，人们从地底下把它挖出来，变成珠宝放到商店里，它的价格和人们所付出的劳动相比，明显就虚高，价格严重地偏离价值。但是不管有多偏离，反正它的价格一直坚挺到了今天。你说它是合理还是不合理呢？

收藏品市场上有一句话："金有价，玉无价。"金子的价格可以按人民银行当日牌价来算，可是玉不能这样定价。玉是一帮喜欢这块玉的人都来出价，最高的出价就是这块玉的定价，从来没有谁说嫌哪块玉买贵了。

再比如说艺术品，前一阵有一个中国人买了一幅凡·高的画，花了三点几亿人民币。你说他疯了吗？他愿意嘛。而且，在国际艺术品市场上，即使是这样的超高价格，也没人认为这是投机。人家愿意，谁管得着呢？

如果你了解这幅画的创作背景，更会觉得这个人疯了。因为凡·高当年只是个穷画家，他一生用的都是很劣质的颜料，他的劳动力也不值钱，那么三点几亿，高还是不高呢？

所以，我们不能用自己的心态去确定高还是不高。价格永远是市场供求双方在一个博弈环境当中，用自愿的交易定出来的，这是现在经济学的主流结论。

有钱人对投资风险心知肚明

我们再来看批判投机者的第二个理由：他们毁灭了经济。参与投机的小老百姓当然是家破人亡了，国家层面的宏观经济也会遭受重创。现在的教科书上都是这么写的，我们普通人用直觉似乎也能得出这个结论。但我们一旦回到具体的历史情境中，就会发现不是这么回事。

1637年，荷兰的郁金香泡沫破灭的时候，正是荷兰国力蒸蒸日上的时候。荷兰经济失去光彩是在17世纪下半叶，那时才被英国人缓慢地超了过去。所以说，郁金香泡沫并没有沉重打击荷兰经济。

那老百姓呢？国家我们且不管它，老百姓如果投机失败，自然是人间悲剧了。但这也得具体分析。

首先，参加投机的人没有我们想象的那么多。一个大的发财机会出现后，往往是街谈巷议，人人都在说，连卖菜的大妈都在说股票，可是她有多少钱投在股市里呢？很少很少。

当时的荷兰，即使是有几万人口的大城市，真正参与到郁金香投机里面的不过几百人。有些城市可能就几十个人，坐在一家小酒馆里，聊着聊着心瘾上来了，做上一两笔交易，八卦一下其他城市发生的那些高价的买卖，就是这样一种情况。

其次，这些人都是什么人？可想而知，一定是富豪。因为富豪们挣来了钱，总不能把保险箱撑破吧，总得拿到市场上去博一些高收益的机会。荷兰人都是做生意出身的，他们对风险这件事心知肚明。

所以有的时候，我们说经济危机让很多人破产了，好惨啊。其实这种操心根本就是多余，他们本来就是有钱人，遭受风险是他们早就预估出来的事情。

泡沫的本质是财产的非正常转移

有钱人在投机失败之后，往往二一添作五，哭得呼天抢地。可是他发财的时候，却不会跟别人说。就像早些年的海南房地产危机，很多人把房子、土地攥在手里，最后折了，巨额财产顿时化为泡影。可是有很多人在其中挣到了钱，然后闷声大发财，把这笔钱带到其他地方继续搞房地产。中国多少房地产大亨都是当年在海南起的步啊，这些人可不会说泡沫的坏话。

所以泡沫的本质是什么？就是财产的非正常转移。如果你非得说它正常不可的话，它也仅仅是财富在富人之间的一次转移而已。

清代著名的文人郑板桥有一个亲戚叫郑选，他做木材投机生意，最后折本了。郑板桥给他写了几句话，说做生意折本这件事情，“损于己，则必利于彼，外得人情之平，内得我心之安，既平且安，福即是矣”。

这句话是什么意思？就是说你做生意折了本，自然有人赚到了。既然有人赚到了，就叫外得人情之平；财去人安乐，你得到了心安，心安人安，这就是福气。

这话虽有一点儿阿Q精神，但是从经济的总量来看，不就是这么回事吗？做生意，有赔有赚，无非是有钱人兜里的钱换来换去而已。

投机泡沫什么情况下会引发经济危机

投机泡沫难道就没有一点儿坏处吗？它不会引发经济危机吗？这得看是什么样的泡沫。如果仅仅是把一种商品的价格炒高，这就是富人之间的零和博弈。任何交易如果从长远来看，都是正和博弈。

什么情况下会导致经济危机呢？泡沫破灭，导致人类的协作关系发生了崩坏，这就容易导致经济危机。说白了，很多资本家都去炒作一个投机机会，最后全折了，资本家说，厂子不办了，工人都回家吧。这就是协作发生了崩坏，这个时候经济危机就会出现。

1929年的经济危机爆发后，为什么有那么多人饿肚子？是因为大量的工厂不生产了，人类的协作关系遭到了破坏，那才叫经济危机。一般的炒高商品价格，仅仅是投机泡沫而已。

很多投机泡沫是有好处的好不好？比如说炒房，中国人过去十几年最恨的就是温州炒房团，可是从经济学上讲，温州炒房团还是有功劳的。

它的功劳分两部分。第一部分，是迅速帮房地产商把资金回笼，让他们赶紧去开发其他房地产。房地产的供给一旦增多，城市的房价从理论上讲就该下降。

对那些买不起房的人来说，房价可不是炒房团给炒上去的，一个城市的房价能到什么水准，炒房团只负责做预判，并不能决定市场价格。市场价格是由什么决定的？是由需求决定的。

而且炒房团把房子全部攥在手里，接下来会怎么办？只能以很低的价格把它租出去，为了尽可能减少损失。很多穷人正是因为炒房团的存在，才能租到便宜的好房子。著名经济学家薛兆丰先生，专门写过一篇文章来论述炒房团的功劳。

现在中国很多城市都不许炒房了，一家一户只准买一套。结果呢？房价没降下多少，房屋的租金倒是涨上去了，很多穷人的利益反而遭到了剥夺。这就是投机的好处，因为房价真不是炒上去的。

再比如说，西方的股市上有很多做空机构，中国的很多公司都中过招。你说这些炒空、卖空的人，甚至那些恶意地对一些公司进行声誉打击的专业机构，他们不可恨吗？但是股票市场能缺得了这些人吗？他们就像啄木鸟，专门到市场当中把那些不靠谱的公司给找出来，打击他们的股价，让股民们不受骗。

要是一个好公司被诬蔑了怎么办？放心，从来没有一家好公司能被做空机构利用舆论击倒。也许股票会有一个短暂时期的下降，但是一旦沉冤昭雪，这家公司的股价反而会获得一个更稳定的成长。

投机让工业社会获得一种稳定性

投机还有一个好处就是，让工业社会获得了一种稳定性。这个听起来很奇怪，炒空、卖空就是天然制造不稳定的，怎么还会制造稳定性呢？我们可以在百度百科上查一个词：套期保值。

比如说你有一个加工厂，主要的原料是棉花，你的工业制成品一旦放到市场上，定价是很难变动的。你就会生出一种担心：棉花会不会涨价呢？你有一个方法来对冲掉这种风险，就是在年初的时候估算一下今年的使用量。假设今年要用100万吨棉花，你不可能买100万吨棉花囤在仓库里，但你可以在期货市场上卖掉100万吨棉花，就是卖空，这是典型的投机罪过。随着你的工业生产往前进，如果棉花价格上涨了，你卖空的那笔期货交易就赚了，你就能把棉花价格上涨的损失给补回来。这种行为，就叫套期保值。

当然，套期保值也是有一定成本的，但它毕竟给工业生产制造了一个原材料价格的稳定性，对于很多以农产品、矿产为原材料的企业来说，做大宗原材料的套期保值都是标准操作。如果没有期货市场里面那些投机家来买空、卖空，工业社会稳定性的底盘就没有了。

随着市场经济的逐渐发育，我们中国对投机这种行为的正确认识，也有一个慢慢发育的过程。《中华人民共和国刑法》当中，投机倒把的罪名是1997年才取消的，这个罪名当年可是适用于最高刑，也就是死刑的。中国最后一个因为投机倒把而被枪毙的人，死于1991年，距今不过才23年。

我刚刚在前面讲到，投机泡沫和经济危机完全是两回事。你可能会问，如果投机泡沫实在太恶性了，引发了经济危机，还能说它是个好东西吗？我们先不做结论，先看事实。

1637年荷兰爆发了郁金香泡沫，几年之后，荷兰人简直是记吃不记打，又开始投机郁金香的球根。只不过这一次玩大了，这次可不是单品价格往上飙，因为产业规模起来了，单品再也飙不上去了，但是从此鲜花业渐渐成为了荷兰的支柱产业。

荷兰现在每年鲜花的产值达到了100亿欧元，占到国家GDP的22%，其中很大一块就是郁金香。这些花现在种出来不再是荷兰人自己玩炒作、赌博了，80%用于出口。

没想到，当年的一次泡沫，反而带来了一次产业的繁荣。所以从历史总体发展看下去，投机是祸是福还真的很难讲。

就像中国的长春，1985年发生了君子兰泡沫。但是结果呢？现在光君子兰这个产业，每年就能给这个城市带来30亿的收入，也是一个很繁荣的产业。

现在长春人带我们去看君子兰的时候，都会对1985年那次投机泡沫津津乐道，简直就是一个广告。怎么理解这个现象？其实很好理解。财富通过一次投机泡沫在富人的兜里转来转去，这是指同一个时间，财富的空间位移。但是别忘了，人类的财富系统还有一种时间位移的现象，就是一代人的财富通过投机泡沫增长起来后，投资了一些基础设施，打下了一些产业基础。虽然那些投机者没有享用到这些基础，但是它留下来了，让后人享用到了，成为这个国家、这个地区发展某种产业的坚实基础。这是财富的时间位移现象。

摊开《世界经济史》，这样的现象非常之多。《大泡沫》这本书里就讲了很多这样的例子，我简单给大家讲一个。

美国在南北战争结束之后，兴起了一轮国内建设的高潮，最主要的基础设施投资方向就是铁路。美国资本家利用自由市场经济的制度优势，在欧洲发行了大量的债券、股票，把欧洲的资金吸引到美国来。

美国资本家在本国也没闲着，进行了大量的铁路投资，也可以说是投机。这里面有些重点人物，比如卡耐基、摩根，这些人号称“钢铁大王”。他们生产钢铁干吗用？就是去铺铁轨的。

这其中还涌现出一个重要的人物，这个人叫斯坦福，是当时美国著名的“铁路大王”。“斯坦福”这个名字你是不是听着耳熟？对，就是他用自己从铁路上赚来的钱，投资了硅谷著名的斯坦福大学。

当时美国人疯掉了，从1880年到1889年，花了40亿美金在铁路建设上。那个时候的40亿美金可比今天的40亿美金的价值大得多。一共修筑了多少铁路呢？10万公里。今天中国所有通路的铁路的总里程，大概也就是10万公里，而美国人只用了10年就修出来了。

这就是典型的泡沫。它里面有大量的重复建设，比如说从纽约到芝加哥的铁路一共修了5条。因为自由市场经济下，资本家都觉得有钱赚，你修，我也修。修来修去，到了1892年，这个泡沫就破灭了。据吴晓波老师讲，那个时候美国股市上有70%的股票都跟铁路相关。可以想见，那个大牛市以及那个大泡沫有多大。

1892年那一场股灾，导致将近1/4的美国铁路公司破产，总共192家，哀鸿遍野。铁路变得不值钱了，可是铁路公司为了挽救自己的命运，还要拼命修铁路，为什么？因为他们觉得，只要我垄断了很多铁路，我就有了定价权，别人就无法在价格上跟我进行竞争。于是越修越多，在这个泥坑中越陷越深。

结果是什么呢？当然是那一代的投机者，尤其是接到最后一棒的那些投机者血本无归。但是，美国的很多经济基础，尤其是因为铁路建成而形成的一个统一大市场，就此建立起来了。很多商业模式在欧洲没法玩，而美国人就玩出来了。

比如说，美国在1872年前后诞生了一种新的商业模式，就是邮购。给很多地方的人一张单子，让他们在上面画钩，确定要买哪些东西，然后通过邮政公司的邮包，把货寄给他们。听起来就像天猫、京东商城、亚马逊这种电子商务公司，没错，当时没有互联网，但是有低廉的铁路运价，所以这一套模式也玩得转。

很多美国农民发现，既然铁路运价这么便宜，我们可不可以发明一种冰柜车，让牛肉、粮食、蔬菜通过低廉的铁路运输，在全国市场上跑起来？所以美国的农业又迎来了一轮大爆发，你觉得这个大爆发跟那次铁路投机的大泡沫有没有关系呢？

其实这样的例子，近在眼前就有。熟悉互联网的人都知道，在世纪之交的时候，就是从1998年到2000年，全世界有一个科网泡沫，那也是一个投机大泡沫。当时华尔街流传着一个段子，说一个要饭的，只要立一个牌子，写上“要饭.com”，就是要办一个网站要饭，马上就会有投资经理来给他投资。可见当时投资的疯狂程度。

结果就是，纳斯达克指数在一年半的时间内涨了四倍，后来又哗啦哗啦垮掉了，很多资本家都血本无归。但是又怎样？利用这一次科网泡沫，美国人修了世界上40%的光缆。就是说，美国人修了一亿多公里的光缆。

随着泡沫破灭，这笔资产变得不值钱了，那些投机者该回家回家，该跳楼跳楼，不管他们。但是，当这些基础设施沉淀下来之后，互联网还在往前发展，新的公司出现之后，发现基础设施居然如此之便宜。后来崛起的那些著名的公司，比如说谷歌，它们在创业的时候发现，硅谷的房价便宜，基础设施便宜，员工也便宜。这些员工都是上一轮科网泡沫培训出来的熟练工种，所以它们发展得特别顺利。你觉得这一轮疯狂的发展跟上一轮的泡沫之间能没有关系吗？

什么样的泡沫是坏泡沫

以上，我好像一直在为泡沫说好话，那最后我也说一点儿坏话。

什么样的泡沫一定是坏泡沫呢？由政府主导的经济泡沫、投资泡沫，有可能就是坏泡沫。

我之前讲的所有投机泡沫，都是基于自我意愿、自由市场经济和自由交易的。一个赌徒，他可能天生就有极强的风险偏好。这种人，不让他去投机某一个具体的商品和投资机会，就没有任何意义，他投资什么都可以。我听一个老农民说过一句话："赌是能禁得了的吗？我们农民拿一根棒槌就能赌。"

赌是人的天生偏好，如果它来自自我意愿，基于很多人对经济发展前途的预判，去投资一些实体产业，哪怕这个实体产业比肾都虚，比如说郁金香。到最后我们会发现，它毕竟能沉淀下来一些实体产业，就像今天的花卉市场对荷兰的作用。

但是，如果是由政府主导的投资，因为这个钱不是政府的，是从纳税人那儿收上来的，它就有可能划一片开发区，让商人都到这儿来投资。所以在中国的房地产界才会出现一些由政府主导的“鬼城”，这些“鬼城”里的房子，很难说哪天能派上用场了。

所以，在市场经济当中，现在的主流观点非常清楚，只要是基于自由意愿的自由交易，永远别说它一定是一个坏东西。

04 大国不能不识数

数据是观察现代社会的一个角度

这两年中国的学术界和互联网应用界出现了一个大名人，他叫涂子沛，因为他写了一本书，叫《大数据》。这本书我曾经推荐过，真的很好看，里面有大量新鲜的故事和独特的角度。我是用两天时间一口气把它看完的。

就在我看完之后不久，我在一个论坛上遇到了这位涂先生，而且很巧，我俩就坐在一起。我像一个粉丝一样，表达了各种倾慕之情，然后就打听他接下来要写什么书，等着拜读。涂先生说，他要接着写《大数据2》，他想把美国历史和数据这两个概念结合起来写一本书。

我听了他这个写作计划之后，心里是不赞同的，原因有两点。

第一，替涂先生考虑。你好不容易在大数据这个高大上的概念上占据了意见领袖的位置，你应该往前写，写写大数据引导人类之类的话题，这样那些互联网公司才会请你去搞演讲，大学才会请你去搞讲座啊。你现在转身形去翻故纸堆，能有多大出息呢？能够形成什么样的声势呢？

第二，大数据这个概念的出现不过是近几年的事情，如果你非要到美国历史当中找一些跟这个概念相关的事实，也不是不可以，但是多少会有一些穿凿附会。就像我们研究现代恐怖主义，有人说，我们中国早就有恐怖主义，我们春秋战国那会儿就有荆轲刺秦了。虽然说得也对，但是你不觉得有些穿凿附会，而且对这个现象本身缺乏洞察力吗？

但是万万没想到，两年之后，涂子沛先生把这本书捧出来了，叫作《数据之巅》，我看完之后感觉非常震撼。这哪里是讲什么大数据？哪里是讲什么美国历史？分明是从数据这个全新的角度，替我们解释了一遍什么叫作现代文明，什么叫作现代文明的生活方式，什么叫作美国式的大国崛起。

为什么数据是观察现代社会的一个角度呢？我们先回到20世纪70年代初。

回避对人命的计算，恰恰是对人命的轻贱

话说1971年的时候，美国福特汽车公司推出了一款新车

型，叫平托车。这种车很小，耗油量又低，卖得还特别便宜，2000美金就能买上一辆。明眼人一看就知道，这是福特汽车为了对抗当时德国车和日本车在美国市场上的攻势，做的一次绝地反击，是一款战略型的产品。

平托车投放市场之后反响不错，但是所有新车型遇到的考验，可不光是什么客户满意度、价格，更重要的一个数据就是交通事故率。平托车在这方面的表现应该说是不错的，因为从1971年到1977年发生的恶性交通事故总共是500起。同时期推出的五款车，在交通事故率的表现上，平托车是第三名，正好处于中游，是交代得过去的一份答卷。

但是平托车有一个问题，就是它的油箱设计和其他车有点不一样，其他车的油箱都是放在后轮轴承的上面，而这款车放在了后面。它的隐患就在于，一旦后车追尾，容易引发油箱的爆裂，甚至是爆燃和爆炸。

果然，1972年，也就是这款车投放市场的第二年，在美国的加利福尼亚州的高速公路上，出现了这么一桩事故。两个年轻人开着车，被后车追尾撞了，引发了大火，一个人当场死掉了，另外一个人被大面积烧伤。

在交通事故当中，有一个非常残忍的逻辑，对商家来说，伤者还不如死了。人死了之后，他赔一个固定的数额就完了；一旦出现重伤，什么医药费、后半生的生活费就会没完没了，还会引发诉讼。这个活下来的年轻人就一纸诉状把福特汽车告上了法庭。

大家都知道，在美国打这种官司通常都旷日持久，从1972年一直打到了1977年。官司还没有落幕的时候，有一个叫道一的记者发表了一篇文章，叫《疯狂的平托》。这篇文章和这个还没有落幕的官司，一下子把福特汽车公司推到了当时舆论的风口浪尖上，在美国汽车历史上留下了一桩著名的公案，就是“平托车公案”。

这篇报道到底写了些什么呢？道一通过大量调查发现，福特汽车公司不是不知道平托车的设计有毛病，工程师已经发现了这个毛病，而且把这个问题提交到公司管理层了。更可怕的是，福特汽车公司是知道的，只要多花11美金——请注意这个金额，区区11美金，就可以解决这个设计上的毛病。

道一在文章里问道，为了省下11美金的成本，就把那么多条性命放在大火中燃烧，资本家的心是黑的吗？

真正的黑幕还不仅于此。这11美金是怎么算出来的？道一给福特汽车公司打了一张草稿，说他们是这么算的——福特汽车公司那个阶段生产了1000多万辆汽车，如果每款车都多花11美金的话，那就是将近1.4亿美金的成本。如果不花这11美金，任由这个缺陷存在，任由引发交通事故，顶多赔多少钱呢？按照要死180个人、伤180个人、撞毁5000辆左右的轿车来计算，还不到5000万美金。拿5000万美金和1.4亿美金一比，拿大脚趾头想都知道怎么投票了吧？所以福特汽车公司的高层当时就是这么做的决策，成本收益两相对比，选择不花这11美金。

问题的关键不在于福特公司抠不抠，关键在于这背后的逻辑太可怕了。原来性命在商人眼里就是这么一个单调的数字，原来通过成本收益法这么一平衡，福特的高层就会心安理得、非常理性地做出决策，把那些人送到火海里去。这才是道一这篇文章真正的力量所在。

大家注意下这个时间，1977年，新闻界把尼克松总统掀翻的水门事件就发生在三年前的1974年。这个时候媒体的力量是极大的，有点像中国前几年的“3·15”晚会，只要它一爆黑幕，一家公司就完蛋了。福特汽车公司虽然是美国汽车产业的中流砥柱，也架不住这样的黑幕爆料。

在紧接着的1978年，印第安纳州也发生了一场一模一样的事故，一辆平托车被后车追尾，然后爆燃，死在车内的是三名花季少年。想想看，这对舆论煽风点火的作用有多大？所以福特汽车公司一下子就难以招架了。

当然，福特汽车公司毕竟是大公司，有的是钱可以雇好律师，在法庭上也对道一这篇文章做了很多反击。比方说福特汽车公司说，我们没生产那么多汽车，你不能那么算，这款平托车从投放市场一直到现在也不过卖了几百万辆。

但是，不管福特汽车公司在法庭上如何抗辩，这个逻辑它躲不过去。后来又曝光了一些文件，证明福特汽车公司这款平托车根本没有通过20英里碰撞实验——汽车公司必须试验当速度是20英里每小时的时候，汽车撞烂了之后会发生什么样的事故，会不会发生油箱爆裂。刚开始是没通过的，后来福特汽车公司通过加固油箱，把这个碰撞实验勉强混过去了。

但是后来有材料发现，只要再多花15.3美金，就可以把这款车承受碰撞的标准从20英里每小时，提高到34～38英里每小时，请问福特为什么不多花这笔钱？福特不要再在法庭上计较那些细枝末节了，这个残酷的逻辑是绕不过去的。

在这篇报道当中，道一把最后的矛头指向了一个数字，一个在成本收益计算法当中最关键的数字：请问一条人命多少钱，这是怎么得出来的？

在福特汽车公司的算法当中，一条人命值20万美金。但是把20万美金一摊开，会发现里面有些算法荒唐之极。比如说这20万美金的构成里面有一条，1万美金是为一个人临死时承受的痛苦而支付的。人命至重，人命无价，在美国这种基督教文明的国家，自杀都是不被上帝允许的，你福特公司怎么能用这么一个轻描淡写的数字，来给人命框定一个价格呢？

道一这个指责搁在今天，那是掷地有声，公知范儿十足。当然道一还做了一些小创新，比如说他在这篇报道的结尾留了一块地方，叫“请愿信”，请所有看到这篇报道被感动、感到愤怒的读者，把这封请愿信剪下来，装到信封里给国会寄过去，要求福特汽车公司召回这款车。

这有点儿像我们今天在微博上骂一个人——“呸”，后面的人也骂“呸”，保持队形，形成一个很有趣的文化现象。当时无数的民间请愿信，雪片一样地向国会飞过去。

最后怎么样呢？还用说嘛，福特汽车公司输掉了官司，赔了那个年轻人250万美金，然后法庭还判处它350万美金的惩罚性罚款。

时隔这么多年，我们也可以尝试着心平气和地去理解一下福特汽车公司当年的道理。它的道理无非就是两个，第一个道理，安全这件事是没有尽头的，人类文明到现在为止也不可能保证生产出一辆绝对不发生交通事故的车。请问，要花多少钱，来救多少人呢？

举个例子，如果公司发现，花100万美金改进某项安全措施，明年可以减少两例交通事故死亡，请问要不要投资？如果投资，就意味着人命50万一条。如果一亿美金才能救两个人，请问还救不救呢？如果你的答案都是人命无价，得救，那整个汽车产业就崩溃掉了，因为没有办法做了，一辆车的成本就会无穷大，这个市场就会消失了。

如果我们坚持要搞市场经济，那对不起，必须给人命定一个价，以便企业主做出理性的决策。马克斯·韦伯不是讲过，资本主义就是用计算的方法来决定所有的市场行为。没有理性的决策，哪有合理的市场行为呢？

第二个道理，不管怎么讲，人命至重，人命无价，整个人类的资源是有限的。假设你是国家总统，一年的预算就这么多，请问，我们是建一个水坝来防洪保护人命；还是多向癌症研究投点资金，来保护人命？只有给人命标定一个价格，看看洪水潜在的危害会害死多少人，癌症会害死多少人，这样一比较，我们才能够决定这笔钱怎么投。没有这个标准，国家的大政方针、财政资金的投向就没有了依据，这个社会不就乱套了吗？

所以，有的公知反复说人命至重、人命无价，就是没有回到社会的运行场景来重新理解这个问题。

其实有好多这样荒唐的例子。2003年《中国青年报》就有一个报道，说一个小青年骑摩托车把人家一条狗撞死了，自己也被弹飞出去，死掉了。最后这家要赔人命，那家要赔狗命，最后法庭判决的结果是，赔狗1.4万，赔人1.9万。死人这一家苦主把诉讼费一交，只拿到手几十块钱。

这不荒唐吗？可是这个荒唐是怎么造就的呢？就是因为狗是有价的，一条狗值多少钱，到狗市上一打听就知道，名贵品种1.4万一条实属正常。

人怎么算呢？中国司法没有一整套计算人命的合理的标准，而且这方面的东西大家一向回避去谈。所以只能根据一生的收入的折现法，算出来一条人命就值1.9万。回避对人命的计算，最后导致的恰恰是对人命的轻贱。

写到这儿，我才把这篇文章真正的难点暴露给大家，就是按照通常的对社会、对生命、对生活的理解，我们是不同意把很多东西数据化的，但是社会运行又特别需要一个数据，作为我们共同对话的一个条件。那请问，我们是要数据还是不要数据呢？

如何计算人命才算合理

我是倾向于人命要有一个计算价格的。但是你可能会提出一个质疑：人命怎么算得清楚呢？如果所有计算人命的方法都是错误的，没有人命的计算方法会导致社会的混乱，那在永恒的错误和永恒的混乱之间，你让我们怎么选择？

我必须承认，这确实是一个问题。美国人也为这个问题头疼了很多年，一直疼到今天。现在在美国，也是国际上的主流，计算人命的方法大概是这么几个。

第一个，叫未来收入折现法。你这个人不是死了嘛，那我假设你活到一个平均岁数，按你现在干的职业算出你一共会有多少收入，这就是你这条命的价格。为了照顾同命同价的问题，我们在全国再搞个平均数，这不就算出人命的价格了吗？

但是大家想一想，一个人一生当中，没准儿会换几次职业，我今天搞脱口秀，明天可能就当了总经理，我的价格就不一样了。而且一个人的生命价值，也不是只体现在他挣多少钱上吧！我们隔壁有一个女神，天天在走廊上梳头发，虽然她没靠梳头发挣钱，我走过去看一眼，心情就舒畅，我今天的收入就会增加，这也是一个社会的正向效益，这种东西怎么算？所以这个方法不妥。

美国在20世纪五六十年代有一个经济学家，叫谢林，谢林又发布了一个新的方法，后来他就靠这个得了诺贝尔经济学奖。他的方法叫价值意愿法。就是一个人值多少钱，我们搞投票来统计。看看全美国人民愿意为挽救一条人命纳多少税，然后再平均下来，这样就可以测算出一个数值，来作为这个时代人命的价格。就是看我们大家认为，一条命值多少钱。

这个方法似乎也是奏效的，但是仔细一推理，发现也不成立。比如美国国徽上的白头鹰是一个濒临灭绝的品种，美国政府在20世纪90年代曾经做过一个调查，调查的目的是想知道美国人民为了挽救白头鹰愿意花多少钱。

调查结果出来，每个家庭大概愿意花257美金，美国大概有一亿个家庭，那就要花257亿美金去保护白头鹰。这个数字算出来之后，很多学者就摇头说可能不对。因为太乐观了，这只是问卷调查，没让他们掏真金白银，真要是征税，能征得上来吗？

没有死人的时候，大家会说愿意花多少钱来保护一条人命，真的要人们把现金往桌上一搁的时候，人们愿意掏出来的那个金额和之前那个金额，还一样吗？所以这个方法似乎也不奏效。

当然，在美国历史上，尤其近100年来，关于怎么折算一条人命的价格，有各种各样的算法，各种各样的细则。但是结论都一样，就是没有一个算法能让所有人都满意。这就是用数据方法来进行社会交换和价值评估遇到的一个永恒的问题。

数据是一个会生长的生物

我们今天把这个问题反过来看会发现，数据不是一个简单的数，而是一个会生长的生物。数据本身是有进化能力的，只不过在很多条件的约束下，比如说技术手段、价值观念，它这种进化有的时候会受挫。比如说人命的价格的计算，就是典型的受价值观的影响而很难进化的一个数据。但是其他的数据，在历史的进程当中，往往会不断地被修正，最后被所有人大体接受。

我给大家举两个例子，都见于《数据之巅》。第一个例子发生在美国南北战争前，那个时候南北双方正就要不要维持奴隶制的问题吵得一塌糊涂。有一天报纸上突然出现了一个数据，请注意，这个数据可不是南方的奴隶主搞什么阴谋诡计假造的，而是北方的联邦政府在做人口调查的时候得出来的——在北方生活的黑人，每162个人当中就有一个是精神病患者或者智力低下者。而南方好了10倍不止，每1600个黑人当中才有一个精神病患者或者智力低下者。

这个数字就这么板上钉钉地搁在这儿，报纸的评论员看到这个数据总得写几篇文章吧，跟今天的公知一样，总要往体制上找原因。那你想想看，往下会得出什么结论？

结论就是，黑人一自由，马上就发疯。南方奴隶主说，黑人原来在我这儿好得很，天天吃得饱穿得暖，虽然没自由，但是我们主人保护他们，他们有非常安全的环境，所以他们的精神、健康状态是良好的。可是因为种种机缘，他们获得了自由身，跑到了北方，你们北方搞的是万恶的资本主义制度，黑人是住在贫民窟里的。而且你们北方也是歧视黑人的好不好，黑人们作为无产阶级，朝不保夕，天天吃不饱穿不暖，他们的精神状况能不出问题吗？所以这个结论板上钉钉：黑人一自由，马上就发疯。

北方人吃了一个大瘪，但是没办法，数字就摆在那儿。这个时候马赛诸塞州有一个精神病大夫叫贾维斯，他不信这个邪，他认为这个数据肯定是错的。他可不是猜想出来的，而是从他身边的观察得出来的。

他生活的这个城镇，在人口普查表上有133个黑人精神病患者。他就是精神科医生，还能不知道这镇上有多少黑人精神病患者吗？一定是数据出了问题。于是他就调查周边的市镇，发现也一样，这数字比实际大得离谱，他就发了一个心愿，一定要推翻这个结论。

那怎么办呢？既然是人口普查得出来的结论，那就去找人口普查的表格。要知道，那个时候美国的人口普查已经是非常大的量级了，他发扬了死磕精神到全国各地去找这种表单，然后去计算。算来算去，一声长叹，怎么了？没有算错，最后结论就是161∶1。

哪儿出了问题？只有一个可能：人口普查的第一手数字就

已经有了问题。是南方奴隶主派了一堆间谍，到北方伪装成人口普查员，然后得出这个数据的吗？肯定不是，因为人口普查员是一个分散的结构。

查来查去，一直到1850年才真相大白，原来是北方的人口普查表格的设计上出了问题，导致人口普查员把白人精神病患的数字也填到黑人那一栏里。本来北方的黑人数量就少，稍微有几个填错，在统计学上就很容易把这个初始的错误放大，得出那个荒腔走板的结论。

为什么要讲这个故事？因为数据本身有一种自生长的能力，这不是说数据本身是活的，而是只要一个事实，你不做定性判断，而做定量判断，把它定格为一个数之后，它就要去经受所有人的挑剔、批判，甚至是推翻。于是，大家的对话就有了一个工具，有了一个介质，有了一个对象。贾维斯医生就扮演了这样一个挑战者，他通过自己的努力推翻了这个不实之数，让事实回到原状，这就是数据的作用。

再讲一个例子，美国的第三任总统杰斐逊执政时期，定下来一个规矩：美国任何由国家主导的大型工程建设一定要适用成本收益分析法。国家预算是有限的，所以一定要挑选那些最优化的项目率先实施。

这作为一个原则没问题吧？有问题，为什么？因为所有人都是有私心的。比方说，美国刚建国的时候，主要的工程建设是水利工程，由美国陆军的工程兵团来干。可是工程兵团也是人啊，这个兵团的司令是哪个州出来的人，对哪个州的项目，哪怕不是搁在明面上，在心底里总是有些小照顾的。

这个照顾其实很好办，就是把收益算大。因为一个公共工程的收益是很难算得清楚的，比如说一个大坝建成后，总有防洪收益、灌溉收益、军事收益，没准儿还有点观光旅游收益，那就看你怎么算了。算来算去，如果他有意偏向，把一个项目的收益算大是有可能的。全国每个州每年会报上来上百甚至上千个项目由工程兵团一家来做决定，难免就有这个弊端。

弊端来了怎么办？不怕，美国人有的是办法。他们紧接着设立了第二个部门，叫农垦局。看起来好像是重床叠架，但是这个设计是有深意的。因为农垦局是管美国的农田灌溉的，也管建坝和水利设施，这样在客观上就跟美国陆军的工程兵团产生了竞争。

一个项目归谁建或者先建哪个，两家都要拿出报告，把所谓的成本收益核算出来。这个时候就会出现竞争的态势，大家就各想各的招。

工程兵团有一次算一个水库的收益，把海鸥都给算进去了。说建成这个水库后，会来一万只海鸥，按照一只海鸥一年吃一千只蝗虫、一只蝗虫每年要吃掉一公斤的麦子计算，一下子就算出了一个天文数字。你看，我建这个水库，竟然替美国人民避免了这么多粮食不入害虫之口。

农垦局的小伙伴们一看，有没有搞错，这个也能算进来？好，这一招你会玩，我也会玩，那我就算算次级收益。因为我主要管灌溉，一个水利工程建成后能灌溉一片农田，因为这个地方灌溉条件好，很多农民就往这儿迁，很多大卡车帮着搬家，不就多了加油站吗？等人多了之后，这个地方就会出现电影院，电影院出现之后就会出现大商场，大商场出现之后就有很多人来观光，这个地方就会变得很繁荣。这叫次级收益，就是一层一层推导出来的收益，又算出一个天文数字。两家一直在这么斗。

最典型的是罗斯福总统在任期间，有一个工程，两家又争抢起来了。最开始，陆军的工程兵团算出来的成本收益比是2.4，所以这个项目该建，而且应该由我来建。农垦局的报告紧接着递上去了，说同意建，这个项目确实收益远大于成本，但是我农垦局算出来的不是2.4，是4.8，整整比工程兵团多一倍。但是如果我们农垦局来建，我们主要发挥这个大坝的灌溉功能，所以我们的方案才是最好的。

最后吵到了国会那里，国会一脑门子的糨子，说让罗斯福总统去定吧。罗斯福一看，我又不是水利专家，搞不清你们这些事，谁算出来的数字大，我就让谁干。于是农垦局就把这个项目给拿走了。

别以为只有两个部门在争国家的预算，很快又杀进来第三家。20世纪40年代，铁老大也杀进来了。因为陆军工程兵团和农垦局天天开凿运河什么的，耽误铁路公司的生意，所以它们不干了。

40年代有过这样一个案子，阿肯色州要开凿一条运河，当时农垦局和陆军工程兵团都报了方案，最后铁老大在旁边冷冷地哼了一声说，把这么多预算给我，我能修两条铁路，而且永远免费给国家运输物资，你们就别修运河了。弄得前两家单位臊眉耷眼。

当数据摆出来之后，它就能引发一种态势，叫竞争，各个部门都会围绕数据进行计算。所以20世纪40年代之后，美国各个国家部门都兴起了一股数据浪潮，其实是人潮，什么人？经济学家和统计学家。如果你不养活几个统计学家和经济学家，算账算不过其他部门，在国家预算的竞争中，你就会落败。

看到这儿，你可能会想到法庭。法庭上就是这样，原被告双方的是非曲直法官是不清楚的，法官就像傻子一样往这儿一坐，先让原告说说被告做了什么，然后被告拿出一个个的证据进行辩驳，最后原被告双方抗辩。法官只要有常识即可，他不需要对每一个领域都是专家。因为在竞争当中，在抗辩当中，不是让法官来找证据的缺失，双方律师就会盯着对方的逻辑漏洞和事实漏洞。

这就是数据摊开到桌面上的一个好处，数据的成长，数据的进化，并不是靠数据本身，而是利益完全对立的双方都盯着对方数据的逻辑漏洞和事实漏洞，所以数据就会变得越来越精准。

在美国的水利工程建设方面，最后也演化到了这样的状况，大家都打累了，坐下来谈判，形成了一本绿皮书，约定以后再搞任何工程的收益计算，都要按照统一的标准来算，比如说旅游观光收益怎么算，病虫害的收益怎么算。从客观上讲，这套标准只要写出来，白纸黑字摆在桌面上，总是有毛病的。所以这本绿皮书此后又经过了几次大的改版，但是没有办法，没有这个东西，大家就没有办法形成良性竞争。所以不管哪个版本的绿皮书，无论它有多少毛病，都是几方利益达成的一个平衡点。

我们再回头去看杰斐逊当年确立下来的这个原则，它最终通过数据的方法落了地。所以数据不是一个死东西，也许起点是不靠谱的，但是只要引进竞争，只要对人性有充分的估计，最后会达到一个大家都能认可的平衡点。

数据文明奠定了现代化的基础

我讲了很多数据的好话，但是有一个小问题没有解决，就是当数据和人伦道德之间产生冲突的时候，我们应该怎么选。就好比前面举的那个例子，一条人命放在这儿，你可不可以用数据标定一个价格？不管你怎么选，都会发现自己陷入了道德上的两难。

在美国历史上就曾经遇到过一个类似的困境，南北战争前，北方人跟南方的奴隶主说，你们不是不给黑人政治权利吗？可以啊，那你们南方在选众议院议员的时候，黑人人口就不能计算在内。说白了，就是打压南方州在众议院的代表人数。

南方的奴隶主说，行啊，这没有问题，那我们给联邦纳税的时候，黑人人口也不应该计算在内。北方说，这不是占我们便宜吗？你们南方主要的劳动力是黑人，主要靠他们创造财富，这些人不算在内的话，纳税的时候你们不就纳得很少了？南方人说，要么给议席，要么你们不要税收，看着办吧。

所以，南北双方就不能只在原则上进行争议了。双方最后说，我们把一个黑人人口折算成多少个北方的白人人口，不就完了吗？谈来谈去，吵来吵去，最后得出了这个数：3/5。一个黑人算3/5个白人。

听到这儿，你心底也许已经发出正义的怒吼了，这不是赤裸裸的歧视吗？都是上帝的子民，凭什么一个黑人只能算60%的人呢？这确实不公平，也不合理。当时的与会代表哈密尔顿讲过一段话：3/5这个数当然有瑕疵，但是又能怎么办呢？有总比没有要好吧。有了这个数，南北双方的人可以团结起来共同建设这个国家，一起往前走。如果没有这个数，难道我们所有的与会代表要在这个大厅里争论到老吗？

所以这在当时是一个不得已但又很理性的选择。隔了200多年，我们再去看3/5这个数，会发现它的另外一个功能：它像一根刺一样，扎在每个美国人的良心当中。你不是信奉上帝的国家吗？那上帝的子民都应该是平等的，怎么有一帮人只能按60%的人算呢？这跟你主张的自由、平等的基本原则不是相抵触的吗？

这根刺一旦扎在良心里，就会形成一种势能，让每个美国人都不得不正视这个伦理难题，从而要去解决它。它会随着历史进程的推演变得越来越膨胀，最后形成排山倒海的民意。

果然，过了半个多世纪，这个问题通过南北战争解决掉了，美国人终于可以在良心上松一口气了。

从这个例子就可以看出来，数据和伦理道德之间并不是一个非此即彼的两难选择。现实可能是丑恶的，它会反映到数据当中，但这并不是说数据本身有丑恶和高尚之分。

数据就是一个客观存在，它只是把原来那些被掩盖、被模糊的伦理难题翻到桌面上，成为一根所有人都看得见的眼中钉、肉中刺，它本身的存在就形成了解决这个伦理难题的前提。

就像我们中国古人讲修身养性，首先要制怒，就是不要让自己发火。做不到怎么办呢？每发一次火，你就在墙上画一道杠杠，过几个月你再来看，杠杠是不是越画越少了？这其实就是数字对我们的心理暗示。看到这些杠杠，我们就会懂得制怒，就会调整自己的情绪。你看，数字在伦理难题上，也能发挥如此大的作用。

这篇文章表面上说的是数据，实际上我想介绍的是一个结论——现代文明是建立在数据文明基础上的一种生活方式。

你可能会不同意，说数据文明多枯燥，多没灵性啊，用几个数字就能描绘出大千世界的千变万化吗？我们人类追求把握世界、理解世界，追求效率，我们可以用灵性、直觉、定性的方式直接把握它。

我们的老祖宗就是这么干的，我们讲究“太极生两仪，两仪生四相，四相生八卦”。虽然其中也有数，可这个数并不是数据文明那个数，是我们用审美的方式，直接用灵性把握这个世界的结论。而且这套结论永远颠扑不破，到哪朝哪代都不能说它是错的。

中华文明和数据文明之间，始终隔着一道观念的鸿沟。2012年中国有一则类似笑话的新闻，有一个发改委的专家说，中华民族的复兴指数已经达到了62.74%，好多人哄堂大笑。你看，数据文明和我们的中华文明面对同样一个数字，态度是不一样的。

如果是数据文明中的人，比如说美国人，他可能会跟这个专家争论，说这个模型有问题，这个算法有问题，这个参数有问题，这个数据的来源有问题。可是我们中国人，往往就是一通嘲笑了事，会说民族复兴怎么能用数据来表达呢？

数据文明的三大好处

数据文明纵有千般不好，今天也请容我为它讲出三点好处。

第一个好处，让人和人之间可以对话，而且可以得出阶段性的结论。比如说端午节，我们在微博上为甜粽子、咸粽子吵来吵去，这种事情，吵上千秋万代也不会有结论的。

如果站在数据文明里，那就清楚了。我们为什么吵？是在比较这两种粽子哪种更健康吗？那我们先确立一下标准，是不是摄入的卡路里越多就越不健康？那就测量出来，然后一较高下，结论就出来了。

第二个好处，数据文明可以让人和人，尤其是陌生人之间的远程、大规模协作变得可能。我此前多次讲过，陌生人之间的分工和协作是现代财富创生的根本基石。

西餐就容易通过数字标准化，然后形成跨空间的协作。比如麦当劳，一个城市有一个中心厨房，它生产一部分，然后通过数据来指导各家分店下一个阶段的生产，油温是多少度，一根薯条炸几分钟，用数据就可以控制它的口味。

要是换成中餐就完蛋了，因为它所有的烹饪系统就是一个黑箱，只有经验丰富的大师傅可以掌握，油温是多少度，火候是多大，酱油少许到底是多少，等等。它的一切都不数据化，导致一个大师傅的手艺和他做菜的口味没有办法横向协作。师父对徒弟也无法百分百传下去，横向之间的协作就更别想了。

第三个好处，数据是一种可以累进的文明。现代医学，也就是我们统称的西医，有一个好处，就是后人的成就一定是站在前人的基础上的，后人的发现一定是站在前人的阶梯之上的。西医一点点拓宽着人类对自己身体的认知边界，虽然艰难，但毕竟在推进。

为什么说数据文明奠定了现代化的基础？就是因为上面这三个特征。有了数据，人和人可以对话，人和人可以协作，知识和知识可以产生累进的作用。而现代化不就是这样爆发开的吗？

最后，让我们引用涂子沛先生的一句话：“大数据是土壤，开放的数据即为土地上的河流，河流流过之处，就会孕育起发达的数据文明。”

第三章

现代化的本质

我们不要问我们能为集体做些什么，我们都要问问自己，当集体、组织、连接起来的人作为一种资源摆在我们面前的时候，我们能通过它成就什么。因为结盟策略已经失效，只有个人的成长和价值确认才是你人生真正的靠山。

01 | 土地私有化，到底有多痛

把土地分给农民的四个好处

前几年我在一个会议上遇到了经济学家汤敏，在会议间歇，他告诉了我一个他亲身经历的故事。前几年，他搬到北京郊区的顺义，想把户口也迁过去，所以就跑到了当地派出所。他跟办事的警察开玩笑说："我上了户口之后，会不会就变成农村户口了？"警察并不认识他，翻了翻白眼说："你想得倒美，农村户口现在才值钱呢，那户口都带着地呢。"

这个警察说得没错，现在的农民几乎家家户户都抱着一个希望：万一拆迁了，就能拿到一大笔拆迁补偿款；万一将来国家把农村的土地私有化了，就有了地了。但是后者会不会发生，什么时候发生，一直是一个巨大的悬念。

2013年十八届三中全会召开之前，好多海外媒体就在猜测，会不会把农村土地私有化问题纳入会议议题呢？要知道，在此五年前的十七届三中全会上，海外媒体就在这么猜了。可是公报一发布，根本没有，大家一翻两瞪眼。五年前不敢干的事情，五年后时机是不是成熟了？该不该干、怎么干、什么时候干、要不要把土地分给农民，这就是我要聊的话题。

如果按照某一帮经济学家的说法，这事儿应该干，而且是当务之急。这么做有几个好处。

第一，大家都知道，中国现在城乡贫富分化严重，就像一个烧饼，一面已经烤得快糊了，另一面还生着，怎么办？翻个面就解决了。现在农村人到城里来打工，凭的多是一身力气或者一点点技术，没有什么资本。如果他们拥有土地，情况就不一样了，他们可以抵押给银行，或者干脆卖掉，拿着卖地的几万块钱在城里摆个水果摊至少是没问题的吧。也就是说，未来农民进城就无须再靠这具肉身了，有了资本，他们就能跟城市生活博弈了。所以，土地私有化是解决中国城乡贫富差距的一个重大举措。

第二个好处就是公平，如果一个城里人是在2009年之前买的房子，房价现在涨了这么多，他就获得了很多财产性收入。农民的土地虽然也涨价了，但是跟他们半毛钱关系都没有，这公平吗？

第三，自从20世纪80年代农村实行家庭承包责任制之后，出现了一个问题，经济学上称之为“后包问题”，就是承包之后的问题——农村的公共基础建设崩溃了。换句话讲，如果中国要建设现代化农业，农地一定得集约化，就是大地块经营。你如果去过东北，一定看到过上万亩连成一片的土豆田。只有这样经营，农业才有活力，才会有效益，美国的农业就是这样发展起来的。如果中国人均有3亩地，每户就是10亩地左右，这种小地块，任何公共基础设施都没法建设。要想实现集约经营，就要靠土地流转、土地买卖。

第四，解决“三农”问题靠的是什么？不是把农村建设得跟天安门广场似的，不是等农民消失了，农村问题、“三农”问题才能解决。未来谁会来当农民？喜欢田园生活，想当陶渊明、爱种地的人会去当农民；所有向往城市生活的人都能自由地来到城市生活。那个时候，中国压在头顶上的大山“三农”问题才能够彻底解决。所以，农村土地私有化，也是农民摆脱农民身份，换句话说就是把“农民”这个身份消灭掉的必经之路。

反对派的三个理由

这是一派经济学家的说法，但是我们不能只听一面之词，任何大政方针都有反面，反面的说法其实也很有道理。

第一，如果放开土地兼并，产生大量的失地农民，中国古代王朝隔个两三百年就要发生一次的那种大动乱会不会再现于当今？土地兼并是个很严重的问题。

第二，如果土地归农民所有，那么将来拆迁征地就变得很困难，会阻碍国家建设的步伐和效率。

第三，城市的贫民窟问题。失地农民会聚集在城市的边缘，产生像印度、墨西哥那样的贫民窟，那简直就是人间地狱。

这就是反对派抛出的三个最坚实的理由。现在我就结合我个人的阅读所见，帮大家分析一下这三条反对理由是不是能站得住脚。

朝代兴衰与土地兼并无关系

第一条，土地兼并会带来恶劣后果，这是从历史中得出的推论，我们也必须回到历史中去。解放后，咱们中国的历史学界捧出了一个理论成果，就是所谓的“五朵金花”——古史分期、封建土地制度、资本主义萌芽、汉民族形成、农民战争。这五朵金花里面有四个和农村土地制度有关，能说这个问题不重要吗？

我的基本结论是，历朝历代的兴衰都跟土地制度有关。朝代刚刚兴建的时候，农民都有大把的土地，因为人死得差不多了。随着自由交易的开展，发生了大量的土地兼并，大地主开始富可敌国，“朱门酒肉臭”，大量的失地农民流离失所，最后冻饿而死，没死的就揭竿而起。于是，朝代开始大循环。这就是土地兼并的后果。

可是20世纪80年代之后，学术界捧出来很多新成果，看了这些书之后，我对这个结论就要存疑了。地主阶级是不是最坏的？地主阶级的总头子皇帝，是不是因为土地兼并而导致了治乱兴衰的循环呢？

这就不得不提到著名学者秦晖写的《田园诗与狂想曲》，这本书彻底推翻了这个说法。

他举了两个例子，第一个例子是关中地区，这是历代最容易发生暴乱、最容易闹事的地区，也就是今天陕西省中部西起大散关、东到函谷关这一带。他根据当时的土地资料得出一个调查结果：这个地方土地的集中度非常低，甚至可以说是“关中无地主”。那有没有佃户给自己家种地的？也有，不到6%。这个数字和建国前夕国民党的调查结果差不多，所以基本上可以认定，当地并没有形成大规模的土地兼并，大部分百姓都是自耕农。

同样的研究成果，我们在华北地区也能看到。黄宗智先生在这方面就有研究，他也认为华北没有地主。秦晖先生在书里说，建国前后我们搞土地改革的时候，各地都给中央打报告，说地主阶级搞土地兼并实在太坏了，但是我们这个地方情况特殊，我们这儿地主不多。他们说的是实情，除了江浙那一带真是大地主经济，其他地方并不能算是。比如广东，当时广东的土地主要集中在宗族手里，而不是大地主手里。最容易闹事、最常爆发农民起义的华北、关中地区，恰恰不是土地兼并集中的地区。

宋代发生在江南地区的方腊起义是什么性质？只要查查史料，你就会知道，方腊确实是佃户，他可能也是中国历代农民战争中唯一一个佃户，也就是说，他不算自耕农，而是靠租种别人的土地为生的。可是，方腊起义根本不是佃农和地主阶级之间的矛盾，方腊是被宋徽宗的花石纲逼反的，所以方腊起义是皇权和老百姓之间的斗争，与土地兼并没有关系。

如果仔细去研究中国土地制度的沿革，我们会发现一个规律，中国的皇权给农民打造了三副手铐。第一副是土地税，第二副是人头税，第三副是徭役。这三副手铐在历史上的重要性是不一样的。在唐代以前，徭役很重要，陈胜、吴广起义和隋末的瓦岗寨起义，都是因为不堪徭役负担才爆发的。农民不仅要交粮交租，还得出人，陈胜、吴广在去戍渔阳的路上失了期，按律当斩，于是他们才揭竿而起，这是农民与皇权的斗争。

到了唐代中期，宰相杨炎在建中元年（公元780年）搞了一次“两税法”之后，基本上废掉了徭役，农民交钱就行，国家雇人去干活，主要把税放在了土地税和户税上，也就是人头税。结果是什么呢？唐代中期以后，所有的农民起义都有个基本的特征，都是失地农民因苛捐杂税太重而揭竿而起。所以，它也是老百姓和皇权之间的斗争。

在张居正的“一条鞭法”和清代前期雍正皇帝的“摊丁入亩”实行之后，完全不收人头税了，只向土地要钱粮、要税赋。于是在清代后期出现了全新的问题，产生了大量的隐性失业，因为人口在增长嘛。所以，清代后期遇到的问题，甭管是前期的什么天理教、白莲教，还是中后期的太平天国，辛亥革命当中的会党，基本上都是失地农民进入江湖之后，形成的新的社会组织对旧的朝廷的皇权结构的挑战。

中国的农民战争，其实没有一次是因为土地兼并而引发的。即使是因为土地兼并，也不是一般地主搞的。比方说在明末，明神宗特别喜欢小儿子福王，就赐给他大量的土地，叫皇庄，此时的土地兼并显然还是出自皇权手中。

那么，中国历史上造成大规模社会动乱、血流成河的基本矛盾是什么？是无产阶级和地主阶级的矛盾，还是皇权和老百姓之间的矛盾呢？看到这儿，你可能已经明白我的意思了。

皇权收钱，真是要钱跟要命似的，从先秦时候就发明了一套特别成熟的制度。比方说保甲制度，就是一定地域内的百姓形成保甲组织，国家只向这个组织的头儿里正要钱，如果收不上来钱，就打里正板子，打死为止。里正不是基层公务员，这样会出现两种情况，一种是当上里正之后，反正顶着国家的要求，我就鱼肉乡里，坏人当里正会当得特别爽。另一种就是，里正是一个好人，不敢逼乡亲，那怎么办？自己赔得倾家荡产。这种事在“二十五史”里面屡见不鲜，“中产之下家皆破”，几乎在每个时代都有。如果你觉得我这种叙述很枯燥，建议你去看《聊斋志异》里边《促织》那一篇，讲的是皇帝喜欢斗蛐蛐，就逼里正，结果把那家人逼得家破人亡。

蒲松龄写《促织》跟写其他故事有点儿不太一样，饱含感情，这是因为蒲松龄自己就受过这个苦。康熙十三年，山东大灾，蒲松龄家几乎绝收，他差点儿把自己的女儿卖掉，所以他是深知保甲制度对民间的迫害之狠的。

这套制度似乎是中国人的独创，法国波旁王朝后期也有所谓包税人制度，有一点儿中国保甲制度的影子，但是没有中国发展得这么极致。皇权对于民间的敲骨吸髓真是无所不用其极，而且我们的先人在这方面是极具创造力的。

前不久我看到一则史料，是在秦晖先生的讲座当中看到的。清代号称“蜀中三大才子”之一的大学问家、戏曲专家李调元，写过一篇小文章。这篇文章特有意思，说四川有个民俗，谁家买了田，大家都去贺喜；谁家卖田，大家都说是他是败家子而鄙薄他。可是有一天李调元就遇到一个人，这个人说他刚把地卖了，特别高兴。李调元就感到奇怪，你明明就是个败家子，还高兴什么呢？就问他原因。

这个人说：“你不知道，我爷爷在的时候，家里有上千亩的地，可是我父亲只分到200亩，到我手里就剩10亩了。这10亩地好好种，养活自己不算难，可是朝廷的捐税全向我这10亩地要，把国家的征赋交掉，收入的1/3就没了；地方官还有各种加派，派来派去，且不算劳动力的成本，种地的收入还不够养活这地的呢。没办法，我只好把它卖掉，租别人家的地种，当佃农。反正朝廷朝地主要税，我事先跟地主说好一年的收成分他多少，我苦苦干上一年，好歹还有一点收入。如果我自己拥有土地，直接面对国家，面对公权力，我什么收入都没有，所以我必须这么干。”

李调元一听，这笔算账算得很对，换了我也得这么干，我家也有地，我也卖了行不行？那个人说：“你别犯神经病了，你不能卖，你是当官的，你爹是进士，你也是进士，你还当过朝廷的大官，地方胥吏不敢跟你胡来，你有一层保护伞，所以你不该卖。”李调元一听，说得对，我确实不太受骚扰。

大家知道李调元后来干了一件什么事吗？他回家之后，把所有的子孙集中到正堂训话，说：“子孙何可一日不读书也！”意思就是，想好好地活下去吗？在这个社会结构当中必须读书，中进士，当官，跟皇权搞到一起，获得这张保护符；否则，当普通老百姓你们是活不下去的。

写了这么多，我想说明的就是一个简单的结论：中国古代社会问题的主要矛盾是皇权和老百姓之间的矛盾，而不是土地兼并带来的矛盾。

把土地分给农民，土地的交易成本就会变高

江浙地区是大地主最集中的地方，除了我们刚才讲的方腊，那个地方什么时候爆发过大规模的农民起义？土地兼并一定会带来社会动乱？这个结论下得恐怕有点儿草率。

毛主席说过一句话，有人群的地方就分左中右。你不要看

大家都在反对中国农村土地私有化，但是观点也分两个极端，刚才我提到的是其中一派，他们担心土地兼并。还有一派与此相反，他们担心的恰恰是一旦农民拥有了土地，土地的购买兼并、征收会变得更加困难。

这个观点有没有道理？当然有道理。

前几年于建嵘先生抛出了一本书，叫《当代中国农民的维权抗争》，书中说2004年前后中国农村社会问题的主题发生了一次切换。2004年之前主要是抗粮抗税，农民不愿意交租子；2004年之后，农业税取消了，农村的社会矛盾主要就变成了征收土地当中出现的问题。这个主题一切换，抗争的整个景观就发生了变化。原来农民抗粮抗税，对策就是跑，整个抗争相对温和一些；现在为了土地，那就得站在自家的地头进行抗争，所以抗争显性化了。

更重要的是，原来抗粮抗税的都是老少边穷地区，穷地方才抗，富地方少有这种情况。可是现在土地问题恰恰多发在富有的地方，经济发达的地方维权抗争得更厉害，所以矛盾显然激化了。更要命的是，原来抗粮抗税只是农民和政府之间的矛盾，现在不一样了，有一帮律师开始下乡（当然律师主流是好的，但是总有一些律师无利不起早）跟农民说，我们帮你打这个官司，打赢官司之后你分我多少多少钱。很多律师一介入农村的土地纠纷，矛盾就更加激化了。

因此，有一派学者说，现在土地还是国家的，农民只有承包权，征收土地都这么困难，如果变成了私有产权，拥有了物权法的保护，农民的地还弄得上来吗？

《地权的逻辑》作者贺雪峰先生就持这种观点。他是我母校华中科技大学的一名教授。他每年有两个月是住在农村的，带着一个团队在农村搞调研，非常了解中国农村。他说，现在如果农民不种地，跑到城里打工，农村土地兼并购买的时候，政府连人都找不着；反正也卖不了几个钱，他们宁愿把土地撂荒，为什么要卖给政府呢？交易成本会变得越来越高。

你觉得这个担心有没有道理？当然有道理。因为全球实行土地私有化的国家都出现了这个问题，不管是发达国家还是第三世界国家。比如印度，虽然说这几年经济发展得还好，但是基础设施真是一塌糊涂，如果按高速公路的长度来排名的话，它还不如博茨瓦纳和斯里兰卡，主要原因就是土地征收不上来。

有一段时间，塔塔集团想在印度征一块地盖个大工厂，就跟农民说，你们把地卖给我，你们到工厂上班多好啊。农民说，我们为什么要去给你们端茶倒水？种着地多好！死活就是不卖。所以很多公共建设都很难在印度推行下去。

台湾也是这种情况，陈水扁在当台北市市长的时候，就曾经运用铁腕，要拆两块地建大安森林公园，结果闹得鸡飞狗跳。他第二次竞选台北市市长落选，跟这件事情有很大关系。

最典型也最具有戏剧化的例子发生在日本。日本东京的成田机场，从20世纪70年代开始建，一直到今天都没有完工。几十年过去了都没有完工，为什么？也是因为征地。因为成田机场位于千叶县，无论给多少钱当地老百姓都不肯把地卖给政府。虽然法院有裁决，但是农民还是坚持抗争，也有很多记者、媒体、公知、学生为他们抗争。最后农民们想出一个绝招，他们在土地当中划了一平方英尺土地设置为共有土地，所有愿意支持他们的人都是这块土地的主人。既然几万人共有这一块土地，拆迁就不单单是个别农民的事了，政府得跟这几万人谈判才行。农民的目的就是让政府干不成这件事。

所以到现在为止，成田机场这么有名的国际大空港，想建一个2500米的跑道都不行。成田机场还发生过一次飞机剐蹭事故，为什么？跑道不够用啊，所以大型客机无法降落。到现在为止，日本政府还一筹莫展。成田机场的征用委员会还曾经发生过一次集体辞职事件，因为实在干不下去了。20世纪70年代还发生过一个悲剧，这个征用委员会的委员长被人毒打，最后不堪羞辱，举枪自尽了。

如果把土地分给农民，中国会不会出现这样的情况？如果把土地分给农民，我们的基础设施还能像过去几十年那样迅速地发展吗？这是一个问题。但不管怎样说，现在搞的“土地流转”也是一种把土地分给农民的做法，这和土地私有化是有本质不同的。

没有产权和自由交易，就会直接导向奴隶制

有些经济学家就给这个担心做了一个解释，这个解释牵扯到著名的经济学家科斯先生。科斯这个人了不起，他作为大经济学家，给我们提供了一个观察经济世界的全新角度。他靠两篇文章成名，《公司的性质》和《社会资本问题》，其中提出了一个在经济学界非常著名的观点——交易成本。简单地说，想要市场的效率高，交易成本就得低；交易成本一高，整个制度环境就会发生变化，经济效率就会受到影响。

中国很多经济学家因此就说，科斯老人家说了，把土地分给农民，交易成本就会变得很高，所以是不划算的。

这个道理讲得对，但是我觉得这是只见小道理，没看到大道理。如果一味降低交易成本，那交易成本怎么才能更低呢？直接把农民变成奴隶，让他们白干活儿，只给碗饭吃，只保持肉体的自然再生产，交易成本不是更低吗？秦始皇修万里长城，隋炀帝修大运河，那都是国家免费使用农户的劳动力。可是我们要这种发展效率吗？有时候账不能这么算。

慈禧太后贪污600万两海军军费建了颐和园，可是颐和园现在每年的门票收入有三到五个亿，当年的600万两白银折合人民币也就30亿，等同于每年有10%的收益，这已经是相当好的理财产品了。那能说慈禧太后干这事儿是对的吗？账不能这么算。

美国经济学家、诺贝尔经济学奖获得者福格尔先生是研究经济史的，他曾得出一个让人大跌眼镜的结论，也是争议最大的一个结论：在美国黑奴时代，南北战争之前，南方经济的效率其实比北方工业经济的效率还要高。福格尔只说到这儿为止，但是往下一推论，就是说，美国经济想要发展，干脆把一部分人再变成奴隶吧，这对国家是好事。

可是，经济学家能这么看问题吗？所谓的经济学家是从效率的角度看问题，但是人类内心的良知呢？我们所有的道德呢？如果我们要把农民绑在土地上，又不给他产权，从而换取效率的话，按照这个逻辑往下推，极端结论就是把整个国家变成奴隶制，效率就会更高。可是能这么做吗？

人类进步不光包括经济进步，还有道德、良知各个方面的考量，我们凭什么认为，为了农民的利益考虑，我们可以做出一个更符合他们利益的决断呢？如果哪个经济学家这样想，我觉得他就背离了20世纪经济学的基本成果。我也建议那些经济学家再去仔细读一读科斯先生的原著，虽然他已经去世了，没法跟他对证，但是他的原意是，任何交易成本成立的前提都是交易者拥有完整的产权和自由交易的市场条件。如果脱离了这两个前提，没有产权、没有自由交易，那还有什么交易成本？如果这个推论成立的话，那就会直接导向奴隶制。

在此，我们引用一下自由主义经济大师哈耶克先生的一段话，这段话他也是引自富兰克林的。他说："当一个人愿意放弃自己的自由而获取所谓的一点点保障的话，那他既不配拥有自由，也不配拥有保障。”今天我们也可以反过来说，如果公权力以为剥夺公民一点点自由就可以给他们保障的话，那么最终的结果就是，公民既没有了自由，也没有足够的保障。

贫民窟不是城市的牛皮癣

反对中国农村土地私有化还有一个很具说服力的理由，那就是防止城市出现大规模的贫民窟。我第一次听到“贫民窟”这个概念是六七年前，那时我还在央视工作。温铁军教授从印度考察回来，跟我说，那里的情况真是惨，很多农民一旦遇到天灾人祸，就会三文不值二文地把土地甩卖掉，成为失地农民，然后去哪儿？只能去城市住到贫民窟里。可是贫民窟有两个特征：

第一，基础设施极端恶劣。十几万人聚集的地方，没有水、没有电、没有厕所，街上屎尿横流，几万人围着一个水塘，倒痰盂也在里头，洗衣服也在里头，那还是人住的地方吗？

第二，贫民窟会建在哪里？要知道，农村土地私有化，城市也是一样，贫民窟不能建在私人领地上吧？只能建在政府拥有的公地上。政府的公地在哪儿？河道两侧、铁路两侧、公路两侧。我们经常听说印度发生火车翻车事故，都觉得这个国家基础设施太差，为什么？除了国家穷、征地困难之外，很重要的一个原因就是两侧都是贫民窟，所以铁路无法修缮，河道无法疏浚，公路无法拓宽。能只怪印度政府吗？当时温铁军教授说："贫民窟就是城市的癌症。"至今言犹在耳。

我对贫民窟的认知，直到今年我看到《落脚城市》这本书才发生了改变。它的作者桑德斯是一个加拿大人，这个人有一个爱好，就是去全世界的各大城市考察贫民窟。这本书有一个基本的认知前提是，人类进入城市的进程不可阻挡。这本书第一句话劈头就说："未来100年，到21世纪末的时候，人类将会成为一个彻底居住在城市的物种。"不管他这个判断对不对，至少我们现在已经看到，城市化进程是一个清晰可见、不可逆转的进程。

联合国在21世纪初发布过一份报告，说城市化进程会带来贫民窟。到2010年的时候，全世界将有12亿人住在贫民窟里；到2030年的时候，是20亿人，地球人口的三分之一住在贫民窟里，其中亚洲占60%，这是一个严重的社会问题。

可是我看了这本书之后发现，看待贫民窟还有另外一个视角——它是一个动态的过程，而不是城市的牛皮癣。这本书认为，贫民窟是另外一个动态的、生机勃勃的所在。

贫民窟还有两个特征。

第一，它不是由社会渣滓构成的，恰恰是由那些乡村当中的精英构成的。他们为什么不待在农村，而选择来到城市？首先他们具有冒险精神，而具有冒险精神的地方，我们不要只看到外表的脏乱差，实际上它具有惊人的社会活力。举一个例子，有一个有趣的城市叫迈阿密，美国的第十一大城市。它是怎么形成的？20世纪60年代古巴搞革命，卡斯特罗上台后，大量的难民逃到了一海之隔的美国，聚集在一个叫迈阿密的地方，当时迈阿密不就是贫民窟嘛！

到了20世纪80年代，卡斯特罗一想，怎么对美国捣乱呢？他灵机一动，决定开放一个港口，把流浪汉、罪犯、妓女这些社会害虫给美国人送过去，给美国捣乱。结果呢？几十年之后，迈阿密成为美国第十一大城市，成为整个拉丁美洲的金融中心，美国所有大型银行和跨国公司的拉美总部都设在迈阿密。我去过那个地方，风景如画，现在是纽约、华盛顿那些富翁大佬们的度假胜地。为什么？因为有活力啊。

有一个社会学家问过我一个问题，是监狱里面的犯人平均智商高，还是外面的普通人平均智商高？这个问题只要稍微想一想就知道，监狱里面的犯人智商高。他们的道德水准可能很低，但是他们长期跟社会各种规则进行非常频繁而艰难的博弈，所以智商普遍较高。迈阿密就是这种情况，卡斯特罗当年送去祸害美国的这帮人，恰恰是智力上的精英，所以反而激活了这个城市的活力，成就了一个国际大都市的诞生。这是贫民窟的一个特征，它是精英会聚的地方。

就像北京，你以为住在唐家岭的都是loser？他们的月薪收入可能有四五千块钱，但是觉得自己现在还没能力买房，干吗把钱花在租房上！所以专心工作，只搏明天。

印度的贫民窟里也有这个特征，很多人都是在大公司上班的中产阶级，白天西装领带，下了班就钻进贫民窟，把西装脱下来，放在枕头下仔仔细细压好裤缝裤线。所以贫民窟里不见得都是社会的失败者，不见得都是没有希望的人。

贫民窟是城市化过程中的阶段性现象

贫民窟的第二个特征就是，它是流动的。不妨想一想，我们的城市化不过才发展了100多年，我们祖上还不都是农民。农民进城有什么特征？都是乡村的精英先到城市，打下滩头阵地站住脚，然后亲戚、老乡逐渐跟进，渐渐地把整个家族都安顿在城市里。所以中国很多大城市都有一个现象，某个行当的从业者往往来自同一个地方。比如说剃头的一般都来自温州，澡堂子里修脚、按摩的基本都来自扬州，船老大基本上都来自湖北。北京也是这样，做早点的基本来自安徽，包括打印店老板基本上都来自某一个特定的地方。

这是中国的普遍现象，而这个现象折射出的就是中国城市化的基本进程——先有人打下滩头阵地，住进贫民窟，然后才有中产阶级的诞生，才有一个辉煌的未来。这本书的作者就说，乡村人来到城市的落脚之地，是一个落脚城市，那是未来整个人类城市化那座辉煌大厦的第一层、第二层，是不能把它抽取掉的。

城市社会学的芝加哥学派里有一个帕克教授，他写过一本书，里面有一段话我印象很深。他说，所有贫民窟的人其实都想混入主流社会，而真正造就贫困的是什么？是社会隔绝，是类似种族隔离那样的措施，厌弃贫民窟，把贫民窟当作牛皮癣从城市的皮肤上给剥掉、扒掉，这些措施反而造就了贫穷。

巴西的总统卢拉，就是一个贫民窟出身的总统。他当了总统之后，立志要改造里约热内卢的贫民窟。里约热内卢约有600万人，其中有200万人住在贫民窟里，怎么办？因为巴西2016年要办奥运会，所以巴西政府拨款23亿美金，为贫民窟修建新房子，老百姓可以租住，也可以购买，购买的房子还可以抵押，获得财产性收入，等等。

我们再去看中国学者的看法——要避免形成贫民窟。结果避免了吗？中国农民现在没有土地私有化，在农村的地卖不掉的情况下，农民们不照样是把农村土地抛荒进入城市吗？这种情况还少见吗？比如说北京的唐家岭，曾经有一本书叫《蚁族》，就是专门写这个地方的。唐家岭每个月的房租只需要两三百块钱，合租的话更便宜，只要一两百块钱；唐家岭的水果要比城里便宜一半，十块钱能买两大盘饺子。所以很多在中关村上班的精英都住在那个地方，因为交通也很方便。

但是这个现象被曝光之后，唐家岭被拆了。可是定福庄、黄庄这些地方冒出来了，一个唐家岭倒下去，好几个唐家岭站起来。贫民窟是城市化过程中的阶段性现象，你不可能要一个好的结果而不付出任何的代价。如果我们认可《落脚城市》这本书作者的远景，人类将会大规模地、决定性地成为一个城市物种的话，这个阶段我们跨不过去。

说到贫民窟的话题，我突然想到了一个场景，就是诺曼底登陆。盟军的战船卸下大量的士兵，在诺曼底海滩上建立自己的滩头阵地的时候，对面是谁？对面是隆美尔将军建立了好几年的豪华的、坚固的、非常有秩序的那些城防堡垒。那你说哪边好看？当然滩头阵地这边脏乱差了。可是，如果世界历史的趋势不变的话，最终的胜利会属于谁？

02 | 反贪到底反什么

道德教育和严刑峻法都不能根治腐败

我们中国现在处于转型开放的进程中，很多话题是上上下下都在关心的，比如说反腐。它不仅是民间的希望，也是国家的期待。所以谈这样的话题，其实并没有太大的风险了。

大家是不是觉得这个题目有点儿奇怪？什么叫反贪到底反什么，还能反什么，反贪官呗。如果继续追问，反贪官的什么呢？通常的答案是这么两条。第一，反贪官的不道德，贪官肯定都是坏人嘛。第二，既然有人贪污，肯定是制度建设有问题，所以我们应该进行强有力的制度建设。

这两个答案都没错，但是我想说的是，如果不进一步去深挖腐败的根子，仅从道德和制度入手，也许并不能解决问题。

举个例子，1585年的时候，也就是大明万历十三年，万历皇帝好不容易把张居正给盼死了，终于大权独揽。为了显得自己是一代明君，他起用了一个人，这个人不仅在明朝，在中国的5000年历史当中，都大名鼎鼎，这个人就是大清官海瑞。海瑞是道德表率，起用他就是要澄清天下吏治，这就是在道德上入手。

海瑞这个人在道德上不正常到了一定程度，比如海瑞的老母亲过生日，所以他家里买了块肉吃，结果全城的官员都轰动了，奔走相告："海瑞家吃肉了！"

海瑞还干过一件非常奇葩的事情，有一天他看到五岁的女儿拿着一块饼在那儿吃，就问饼从哪儿来的，女儿说是隔壁一个小哥哥送的。海瑞说："你一个女孩子怎么能吃男孩子送的东西呢？你是我的女儿，应该被饿死。"结果七天之后，这个女孩就被他活活饿死了。按照今天的价值观，海瑞就是个礼教禽兽。但在当时，这就是道德标杆。海瑞已经不惜把自己变成一个不正常的人，来给这个社会立一个道德标杆了。

但是，海瑞的存在，对于整治大明官场的整体腐败没有任何作用。

道德教育是中国自宋明理学之后，深入人心的一种道德体系。而且，海瑞本人也很重视制度建设，他被再次起用的时候，已经赋闲在家十几年了。皇帝问他，怎么澄清天下吏治？海瑞讲了一句话，无非是"复太祖之法"，什么法？"贪赃八十贯论绞。"贪污八十贯钱就绞死。

八十贯钱是什么概念？明初一贯钱就是一两银子，八十贯钱相当于如今的两三万块人民币。但是到了万历年间，钱币早就贬值贬得一塌糊涂了。太祖是不是这么干的？真就是这么干的，这就是制度建设。但是朱元璋晚年说了这么一句话："吾欲取贪官污吏，奈何朝杀而暮犯。"早上杀了，晚上他又犯罪，所以以后但凡贪赃的全都杀掉。可以看出，老皇帝晚年已经开始讲气话了。都杀掉，谁给你干活儿？在明太祖晚年的时候，已经出现了官员带着镣铐在堂上办案的景象。

总而言之，无论是树立道德标杆，还是严刑峻法，至少在明清之际的官场文化当中，事实证明是没有办法治理腐败的。

腐败不是个人现象，是系统性问题

这些不管用，那什么管用呢？

我们再举一个中国古代官场的例子。在大清王朝后期，整个官场中出现了一朵奇葩，就是大清国总税务司，相当于今天的海关总署署长。在将近50年的时间里，这个职务一直是由英国人赫德来担任的。赫德这个人十几岁来到中国，20多岁就当了总税务司，一直干到1908年，实在干不动了才退休回了英国老家。但是大清国很仁义，把这个职务一直保留到他死，赫德死的时候还赐给他一个太子太保的荣衔。

在以往的近代史中，一直把这件事当作大清王朝丧权辱国的一个标志，认为慈禧老太婆太坏了，居然任用英国人来把持中国的财政，怎么能够宁与友邦不与家奴呢？可是，大清王朝这么做，不仅是心甘情愿，而且因祸得福。

什么叫心甘情愿？1861年的时候，英国人说，你们打仗打输了就要赔款，可是你们又没有稳定的财源。这样吧，我们指定一个财源，就是你大清国的海关税收，再派一个英国人来管这件事，那我们就相信你们有能力还清战争赔款。

清政府正巴不得呢，本来就不爱跟英国人打交道，现在英国人负责进口出口，还帮我们收税，这部分钱的一部分作为战争赔款，政府还能得一点儿，何乐而不为呢？

为什么说是因祸得福呢？因为这个系统运作起来之后，朝野上下的小伙伴们都惊呆了，这居然成为大清国晚期最高效、最廉洁的一个系统。

赫德在1861年接手的时候，全年的海关税收500万两银子还不到。但是他卸任的时候，每年可以给中央政府稳定地创造3000万两银子的税收，而且还在稳步增长，一直到民国初年，成为中央的一个重要的财源。

这就奇怪了，按照我们刚才的反腐败理论，如果腐败的症结在于道德问题和制度问题，你会发现大清总税务司好像两边都不搭。你可以说赫德这个人道德不错，可是他底下用的不还是中国人吗？他聘用的1000多名中国人的道德水准能比这个系统外的中国人高多少？其实他们跟英国人打交道，反而不会讲什么程朱理学、圣人心性，所以说他们道德水准高，这解释不通。

如果说制度建设好，请注意，那是大清政府的一个官僚分支机构，是地地道道的皇权专制系统。而且赫德这个人没有什么审判权，他不能派御史去查案，也不能把底下人脱光了打屁股，所有的严刑峻法他都用不上。为什么会出现这样一个高效且廉洁的系统呢？所以产生了一个解释，因为赫德引进了一整套当时比较先进的英国式的行政管理系统，导致海关税务司这个小系统和大清的官场发生了隔绝。

腐败不是一个个人现象，不是一个个人道德和个人在严刑峻法面前到底胆子大还是胆子小的问题，它是一个系统性问题。只有在这个系统中隔绝出一个局部，你才会发现这个局部的情况改良了。所以，我们要用一种系统性的思维，来重新审视这个源远流长的现象。

贪污腐败本身是一个系统性现象

让我们回到中国古代官场，来看看腐败到底是一个什么系统性现象。既然讲到系统，我给大家推荐一本书，《道咸宦海见闻录》，道指的是道光，咸指的是咸丰，它的作者叫张集馨，是道光、咸丰年间，在中层官场混的一个官员。这本书是用文言文写的，如果你的古文底子还可以，强烈建议你读一读，这本书中有大量关于中国古代官场底色的案例描写。

1845年是道光年间，鸦片战争刚刚结果，天上突然掉下一个大馅饼，砸中了张集馨——朝廷任命他为陕西督粮道。这是不得了的肥缺，相当于陕西军区的后勤部主任兼陕西省粮食厅厅长，一年有几十万石的粮食从他手里过。

但是得到这个肥缺之后，张集馨却犯了愁，为什么？因为这时他到京城已经四个月了，身上的钱也花得差不多了，可要上任前不拔点毛哪里走得成？当时的京官不方便捞钱，全部靠地方官孝敬，冬天送“炭敬”，夏天送“冰敬”，赴任临走的时候还要送一种特别的敬，叫“别敬”，就是相别时表达一点儿敬意。因为张集馨得的是一个肥缺，不能把这种事情搞得不好看，所以他只能到处借债，找广东洋行、山西钱庄借钱，还找亲戚朋友借了一大圈，总共借了大概17000两银子。几天之间，万金散尽——军机处的军机大臣相当于政治局委员，一人得送400两；军机处的章京相当于秘书，一人得送16两；尚书100两，侍郎50两。按照规矩，一步步送完了。最后他一算账，借了17000两银子，临上路的时候连盘缠都快不够了。

但这就算完了吗？没完，他这个督粮道到了地方上，还得跟军队系统打交道，将军、副都统、八旗的协统那儿照样得送，都有规矩。地方政府内部也有规矩，总督老爷、巡抚老爷以及同样都是道员的这些官员，每个都得送。而且因为他是督粮道，是远近闻名的肥缺，所以巡抚老爷所有的接待任务，都落在了他的头上。巡抚老爷见了客人，一通寒暄过后就去后堂休息了，可张集馨还得操办宴席。

而且西安是东西交往的孔道，客人特别多不说，招待客人还有特定的规矩。他在书里写道，每来一拨客人，通常得准备上席5桌，中席14桌。上席必须得有燕窝烧烤，中席必须得有海参鱼翅，每张桌子上必须有一尺大活鱼一条。西安缺水，所以活鱼很贵，大概4000文一条。如果哪道菜没有备办好，大家就会说闲话，说这个陕西督粮道不上道，太抠。这句话一旦传扬出去，就是对整个陕西官场名誉的损害，他这个督粮道就干不长了。

在这里面我发现一个规律，腐败这件事跟官员的私人道德其实没什么关系，在清代其实叫“陋规”。什么叫陋？就是不合法，不能见人，丑陋。什么叫规？就是规矩，是上上下下心里都默认、共同遵守的一个规矩。

什么叫贪污腐败？有的时候就是收受陋规。张集馨能不收吗？不能，不收这些花销谁埋单？京官的“别敬”，夏天的“冰敬”，冬天的“炭敬”，包括巡抚、总督、同僚、将军的好处从哪儿来？而且大家不要以为他只需要向上讨好，下面的官员照样也在制约他。

所以，这个时候的官场已经不是什么贪赃枉法的问题，已经变成了一个有着良好的制度，甚至有着清晰的价格规则的市场。主导这个市场的是两种力量，一种是造福你的力量，比如巡抚老爷，年终给你写考评，向皇上汇报你的工作，你得送吧！

还有一种，是能祸害你的。张集馨在书中讲，连当兵的他也得送，尤其是那些八旗兵丁。他得有眼力见儿把其中一些重要的人分辨出来，谁是“大V”，谁是公知，谁会带头闹事，谁在军队中有些话语权。年终要把这些人分门别类请来，然后“送仓”——连请他们吃八天的酒席，这帮人才会放过你。如果你不请，他们会觉得你不讲规矩，分粮食的时候一旦有人在粮仓门口闹起来，很多当兵的就会跟着起哄，他这个督粮道也要吃不了兜着走。

你说这是不是一个道德问题？也不是。1846年张集馨上任的时候，陕西巡抚是谁？说出来吓死你，这个人就是大名鼎鼎的林则徐，晚清著名的好官。林则徐也收红包，也收陋规。我完全无意把林则徐丑化，因为林则徐也没办法，他作为巡抚，如果不收下面的，拿什么往上面送？所以他即使是一个清官，一个道德上无可挑剔的人，进入了这个贪污腐败的市场，受贿行贿就是他唯一理智而且可行的选择。

那么，可不可以浑水摸鱼，搞一点儿变动市场规则的玩意儿？不可以。你以为你想多送就可以多送吗？也不能多送。比如这次宴席上多上了一条鱼，下一拨客人就会说，听说督粮道很大方啊，一桌上了两条鱼，凭什么我们这桌没有呢？你在任何地方多使了一两银子，多请人吃了一口饭，都会导致这个市场局部价格紊乱，这个哄抬物价的行为最后会把你害死。所以这个价格就得把控死，既不能涨，也不能跌。

所以在清代官场上，很多官员都有一本账册，里面详细记载着每个官职怎么送，一年送几次。这本账册很值钱，上下两任老爷交接的时候，一定要把这个账册对接好，否则你这个官是当不好的，所以很多新任官员都愿意用几十两甚至上百两银子买这个账本。

能不能借机多贪一点呢？也不行。张集馨上任的时候就遇到这么一件事，他的前任方用仪一看自己快要卸任了，就想贪污点，到大雁塔下买了4000石麦麸掺到了粮食里，然后卸任走了。4000石大概是多少？用今天载重量3吨的卡车来装，要100多辆卡车才能装完。

张集馨听说这件事后，说我不能接任。中间署理的官员就劝他还是接了吧，方用仪之所以掺4000石，既不掺5000石，也不掺3000石，算好的了。署理的官员说，我给你算一笔账，第一，方用仪现在已经回老家了，你现在一封文书告上去，上面把他召回来，让他补亏空，总要几个月。这几个月如果你上任了，收点儿“陋规”，这点儿亏空早就捞回来了，何必呢？而且在官场里你会被认为不通情理，再加上这个名誉损失，你赔大了呀。所以我建议你现在就办交接。

张集馨一想，还真是这么回事。所以，多贪是不行的，你只能在大家都认可的市场价格中去贪。

看到这儿，你应该明白了，在这样一个官场体系当中，不是谁道德高洁就能摆脱这个规律，这是一张网，所有人都在网中央。谁自命清高，那请退出市场，去当你的正人君子，愿意跟我们沆瀣一气、接受这些潜规则的，请到网中来，继续建设我们的仕途之路。

官僚系统自查有用吗？No!

可是谁会不爽呢？最不爽的当然是黎民百姓，还有一个人，那就是皇帝。因为对皇帝来说，“普天之下，莫非王土”，你们凭什么要分一杯羹？所以历代反腐积极性最高的就是皇帝。可是，皇帝也在网中央，他有什么办法来对付这张网呢？我们不妨一条一条地替皇帝来推算一下，看看他的办法能不能奏效。

第一个办法，就是依靠官僚系统自己的自查自纠效应。

我们现在反腐不也是用这招吗？让各部门看好自己的门，管好自己的人，自查自纠。有用吗？没有什么用。很多人说这叫官官相护，也不尽然，官大一级压死人，凭什么要护别人呢？但是对于每一层官僚来说，最大的政治利益不是清查了多少弊案，而是在他的治理下一切安稳，什么事都不发生。官员最害怕的就是不确定性事件，所以会衍生出一整套办法，来对付这个自查自纠系统。

在《道咸宦海见闻录》中，张集馨讲了一个故事。山西介休县有个县官不讲规矩，四处说钦差大臣吃拿卡要，藩台收了他的礼等，一通乱捅。这件事虽然后来被平复了，但是给巡抚大人敲响了警钟。巡抚大人一想，山西官场怎么会出这样不讲规矩的人呢？这不是让同僚笑话嘛！所以把这件事平复之后，巡抚大人说要整饬吏治，就让山西所有县官以上的官员自己写清楚，都给谁送了礼，又收了谁的礼。底下官员只好一个一个写下来，交到巡抚衙门备案。

巡抚大人拿着这一沓纸条，放心了，以后谁再捅出这种事，我先问他为什么翻供。你看，多么高超的官场技巧！他不是没有查，查了，但是结果跟没查一样。

这种事我在生活中也遇到过，我有一个朋友，是某电视台法制栏目的制片人。他说，他知道底下有些记者在查案子的时候吃了原告吃被告，可是作为制片人，他能怎么办呢？

首先，他没有能力管这件事情，因为收钱往往都是秘密进行的。其次，他查清楚了又不落忍，愿意要这种钱的，通常都是收入不高的小记者，他也能理解，他怕的就是他们给自己惹事。

后来他想了一个招，为栏目组买了一台录音电话，还专门派了一个人看着。所有记者一旦采访回来，这个人就会问他们，采访了谁，把名片交出来。然后按照名片，拿着录音电话挨个儿打电话问对方，记者到他们那儿采访有没有要钱，有没有吃拿卡要，采访态度怎么样。试想，对方即使送了钱，还指望记者给他办事呢，自然不会说。就这样，所有事情都用录音电话记录在案，朋友完美地推卸了责任。

所以，用官僚系统解决官僚系统的腐败问题，就是一句笑话。

监察系统有用吗？No！

皇上能想到的第二招是什么呢？就是监察系统。

中国古代的政治制度当中有一项非常重要的创新，就是御史台制度。这套系统和官场是独立存在的，任用一些低层级的官员来行使上书言事之权，监察整个官僚系统。

有效吗？用大脚趾头想也知道无效。因为御史老爷也是京官，京官就要收地方官的炭敬、冰敬、别敬、节敬，他早就在网中央了。皇帝派御史去查案的时候，且不说御史到查案现场会被收买，他可能早就被地方这种盘根错节的网络收买了。

所以中国古代经常会有这样的现象——皇帝不放心地方官，就派一个监察御史巡回视察工作，但是监察完了之后，御史就会变成地方官。明清的巡抚听着像地方官，实际上就是一个检查制度，属于监察系统，但是最后也不得不当了地方官，跟原来的官僚系统合而为一。这是从秦汉一直到明清，政治体制演变的一个大趋势。

那官场中就没有海瑞这样的人吗？突然有一天良心发现，实在受不了乌烟瘴气，就来检举。有没有这样的现象？有。

崇祯皇帝朱由检上台的时候，才十七八岁，非常年轻，血气方刚，而且他是真想励精图治，把国家改好。所以他上台之后说，我们大明王朝现在被折腾到了这个份上，这个国家要想治得好，你们文武百官就要激发天良。“文官不爱钱，武将不怕死”，他的执政方针就是这10个字。

结果有一个六品小官，户科给事中韩一良，就给皇帝上了一道折子，说哪有当官不爱钱的呢？关键是不要太过分。所以皇帝你要改一改这个口号，文官都是要钱的，俸禄这么低，没有钱怎么混得下去呢？我这个人非常廉洁，极少与人来往，但是前不久还有人给我送了500两银子呢。

看完这封奏折，崇祯皇帝高兴得鼻涕泡都出来了，终于逮着一个忠臣了！第二天，文武百官在朝堂上聚会，崇祯皇帝说，户科给事中韩一良，你出列，把你自己的奏折念一遍给大家听，我要给百官树立一个典范。韩一良哆哆嗦嗦把这封奏折念完了，崇祯皇帝说，大家看看，我大明王朝还是有这样忠君爱国的臣子的！没想到吏部尚书在旁边说，他不是说有人送了他500两银子吗？我们就从这个地方打开一个突破口，来查一查贪污腐败，请韩一良先生告诉我们，谁送了你这500两银子？

韩一良万万没想到，最后一个回旋球打到了自己的嘴巴上。他说，我不能说，我若把这个人给供出来，太不地道。崇祯皇帝说，你说得有道理，确实不能当这种不地道的人。那么你密奏给我好不好？这可把韩一良给愁坏了，回家写了多少封奏折，都是语焉不详。过了一阵子，皇帝再逼他说出这个人，韩一良干脆改口说压根儿没有人送，他只是风闻有人要送，所以随口就说出来了。

这弄得崇祯皇帝很没有面子，皇帝原来准备树一个正面典型的，甚至准备封他做佥都御使，就是御史台的副长官。韩一良想了想，还是打死不说。最后，这个韩一良被崇祯皇帝罢了官。

为什么他宁愿被罢官，政治前途都不要了，也不说肯说出送礼的人呢？因为一说出来，就不是得罪一个人的问题了，按照我们前面的分析，他是在违反整个网络的规矩，他会成为这个系统里面最不讲道义、最不懂规矩的一个人。就算他当上了那个副部级的佥都御使又如何？整个官场都会与他为敌，到最后死都不知道自己会葬在哪里。如果不说，不过也就是革职。所以韩一良打了打算盘，想想还是不说划算。

所有有良心的官员都是这样，他敢于自己站出来承担后果，也敢于把敌人指认出来，可是你让他去触犯整个官场的系统，给他100个胆子他都不敢。

君臣一起来分赃

既然监察系统不管用，自查自纠不管用，指望能人异士也不管用，皇帝还有一招。你们不是要贪污吗？你们贪污得到的钱，给我也来分一分吧。中国历史上有两个皇帝这种事干得最多，一个是明代的万历皇帝，还有一个就是乾隆皇帝。

乾隆皇帝的生活非常精致，凡事都很讲究，再加上他的文学造诣很高，特别喜欢臣子向他表达像小狗对主人那样拳拳的忠爱之情。

他晚年有个毛病，特别爱让臣子进贡。乾隆皇帝一生六下江南，沿途每走到一个地方，地方官就会敬献一些家传的宝贝，这可不是用俸禄买的，也不是贪污腐败得来的。皇帝一看，这是忠君爱国的表现啊，就收下了。几次南巡之后，乾隆皇帝就落下了这一毛病，特别喜欢臣子给他送东西。其实，当皇帝的有几个心里不明白？但是他也缺钱用啊，平日里随手赏个人，给皇太后办个寿，都需要钱。那怎么办呢？你们天天在外面捞，我心里清楚，你们心里也清楚，捞的都是我们家的，那是不是应该割一块出来给我？

我们发现，皇帝在这个时候陷入了一个逻辑误区。他老觉得，他跟官僚系统是对立的，他从贪官们的既得利益的存量中切一块出来，这个天平就会往公平这边稍微倾斜一点，殊不知，他这个行为反而引发了更大规模的贪腐。

乾隆朝最著名的贪官就是李侍尧，李侍尧的官当得非常大，当过军机大臣、云贵总督，还因出征台湾有功，入列“紫光阁平台湾二十功臣”，这些都不细说了。总之，他是乾隆皇帝的宠臣，而且这个人最是“优于办贡”。所谓“办贡”，就是替皇上办理进贡事宜。他在给皇上办贡品这一点上，真是尽心尽力，贡品的单子一列就是好几页。

可是面对各地官员以及各藩属国的上贡，皇上也不能什么都收，当时有个规矩叫“进九回三”。李侍尧是怎么贪污的呢？就用这个规矩贪污。给皇帝办贡，总不能我一个人表现啊，兄弟们每个人都出一份力吧，于是全部都给分摊掉了。他挣的是什么钱呢？就是皇帝退回来那三样。

后来李侍尧把乾隆皇帝得罪了，抄家的时候，满屋子的金银财宝，一点数全是当初退回去的贡品。所以李侍尧其实就是在办贡的过程中，利用“进九回三”这个差额，得到了大量的利润。

官僚制度有一个特征，就是顶层信息有放大作用。皇帝贪一点点，可能是1万两银子；总督大人向下勒索的时候，可能就变成了10万两。这10万两又是怎么来的呢？那些衙役、胥吏们从民间搜刮的时候，可就不是10万两的问题了，他们至少会搜刮100万两。

在皇帝眼里看来，你们贪了那么多，我只拿了一块。而实际运行的效果是什么样呢？皇帝想拿一块的这个举动会对官僚系统的放大器起推动作用，在民间造成洗劫性的搜刮。所以皇帝这种反贪的做法——跟官僚系统分贪污的利润，最后又变成了官员们贪污的理由。

这件事情运行下去就更可笑了，比如说在乾隆后期，和珅搞了一项天才的制度，叫“议罪银”。什么意思呢？就是官员犯了法，为了不降职、不被砍头，交点儿钱就可以把这事糊弄过去了。地方官多聪明啊，一看就明白这是皇帝的小金库的一股涓涓细流，所以马上就有人开始行动了。

河南巡抚毕沅就立马给皇帝写了一封奏折，说皇帝让我搜捕大盗，但是我到现在还没有搜着，我自罚三万两银子。这封奏折一递上去，乾隆皇帝非常高兴，觉得小毕真聪明。于是各个地方的官员都蜂拥而来，要求自罚。最荒唐的是毕沅后面的一任河南巡抚，我看了他的故事真是笑喷了。

他说一天晚上我在家里写奏折，但是不小心把香灰弄到奏折上了，我就惶惶不可终日，觉得自己怎么能对皇帝这么不好呢？我罚银三万，行不行？皇帝一看，这个错误实在是太小了，这样吧，宽免两万，罚一万算了。你看，君臣之间通过这一万两银子的眉来眼去，爱意油然而生。原来你是这么忠君爱国，这么懂我的暗示。

其实，当皇帝想要分润官僚系统这笔不义之财的时候，他也成了一个共谋者，也被卷进了我们前面描述的那个大网之中。

最可笑的一件事是，乾隆皇帝曾经因为甘肃的冒赈案，杀了王亶望。王亶望这个人原来也是“优于办贡”的，给皇帝送了很多东西。有一回正好送了九样东西，乾隆皇帝这一看，个个都好，但是有“进九回三”之例，没办法，想了半天，忍痛割爱，回了三样玉器。但是很快就后悔了，心心念念着总想什么时候再弄回来。

结果王亶望出事了，要处斩、要抄家。乾隆皇帝一看，正好到他们家把东西全部弄回来。过了几个月之后，几十辆大车浩浩荡荡运到紫禁城，皇帝让人全部弄到内务府里，亲自开箱验货。可是箱子一打开，发现根本找不到那几样东西，只是一堆烂货。皇帝一气之下，就跟底下人说：“查！给我一查到底！”就派了他最亲近的两个大臣到浙江去查。当时的闽浙总督很配合查案，可是最后发现，就是这个闽浙总督干的。闽浙总督根本就不知道皇帝想要这几样东西，所以就中饱私囊了，把这几样好东西留在自己府中了。

可见，大清王朝俨然已经了一个大贼窝。官员们从老百姓那儿搜刮到民脂民膏以后，整个官场都在那儿分赃，分的时候还瞒着皇帝。可是皇帝也不傻，也要钻进去分。你说这个腐败还有得治吗？依靠整个官僚系统自己能够发明的那些反腐败机制，还能够治理这些腐败吗？

乾隆皇帝的逻辑误区

前面我们讲了，腐败现象不是个人道德的问题，它是官僚系统中一个集群性的病状，所以切除它是一件特别难的事情。

你可能会说，如果明君在位，又痛下决心，利用自己知难而上的君王权力跟整个官僚系统作战，有没有可能成功呢？

那我再给你讲两个来自清代的故事。

第一个发生在1790年，这一年乾隆皇帝八十大寿。乾隆皇帝一辈子都很重视办寿，八十大寿还是整寿，就在北京城热热闹闹地办了三个月。办完之后，有一个人开始给他找不痛快，这个人是内阁学士尹壮图。尹壮图给他上了一封奏折，说议罪银导致天下骚动，贪污腐败的官员越来越多，您应该注意点儿。

乾隆皇帝说，我是个明君，要纳谏当然可以，你说贪污腐败多，那你指实一件，我去查。尹壮图说人家私相授受，都是在私下里进行的，我哪知道呢？但是我这次在回家的路上，看到老百姓蹙额长叹，大骂朝廷，而且很多地方官府亏空都很大，所以您要注意了。

这句话无疑触犯了乾隆皇帝的底线。因为皇帝不怕你指实哪个人贪污腐败，就见不得有人否定他的大局。我坐拥天下快60年了，你说我搞得民穷财尽，贪官污吏遍地，你这不是否定我的整个皇帝生涯吗？所以乾隆皇帝勃然大怒，他性格当中的戏剧化因素这个时候就迸发出来了——那好，咱俩打一个赌，你如果能查出天下府库亏空，算我这几十年皇帝白干；如果查不出来，你可是欺君罔上。

可是，乾隆皇帝怎么会跟他公平地赌呢？他接下来做了这么几件事。

第一，对尹壮图搞人身攻击，说他这个人封疆大吏当不上，尚书侍郎也当不上，当外放学政都不够资格，就想靠诬告别人哗众取宠。我让他下去查案子，他却收受贿赂，他就是一个坏人。

第二，尹壮图问，我能不能密查？门都没有，朝廷无此体制，要查就明查，走到哪儿都要提前500里告诉地方官。

乾隆皇帝还有第三招，派户部侍郎陪他去查。但是，户部侍郎那是出公差，所以盘缠由国家报销；尹壮图可是自愿去的，得自己出钱，其实就是羞辱他。

不管怎样，尹壮图还是上路查案去了，可是大江南北走了一圈，查到什么了吗？他怎么可能查出什么，皇上已经明明白白告诉大家这是一个坏人，就是要惹事，现在就是要树一个反面典型，地方官还能让他查出任何问题吗？

尹壮图跟着队伍出发了，别人坐着公家的马车走在前面，他自己骑着一匹骡子，叮当叮当地跟在后面。每到一处，找一个破旅馆就铺开纸写奏折，说查过了，老百姓安居乐业，没有蹙额长叹这回事，都是我在胡扯，恳请您不要让我查下去了，该怎么惩处就怎么惩处吧。

乾隆皇帝说，没事，我不会判你死罪的，好好回来当反面典型就行。

这件事后来不了了之，尹壮图辞职回老家侍奉老娘去了，这一年是1790年。从这件事情中我们发现，历朝历代的统治者面对反贪污腐败的问题都是有一个底线的，就是你可以指认具体的人，但不能否定主流是好的，大局是好的。

道光皇帝正式认输

另外一件发生在30年后，公元1821年。这一年道光皇帝刚刚上台，正值盛年，而且他很抠门儿，把一文钱看得比磨盘还大，所以他反对贪污腐败应该最有条件吧，天性如此嘛！

他上台之后，就对天下臣民下了一道谕旨，开始查清陋规，让各地官员把陋规都写出来，组织一个专家委员会进行评估，什么陋规该保存，什么该革除都写清楚，以后咱们明明白白做人，桥归桥路归路。

听着挺好，他太爷爷雍正皇帝也这么干过一回，火耗归公，然后发养廉银，现在史学界对雍正皇帝这套做法的评价还是很高的。道光的这道谕旨大概是9月发的，结果各地的封疆大吏都上奏折劝阻他。我看过这些奏折，还真不是官僚集团为了保护自己的利益才反对皇帝这个举动，还真是为皇帝着想的。

这些奏折的内容都差不多，核心意思有两条。第一条，既然是陋规，就是暗着收的，不可能摆在明面儿上让您全知道。能告诉您的只是一部分，如果能全部告诉您，就不是陋规了。

第二，如果经过评估，有些陋规可以继续收，就是“奉旨收陋规”了。可是，我们肯定的陋规，将来会得到朝廷的认可吗？一边让陋规合法化，一边创造新的陋规，最后是谁吃亏？仍然是黎民老百姓买单，老百姓遭到进一步的搜刮，所以这件事情万万不能干。

道光皇帝一看就明白了，紧接着12月又下了一份谕旨。这份谕旨虽不是罪己诏，但是口气简直就是罪己诏。大概意思是，当时大行皇帝升天，所以我的心情非常不好，干了这么一件错事。现在经过忠臣的提醒，我发现确实我年纪太轻了，不懂政事，所以我要收回成命。

这道诏旨的口气看着让人心酸，不是替道光皇帝心酸，这意味着几千年中国官场中，皇帝在和官吏就陋规、就贪污腐败问题的搏斗中，正式认输。这也确实是我在清代史料中看到的最后一次清查陋规。

阳光是最好的杀毒剂

我讲了这么多中国古代的故事，而且给出了一个悲观的结论，你肯定会问，罗胖你什么意思？是说贪污腐败就没法根治了吗？我还真不是这意思。

前面这些故事有一个共同点，都是针对中国古代科层制的官僚系统。要知道这个系统的本质，不仅仅是一个权力系统，同时也是一个信息系统，是二者同构的。

皇帝想要了解民情，得通过官僚系统；民情想要上达天听，也得通过官僚系统。而官僚系统内部形成了一个有规则、有价格的贪污腐败的市场网络，割断了上下政情，这个贪污腐败还怎么治理呢？

可是现代社会的情况就不一样了，因为有广播、电视、报纸，还有最先进的互联网，造就了更多的信息回路，让信息系统和原来的权力系统发生了剥离，成为一个独立存在的系统。所以，中国古代皇帝和臣子玩的那套心眼儿，在现代社会就玩不下去。

治理贪污腐败有很多种方法，道德治理当然不靠谱，严刑峻法也不靠谱。有人说，只有实行民主才有根治贪污腐败的可能，哪有这回事？你去看看印度，好像有民主，但是根据国际上的评估，贪污腐败也是非常厉害。

贪污腐败说到根源处就是一个生态问题，是一个系统问题；说到更根本的根源上，是一个信息问题。只要我们有了更开放的信息通路，只要我们能够把更多的事实放在新闻媒体面前供大家监督，只要官僚系统内部敢于做类似官员财产公示这样的事情，把内部的信息暴露在阳光之下，贪污腐败当然就可以根治。

那么多治理贪污腐败的理论，分析来分析去，看来只有一句话是靠谱的，那就是：阳光是最好的杀毒剂！

03 | 权力与生意

国企到底搞不搞得好

十几年前的一天，一个朋友突然兴冲冲地告诉我一个内幕消息，说中国移动马上要推出一项新的互联网服务，这玩意儿可厉害了，叫飞信，它不仅可以替代腾讯QQ的所有功能，而且有一项好处，就是可以免费发短信。

听到这个消息之后，我心里拔凉拔凉的，因为我的几个好朋友都在腾讯上班。我就赶紧给他们打电话，说兄弟们，赶紧撤吧，腾讯快玩不下去了，中国移动杀过来了。

正好当天晚上，我参加了一个当时通信业几个大佬的聚会，有专家、学者、老总，我当席就把自己这个担忧说出来了。结果我话音刚落，满桌人哄堂大笑。其中一个老师指着我说："罗胖，你怎么能那么幼稚呢？移动怎么可能竞争得过腾讯？”我说：“为什么不能啊？移动有那么明显的优势。”他说：“当然不能，原因只有一个，因为它是国企。”

说实话，这番理由当时没有说服我，但是没办法，十几年来的现实说服了我，腾讯的QQ现在活得好着呢，而飞信安在哉？

这就引出了中国舆论界30多年来一直在争论的一个焦点问题：国企到底搞不搞得好？常识认为，国企容易滋生贪污腐败，效率很低，所以应该撤出市场经济。但是另外一派观点认为，不要轻易地否定国企，要知道中国人的经济战场不仅仅是国内市场，还要参与全球市场竞争，必然需要那些大规模的企业。共和国60多年来好不容易搞出这些上规模的国企，你们这帮败家子为什么一定要把它们否定掉呢？有什么问题可以改，国企是可以改革的，国资委也不是吃干饭的嘛。这样的争论我们听了很多年。

最近我看了一套书，叫《改革现场：晚清经济改革始末》，它的作者李德林先生是一个老媒体人，他花了几年时间搜集资料才写出了这本大作。看完之后，我掩卷长叹，原来关于国企改革，我们连病根都诊断错了。

国企的百年发展史

我们先看一看100多年来的国企是什么样的。1840年之后，洋务派运动兴起，建立了中国近代的第一批国企，最著名的有两家，一家是福建的马尾船厂，另一家是上海的江南机器制造总局。马尾船厂的主导人是左宗棠，江南机器制造总局的主导人是李鸿章，但是他们背后都是曾国藩。

曾国藩于1864年灭掉了太平天国，八年之后，也就是1872年，死掉了。也可以说，这一批国企有着八年的建设期。但是就在1872年，内阁学士宋晋给同治皇帝上了一份奏折，说马尾船厂不要搞了，左宗棠在骗您老人家。左宗棠当年说，给他300万两白银，他给朝廷造16艘战舰，对吧？可是现在五六年时间过去了，花了四五百万两白银，只造出来5艘船，而且都是破船，有那银子还不如直接找外洋人去买呢。

宋晋讲的确实是事实，这两家企业都太不争气了。江南制造总局也是一样，造出来的枪，连它的主办人李鸿章自己率领的淮军都不用，因为准头不够。更重要的是，江南制造总局造一艘船，且不说技术水准如何，它的费用居然是洋人的两倍！

为什么？因为太浪费，尤其是人员费用。比如说马尾船厂一个工头的月薪居然开到了30两银子，一个普通工人能开到12两银子。当时如果不在这种官办企业，一个工人的月薪大概也就3两银子。如果是农村的贫苦人家，1两银子足够过一个月了。当时皇后一个月的月利钱，也就是1000两银子。

他们为什么要花30两银子雇一个工人呢？很简单，有人托塞到这个企业的。这种情况，其实在几十年前中国的国企里也到处都是，现在也有不少。

到19世纪70年代的时候，马尾船厂的高管就已经达到了59个，每个高管都要配一堆杂役人员伺候。现在看到的记录是，有60多个杂役来伺候这些人。江南制造总局也是一样，仅高管、会办、经办人、主办人，就有80多个人。所以马尾船厂的账里，一个月有三分之一的花费是用于人员开支和伙食费，你说这个企业还怎么办下去？

问题出在哪儿呢？当然有技术水准不够的问题，有管理技术不到位的问题。当时马尾船厂的领导人沈葆桢，给朝廷上了一份奏折，说自己就是外行领导内行。“督艺员者，匠首也”，就是工匠头子，管小工的；“督匠首者，绅员也”，就是那些士大夫；“督绅员者，臣也”，就是我。但是一层比一层不懂，工人比匠首懂，匠首比士大夫懂，士大夫比我懂，你说这个企业怎么办？

但是当时的人不认为问题出在管理制度上，都认为既然是贪污腐败，人浮于事，那一定是出在吏治上，就是人的品德上。还真不能这么说。比如马尾船厂的领导人沈葆桢，他当时是福建巡抚，在近代历史上可是一代名臣。他不仅是林则徐的女婿，跟林则徐的女儿一辈子感情都很好，而且他在经营台湾方面做出了巨大的贡献，在福州办船政学堂培养出了大量人才，比如思想家严复，北洋舰队的将领刘步蟾、方伯谦。左宗棠当年就讲，做这件事，要么就不干，要干就一定得用沈葆桢。

这么一个能干而且操守又不错的人，又如何呢？翻开马尾船厂的员工名单会发现，他的两个妹夫、女婿、幕僚、家庭教师全部都在上面，担任总办、会办这些职务。按今天的标准来看，这不就叫裙带关系吗？这不就是贪污腐败吗？但是在当时的道德标准里，这是一件正常的事情。我为官一方，有一些故人请托往我这儿塞一个人，我能不帮忙吗？像沈葆桢这样道德品质过关的官员，也没有办法改变这一风气。

是军人出身的国企高管品德有问题吗？我们来看另外一个例子，就是张之洞。当时人开玩笑说，张之洞就是“张之皆洞”，他干的事只要展开来看，全是窟窿眼。他最大的一个窟窿眼，就是办汉阳铁厂。

有一次他跑去视察，翻看账簿，突然发现不对，怎么一个煤矿一个月就吃了1000斤盐？这个煤矿叫王三石煤矿，一共66个人，这66个人一天要吃掉33斤盐，要烧掉10箱灯油，这不是开玩笑吗？而且他发现，这个地方连老妈子、杂役都有助理，因为这个老妈子是熟人塞进来的正式职工，正式职工都不干活儿。现在我们有些国企里面，干活儿的也都是临时工，正式职工也是不干活儿的。

你说张之洞这个人，清流出身，而且一生不贪污，但是又如何？他管理的企业也出现了这样的情况，以至于汉阳铁厂只要高炉烧一天，就得赔2000两银子，不仅没有在创造财富，反而在毁灭财富。

可见，这不是个人人品问题，甚至不是一个管理技术方面的问题。

民营企业家胡雪岩真正的发家故事

民营企业的情况会不会好得多呢？这个结论你还真别急着下。当时最著名的民企是阜康钱庄，老板是红顶商人胡雪岩，是我的安徽老乡。胡雪岩非常有钱，高阳先生曾经给他写过一套小说。但是这套小说有意无意地忽略了一个关键，胡雪岩的钱到底是从哪儿来的？他好像做了很多生意，什么中药材、丝绸、茶叶，这些都是徽商经常做的生意。但是真要翻开胡雪岩的底牌来看，他简直就是一条吸血的蚂蟥，吸谁的血？当然是吸国家的血。

胡雪岩的搭档是左宗棠，左宗棠是总督大人，在西征的时候，大军出发需要粮饷，国家民穷财尽，没有钱，怎么办？只有借洋债，所以就需要胡雪岩这样一个商人，居中做各种各样的商务安排。

你知道胡雪岩给左宗棠借的洋债的利息是多高？15.8%的年利率，实在高得离谱。汇丰银行给出的利率是8%，为什么最后变成了15.8%呢？胡雪岩蒙左宗棠，说别人借的都是烂银元，都是缺边缺角的，我们虽然利息高一点，但都是完完整整的好银元。

左宗棠可不管这些，他只要能打仗，有枪有炮有粮饷就行了。至于还钱，那是国家的事，国家用海关税收去抵押来还款什么的，他是不管的，无论多高利息他都肯借。一场大仗打下来，那是金山银海堆出来的战果，有一半的利息都落到了胡雪岩的口袋里，他就是这么发的财。

胡雪岩跟左宗棠之间还有一些趣事。有一次左宗棠听说有一种德国枪特别好，就跟胡雪岩讲，你去采购一杆来，正好我在兰州有一些机床，山寨一批，这样不就省下一大笔钱吗？

胡雪岩说没问题，既然左大帅要，那我一定马上办。那个时候没有顺丰快递，也没有手机可以监测物流。左宗棠左等不来，右等也不来，就写信去问他。胡雪岩说已经寄出了，你怎么没收到呢？就沿途去查。其实他根本就没寄，为什么不寄呢？因为胡雪岩自己要挣这笔钱。他给西征军在上海采购一杆枪的价格是20两银子，可是到了去跟左宗棠报账的时候，就成了100两银子，这种生意怎么能放弃呢？现在你左大帅要自己制造，这钱我还怎么挣？

这就是胡雪岩真正的发家故事，所以你甭信什么红顶商人的商业传奇，胡雪岩财富的源头在这儿。

文人做生意会一样吗

当然你可能会说，商人没有节操还可以理解，文人做生意会不会好一点儿呢？也一样。

我给大家举个例子，有一个人叫刘鹗，这个人大名鼎鼎，晚清四大谴责小说中的《老残游记》就是他写的。别看他表面上是一个典型的胸怀大志、心忧天下的士大夫，但是他对做生意特别感兴趣，捎带着也做点儿生意。

可是他几乎做什么生意都赔，他一生中做得最大的一笔生意，是修京汉铁路，当时叫卢汉铁路，就是北京的卢沟桥到汉口这一段铁路。这么大一件事他一个人办？对，他就是想一个人办了。

当时他带了5万两银子跑到北京，找到光绪皇帝的老师翁同龢行贿。翁同龢既是军机大臣，又是户部尚书，属于实权派。翁同龢也没跟他客气，5万两银子照单全收，但是在日记里记了一小笔，说刘鹗这个人品德不好，怎么能行贿呢？这5万两银子他虽然已收下，但他在日记里这么一写，万一将来东窗事发，就能证明他没收，真是个老狐狸。

就这样，刘鹗在北京运作了一圈，然后跑到湖北武汉去骗湖广总督张之洞，说这个铁路的修建我全包了。张之洞说你凭什么全包了？刘鹗说，我有钱啊。然后掏出一张1000万两银子的银票。

张之洞一看这张银票是上海一家洋行给开的，就派人到上海去问。一打听才知道，这家洋行跟刘鹗之间有个交易——只要刘鹗拿到卢汉铁路的修筑权，就借给刘鹗1000万两银子。可见，刘鹗在做一个拼缝的生意，跟今天很多商人的嘴脸其实是一模一样的。

这种故事不胜枚举，当时几乎所有的商人，从最早的胡雪岩一直到晚清的盛宣怀都在这么干。但是这些人可不是一般人，他们是内阁时代的人杰，甚至是心忧天下的士大夫。这些人不能说都是道德败坏之人，如果有一种“有便宜不占王八蛋”的生意摆在你面前，你会不占这种便宜吗？

所以，归根结底，我们今天所熟悉的对国企的批判，都认为问题的根子出在所有制上。但是我们参照晚清这些事实来看，真是这样吗？跟所有制度完全没有关系。那么一笔冤大头的买卖，你有本事你就抢，你有本事你就偷，那谁会不偷呢？所以国企问题的根源到底在哪儿呢？

国企改革的核心问题：政商关系

在读完了《改革现场》这本书之后，我有一个感悟，也许国企改革问题是一个伪命题，真正的问题其实只有一个，那就是政商关系。

当一个市场的核心是由政治权力来构筑的时候，围绕着它就会形成一个大的旋涡。不管是国企也好，民营企业也好，哪怕是个外企，只要进到这个旋涡里，经营水准和道德水准都会被推着败坏那么一点点。比方说世界著名的军火供应商克虏伯公司，不能说德国人没有经营水准，没有管理制度，没有契约精神吧！可是想在中国这片土地上挣钱，照样得给回扣。它跟江南制造总局做生意的时候，就给了大笔银两的回扣。

我们总不免对政治权力和市场之间的关系寄予一份期待，以为权力的正当使用会促使这种关系变得良性起来。曾经有一句话叫“政府搭台，企业唱戏”，但是这个台可不那么好搭。这几年，我们经常会看到，政府给予很多要扶植的产业大量的补贴，但是古今中外的例子都告诉我们，政府给予补贴的产业，不仅没有扶持起来，反而带来大量的问题。

我就知道南方有一个城市，政府很有钱，要把这座城市打造成一个动漫之都，每家企业补贴500万。政策一出，傻子才不来呢，至少先把500万拿来花花，花完就撤了。

政府一看这样补贴不行，把补贴政策改为每生产一分钟的动画片就补贴2000块钱。这些企业一看，有便宜不占王八蛋嘛，就又回来了，只要把每分钟的制作成本控制在2000块钱之内，企业不就盈利了吗？所以短短几年时间，生产了大量粗制滥造、我们的小朋友们从来没有见过的动画片。但是因为有政府补贴在，这种政商关系就变得恶性了。

有没有好的政商关系？至少从晚清这几十年的改革历程来看，几乎所有的政商关系全部是败坏的，大概可以分成这么四种情况。

第一种情况，企业混得不错，结果它的主管人把这个企业偷光了。

比如招商局，这是晚清的改革典范，不搞国企，搞官督商办、官商合办，就是想激活民营企业自发性的市场力量，政府只是主导、监督。李鸿章当年对这个设计寄予了极大期待，唐廷枢、徐润这帮广东商人就上台了。上台之后的结果呢？我们拿徐润来说，徐润是一个世代为商的大家族子弟，很年轻就到洋行里做买卖，所以是一个商业文明训练出来的人。契约精神、讲究诚信这些事对他来说就不叫事，世代为商嘛。可是他到招商局当家之后，一看这是国企，干吗替它打工？于是每年的年薪照拿着，然后跟朋友、亲戚在外面合办了一家轮船公司。

徐润这家这家轮船公司和招商局这家轮船公司时什么关系呢？关系再亲密不过了。比如说，一个客户在招商局订了艘船，徐润就会派人跟他说，不要订它的，订我们家的，便宜。

第二种情况，徐润这家轮船公司的工资由招商局发，更过火的是，这家公司接的货，招商局给代运，但是结款的钱进了徐润的公司，这明摆着就是偷嘛！

徐润最大手笔偷的是什么呢？他干脆把招商局的钱挪出来炒地皮。如今豪华的上海外滩那个时候还在建设中，徐润的眼光非常好，说这个地方将来一定会涨价，就把招商局的钱挪出来在外滩买了3000亩地，一举成为当时上海最大的房地产商。

但是他没钱建，只能炒炒地皮。他也是命不好，1883年因为中法战争等一系列情况，引发了一次金融危机，整个上海的市面非常紧张，徐润的资金链就断了。招商局追着让他还钱，所以他就破产了。

是徐润这个人道德品质有问题吗？还真不是。我读过徐润的传记，他在1883年破产之后，又活到了1911年，后半生是一个地地道道的大企业家。他脱离国营企业之后，做了大量的矿产勘探工作，是对中国近代矿业贡献最大的一个人，我们不能不说他心怀天下，非常有商业天赋。可是为什么跟政治一靠近，他就变成了一个贼呢？

企业经营不下去了怎么办？那就赖。最典型的例子是晚清的川汉铁路。最开始全国各处建造铁路，四川人民一看，我们也造。当时的四川总督叫锡良，只拿出了23万两银子，可是按照规划，这条铁路要造成需要5000万到9000万两银子，真是蜀道之难难于上青天啊！那怎么办呢？四川商人就开始筹款，筹来筹去，筹到了235万两，还差很多。

于是，有人出主意说，四川人的事四川人来办，我们找农民收。所以就发行了一种票据，在正税之外，又收了农民一笔钱。当然讲得好听，说这钱不白出，这叫股票，将来是要分红的。老百姓哪知道修铁路对自己有什么意义呢？就是苛捐杂税嘛！一共凑了多少？将近1200万两。

但是这笔钱距离所谓的5000万两到9000万两这个总预算还差得远呢。那个时候可没有官府什么事，就是商人、民营企业家。民营企业家们一商量，用这笔钱修铁路太慢，这笔钱应该去生钱，就选派一个商人把它存到上海的洋行里。刚开始给这个商人很多约束，比如说一共给他350万两，要分着存，所有鸡蛋不要放在一个篮子里，每家洋行最多存15万两。但是一到了上海，天高皇帝远，谁还搞那么麻烦，就把350万两存到了一家洋行里。

这家洋行一看，来了这么一大笔钱，干吗？炒股票啊！当时上海的股票市场里面有一只爆红的股票，就是炒东南亚的香蕉。结果大家都知道了，股市泡沫很快就破灭了，350万两几乎是血本无归。

当然，这个商人在中间也偷了很多钱，最后被两江总督衙门给抓住了。但不管怎么样，这350万两就不翼而飞了。

这时候国家一看，这件事被这帮商人搞得一塌糊涂，不如收归国有吧。你们现在花了多少钱，国家把这笔钱给你们。主持这件事的人就是盛宣怀。盛宣怀想，亏了的钱总不能让国家负担吧，这350万两你们自个儿想办法，我不管。这帮商人就不干了。

从这件事情里面，我们可以看出那些所谓的民营企业家的嘴脸，在企业做得不好的时候，就会一个字——赖，赖到国家身上。

第三种情况，我们得从国家这头看。国家有钱的时候，会想尽办法支持民营企业。请注意，“支持”这个词很高大上，非常好，支持民族产业，从哪头讲都是正义的。

我们还得说回那个轮船招商局，轮船招商局现在是中国最大的国企之一，底下有好多分公司，当年它主要就是经营长江航运。当时很多名臣都说，长江上不要搞得全是外国船，我们民族产业也要崛起一把。国家当然支持了，不光是筹集商贾，给予各种各样的政策优惠及拨款，码头、货栈都免费使用，还把旗昌、太古洋行运这些洋船的漕粮全部让轮船招商局来运，这是在订单上支持。要知道，漕粮可是当时最重要的一笔国家战略运输物资。

价格上也给予支持。原来运漕粮用的是沙船，就是没有机械化动力的那种船，运费当然高了。机械化动力跑得又快，装得又多，当然应该便宜。不，国家给轮船招商局还是按沙船那个价格给，这就比正常的运货价格高了四到八倍。

如果是一般的货怎么办呢？轮船招商局就拼命杀价，杀到不顾血本为止，也要把旗昌和太古给赶出去。当时的价格战已经到了这种程度——把旗昌的运货价格横腰斩了一半，对太古洋行就更狠，斩了2/3。最后搞得这两家洋商实在是没法玩了。旗昌洋行的股票从200两一股跌至60两一股。旗昌洋行说，算你狠，我不玩了，卖给你好了。刚开始谈的是250万两，后来轮船招商局嫌贵，又砍至220余万两，旗昌洋行就签字画押了。

可是你们知道轮船招商局的商人怎么想吗？他们当时想的是，这么低的价格先别卖啊。然后他们从轮船招商局找出钱来，偷偷买了旗昌洋行的股票，生生又把股价炒上去了。反正倒来倒去，轮船招商局的股东们从中至少多赚了50多万。

当时有很多政治鼓动宣传，什么中国人只坐中国人的船，不要去坐洋人的船，这就是用所谓的民族精神来搞市场竞争。结果是什么？轮船招商局会因为这样的国家扶持而提升竞争力吗？可想而知，不会嘛。背后有一个有钱的爹，赌输了回去找账房先生支钱就行了。我只要完成民族大义就行，还顾什么企业的经营效率？所以这么玩会有好下场吗？

还有第四种情况，国家穷困潦倒的时候怎么办呢？还用说吗，那就去抢！1903年，袁世凯专门为这件事跑了一趟上海。当时轮船招商局的大股东、总经理盛宣怀的老爹刚死，袁世凯就对他说，这个企业我们得收归官有，你得按我指定的价格来卖。盛宣怀当然不卖，说什么股东、法律。谁跟你说什么法律啊，袁世凯就说，如果不按我这个价格卖，我就查你的账。后来真去查账了，最终生生把轮船招商局一个民营企业收归官有了。从这一年一直到袁世凯倒台，轮船招商局就是袁世凯的钱袋子，每年北洋政府都要从轮船招商局里划走几十万两，一旦没钱，就把轮船招商局抵押给外国银行借钱，就这么玩。

轮船招商局到民国政府时期会好一点儿吗？国民党干脆把它收归国有了。

可见，只要政治权力是不受制约的，政商之间的关系不外就是我刚才描述的那四种——偷、赖、给和抢。

优秀的政治权力下结果会不一样吗

有人会说，这是因为政治权力不自觉，如果是优秀的政治权力，没准儿就没这些问题了。好，我们再看一个例子，日本。

日本在明治维新之后，搞了一个所谓的植产兴业的大计划，大久保利通这些人跑到西方学习后，回到国内就拼命地办产业。刚开始跟轮船招商局一样办不下去，天皇跟他们一商量，说咱们不搞什么无聊的国企改革，除了国家的命脉产业，其余的全部卖给民间的财阀，让民营企业得到发展。今天我们知道的日本大企业，比如说三井、三菱都是那个时候的大财阀，国家资产几乎是三文不值二文地就卖给他们了。

三菱公司后来因为侵占中国台湾有功，国家干脆把花费60多万日元建的码头全给它了，只象征性地收了9万日元。这样的例子在日本明治维新期间俯拾皆是。

这样的国家，不仅不抢，还额外给，对民营企业多好啊，会有好下场吗？

会有什么好下场呢？这样一个以政治权力为中枢的国家，在第二次世界大战中，几十年的努力就付之一炬了。只要政治权力是核心，这个市场就不可能是一个良性的市场，不管刚开始双方谈恋爱谈得多么轰轰烈烈，最后吃亏的仍然是整个国家的民族经济。

有一个新加坡学者讲过一番话，他说原发现代型国家和后发现代型国家的政商关系是不一样的。什么叫原发现代型国家？就是现代化因素是从它的社会结构当中自然生长出来的，比如欧美国家。当它的商业力量成长起来之后，自然就会制约政治力量，达到某种均衡。

可是后发现代型国家就不一样了，说白了就是发展中国家，最开始现代化因素是作为一种外来势力，甚至是敌对势力出现的。这个时候要想发展经济、搞现代化，只能集全国之力，靠政治力量搞全国大动员办上几个企业，参与全球化的竞争。可是等经济发展起来之后，企业越挣钱，政治权力就越强大，因为它越有钱。请问，等现代化达成之后，谁来制约政治权力？这是一个新加坡学者说的，我觉得他就是在说新加坡。

现代化的本质到底是什么

但是我们可以接着提一个问题：在这种政商关系中，作为企业、作为商人这一方，应该何去何从？我最受启发的，是万科的董事长王石。

几年前，王石就给我分析过，他说不管是好的政商关系还是坏的政商关系，作为企业来讲，最好的处理方法就是没有关系，不发生关系。他举了两个例子，第一个就是好的政商关系。他说在20世纪90年代中期，他到安徽合肥买了400亩地，跟当地政府把价格谈好，然后他回到深圳去取钱，一个星期之后又飞回合肥去签合同。

正要签合同的时候，当地政府为难地说："王总，就在你走的这一个星期里，有一个人拿了一张条子来，想从你这400亩地里面切走200亩，他也看中了这片地。我们不好推三阻四，但我们也不让你吃亏，这200亩我们每亩给你补5万块钱，总共给你1000万，你看这样行不行？"王石说："你们都说得这么可怜了，那就拿走吧，不就200亩地嘛！但是说好了，这1000万我可不要。”当地政府说：“王总，你不要生气，我们好好谈嘛。”王石说：“真不是生气，真的是不想要。”

说实话，在20世纪90年代中期，1000万对于万科来讲也是一笔巨款，他为什么不要呢？王石说：“我身边的人都不知道原因，其实这笔账很好算，如果我拿了这1000万回到万科，第一个结果是什么？所有的员工都欢呼万岁，说王总真聪明，一个星期就空手套白狼挣了1000万。但是第二个结果呢？这1000万是什么钱？是炒地皮的钱，你用一个星期的时间差就多挣了1000万。那请问，万科还有谁会认认真真地设计房子、造房子、管房子呢？既然炒地皮挣钱这么容易，而真正靠商业运作挣到1000万那么难，我凭什么容易钱不挣，去挣那个难的钱呢？结果就是，万科将变成一家没有核心竞争力、没有未来的公司。如果把万科的未来用1000万卖掉，我认为卖便宜了，所以我不要这1000万。”

王石是这么算的账。这是好的政商关系了，政府完全是善意。还有一种坏的政商关系，就是商人需要向政府行贿，有的官员会这么干。

大家都知道，王石有一个著名的标签，就是万科绝不行贿。我第一次见王石的时候，就说我不信一个房地产商不行贿，你说出天去我都不信。

王石说：“你看万科这么大一家公司，行贿总不能我一个人去吧？我已经把牛皮吹出去了，说万科绝不行贿。这几十年间，万科有大量人辞职，他只要了解内情，出去了就难免会爆料。既然没有人说万科行过贿，说明我真没行过贿。”

我说你这么说好像也有道理，但是我还是不信。王石说：“我给你算笔账，你就信了。任何一个政府官员都是人，只要是人，他的需求就是多元化的。他既有收一笔黑钱，改善一下生活的需求；也有做一番政绩，帮助一家好公司做出一番漂亮事业的需求。甚至我们还可以分析，官员还有其他需求。比方说，同样一大片地，如果他给了万科一小块，因为万科名声在外，不行贿，其他的地给别的公司，收一点儿钱。那请问，万科是不是他的保护伞呢？这没准儿也是他的一个需求。三个需求搁在这儿，我不行贿，可以满足其中两个需求，行贿的公司只能满足其中一个。我不行贿，省了一票钱，还免除了今后的法律风险，这笔账你算不算得过来？我是该行贿，还是不行贿呢？所以不行贿，它不是一个道德决策的后果，而是我理性计算的后果。”

王石的这两笔账算得很有意思，我到底想得出一个什么结论呢？这是我在很久之前看到过的一个说法，就是现代化的本质到底是什么？

这个问题有各种各样的解释，有一个角度很有意思，说现代化就是整个国家社会发育出了不同的价值体系，而且这些价值体系之间是隔绝的。

什么叫价值体系？咱们不说这个高大上的词，就是人得牛×，怎么牛×？各种各样的方法都可以让你很牛。比如说你做商人，你可以奔着有钱这个价值去；你想有权，官瘾大，可以当政治家，去拉选票；你就喜欢主持正义，那就去当律师、当法官，这也行；若你对这些都没兴趣，就爱学问，没问题，那可以去大学当教授。

但是请注意，这几个价值之间是隔绝的，互相之间是不能串的。如果你想搞学问、当教授，那社会会给你一份体面的收入，但是想发大财，那不大可能；如果你当法官，那你可能拥有在法庭上的权力，但是对不起，政治权力跟你是隔绝的。

什么叫现代化不完善的国家？就是这几个价值系统都发育出来，但是相互之间是通的。

比如说你有钱，你就可以买官做；比如说你官大，你就可以跑到学校当教授，逼着学校给自己发一个博士文凭；你是个教授，就可以用自己的社会影响力，去影响法庭的判决结果。这样的国家，这样的社会，就是现代化发育得还不完善的社会。

作为一个商人，你就应该在挣钱这条路上走到黑。如果偏离了这条路，最后这种政商关系对你生意的反击，甚至是败坏，是你刚开始时完全想不到的。也许刚开始有一些甜头可以吃，但是等待着你的将是一个黑洞洞的未来。

最后给大家推荐一本书，王石的新书《大道当然》，这是万科企业内部喊得很响的一句口号。我觉得王石的意思就是说，做生意应该走大道，应该有这样一个大道精神。

但是我觉得，我可以给它另外一番解读。什么叫大道？大道者，大路也。政商关系怎么处理？大路朝天，各走一边。

04 | 谁绑架了团结

感谢上帝赐给我们工会

我想聊一个中国人不太熟悉的词——工会。为什么想起来说工会呢？因为前不久我看了一本书，叫《底特律往事》。现在底特律这个城市在中国的名气越来越大，很多报纸经常提到底特律，因为它已经是美国制造业衰落的一个标志，好多人都想看美国人的笑话。

很多中国的企业家参访团，如果要去美国，除了纽约、华盛顿，现在还要加一个行程，去底特律。到底特律一看，城市真衰败，美国原来也有今天。

且不说中国人这种心理对不对，底特律现在的房价的确跌到了谷底。独门独院的大别墅才卖1美金。可你也别想去抄底，因为房产税你付不起。底特律是全美大城市中物业税收得最高的城市之一，这个1美金的大房子你要胆敢买下，一年要交4000多美金的房产税。这其实是一个恶性循环，因为城市财政越来越没钱，税率就会越提越高；税率越来越高，人都跑光了，财政怎么还会有钱？底特律的经济状况糟糕到什么程度？2013年，这个城市居然宣布破产了。

2014年年底，这个城市才算是跟债权人谈妥。它原来欠了债权人100多亿美金，现在被免掉了70亿美金，这个城市的财政才算重新上路。不过再次崛起重建家园是很难的。那么大的一个城市，光路灯就已经黑了40%，所以它的财政紧张到了什么程度，我们可想而知。

底特律可不是个一般的城市，它是美国三大汽车制造商通用、克莱斯勒和福特的总部所在地，在20世纪60年代、70年代可是美国制造业里明灯一样的城市，为什么会落到这步田地？

在《底特律往事》这本书里，我看到一个情景，让人很伤心。通用汽车厂在俄克拉何马州的首府俄克拉何马城有一家工厂，2006年2月，这家工厂的2000多名员工搞了一次祈祷。

这个祈祷特别奇葩，基督教、犹太教、巴哈伊教（就是潘石屹信的那个教），还有伊斯兰教，原来井水不犯河水的宗教教派，居然在一个教堂里祈祷。祈祷什么？祈祷他们的厂子不要关停。因为这家厂子是生产大型SUV的，就是雪佛兰开拓者那种越野车，这种车体积特别大，所以特别耗油。2006年正值石油价格飙涨，所以这家厂子面临关闭的风险，工人阶级生死攸关。

可是在《底特律往事》这本书里我看到了一句令人哭笑不得的话，有一个工人说："感谢上帝赐给我们工会。"这就是这篇文章的主题——感谢上帝赐给我们工会。

按照常识，这个厂子关门之后，所有的工人都会成为失业者。但是没关系，上帝给了他们工会，这帮工人在失业之后的48周，也就是将近一年的时间里，每月可以继续领取95%的工资。如果不干活儿还能拿到95%的工资，我倒宁愿失业。

48周之后就结束了吗？不，因为通用汽车公司跟工会之间还达成了一个协议，48周之后，所有的工人会进入一个叫"职位银行"的机构。这是一个特别奇葩的机构，令人匪夷所思。

48周之后，工人如果还没找到工作，没关系，可以到"职位银行"来上班，每天早上按时打卡，每天晚上打卡下班。在那里干什么呢？什么都不用干，可以喝茶、看报纸、看电视、看光碟、做填字游戏、下象棋，随便你，只要在那儿待着就可以。

那有工资可拿吗？可以接着拿95%的工资。什么时候算个头儿呢？只有两种情况下可以退出职位银行。第一种情况，原来关闭的那个厂子复工了，你要接着回去上班。第二种情况，公司把你派到了其他工厂去上班。

公司随便把工人派到哪里都行吗？不，因为工会跟公司签的协议里面讲得清清楚楚，公司不能逼迫一个工人到离家50英里之外的厂子去上班。如果每天上下班那么远，那不是不管工人阶级的死活吗？所以实质上，工人们可以一直在职位银行待下去。

为什么非得要求工人们每天早上来打卡不可呢？让他们在家里待着不就好了？通用汽车公司也有自己的考虑，它当然希望在那里待着的人越少越好。所以，但凡有点儿自尊心的人，都忍受不了如此枯燥而单调的生活，但凡还有一点儿谋生的想法、还希望把人生过得多姿多彩的人，就会去找别的工作。

职位银行把一些有追求、有出路的人给耗走了，通用汽车公司也就少支出一点儿费用。但是也带来一个负面结果，就是把那些没啥追求、没啥想法的懒汉们，永远揽在了自己的怀里。通用汽车公司因为1984年跟工会签的这个协议，导致现在每年要支出10亿美金去养活这些人。

我在一份资料中看到，在职位银行里待的时间最长的人待了12年，说明他已经在那儿待习惯了，已经是他人生的一部分，他再也不会撤出职位银行了。

看到这里我觉得很奇葩，也试图去找其他的细节和资料，却找不到。后来问了一些美国的朋友，为什么关于职位银行我能找到的资料那么少呢？人家说，无论是通用汽车公司还是工会，都觉得这事有点儿丢人，所以职位银行的很多细节，双方都不愿意谈。

我之所以把职位银行这件事拿出来说，就是想告诉大家，现在美国工人阶级过的日子真是好。与此同时，我们心里也了然了，为什么以通用汽车为代表的美国三大汽车制造商没有竞争力，这是必然的嘛！

美国最大的汽车配件公司德尔福的老板讲过一句话，他说如果你买一辆韩国车，你的一个配件可能叫卫星收音机。可是你买了一辆美国车，它必然有一个配件叫大量的社会福利津贴，因为买车人要为每年支付给职位银行的10亿美金埋单。

美国资本家的窘境

1844年恩格斯出了一本书，叫《英国工人阶级状况》，大家可以去翻翻那本书，书里说工人阶级当时过着暗无天日的生活，啼饥号寒。恩格斯是1895年死的，1894年《英国工人阶级状况》又出了德文版，恩格斯在德文版序言里说，现在工人阶级的状况已经大幅度地好转了，英国已经不是原来那个样子了，英国的工人已经能够穿上体面的衣服，星期天也有了假期，可以带着自己的孩子到海德公园度假了。

如果恩格斯他老人家能活到今天，看到十几年前底特律的工人阶级，他估计会大跌眼镜。因为美国工人阶级，尤其是在工会保护下的美国工人阶级，活得太好了，比其他美国工人阶级活得还要好。在三大汽车公司的工会里面的工人，享受的工资、津贴，大概是其他美国工人的2.5倍。

这么高的工资和福利待遇是怎么来的呢？就是因为原来美国的汽车制造业实在是太兴盛了。在20世纪60年代，通用汽车公司的汽车销量曾经一度占到美国汽车总销量的50%，加上其他两大汽车公司，基本上就把美国80%的市场给包圆了。

可是随着日本车、韩国车在美国的攻城略地，美国本土三大汽车厂的日子越过越艰难。到了2006年的时候，通用汽车公司的市场份额已经降到了25%，三大汽车公司加起来还不足50%。剩下的蛋糕都分给了日本和韩国的汽车公司。这个时候，再用原来跟工会谈下来的那个协定给工人发福利，这三大汽车厂能不完蛋吗？

我给大家提供一些数字。日本一个工人一年大概能生产67台汽车，而美国一个工人一年只能生产21台，这是工作效率。可是工资方面，一个日本工人一个小时的工资是40～45美金，而美国工人却高达70～75美金。这还不是高级工人，大楼门口管理草皮的工人也是这样的工资水平。

更重要的是，美国汽车产业运行的时间太长了，所以背着沉重的退休工人的负担。既包括没有死的退休工人，还包括亡故的退休工人的遗孀的生活费用——按照公司和工会的协议，这笔费用汽车公司也得负担。

就拿通用汽车公司来说，它现在承担的这笔支出覆盖了50万人。而通用汽车公司的现任员工只有十几万人，说白了，一个现任的工人要背起三个退休工人的生活负担。所以，这个公司能有竞争力吗？

你可能会说，这公司疯了吧，为什么要制定这么高的福利政策呢？毕竟是自由市场经济的国家啊。《时代周刊》对此有一个分析，说这其实是30年前定的规定。30年前的时候，美国工人65岁退休，而他们的平均寿命也就是66岁。基本退休一年后人就死了，所以公司的负担没有那么重。可是随着历史的演进，工会与公司谈判的要价越来越高，现在到了什么程度？假设一个工人18岁开始上班，他只要干30年就可以退休了，这个时候他才48岁。而现在美国人的平均寿命肯定是超过78岁的。也就是说，一个人工作30年，然后还可以再领30年的退休金。这跟当年谈判的情境已经完全不一样了，但是通用、克莱斯勒、福特仍然要把这副担子给挑起来。

别的不说，光医药费，通用汽车公司一年就要支出48亿美金。这是什么概念呢？就是每卖出一辆汽车，其中有1500美金就是支付给通用汽车公司工人的医药费。这样的公司怎么能有希望，怎么能有市场竞争力呢？

有些人可能会说，美国资本家难道是吃素的吗？既然开工厂不挣钱，还被工会这么逼迫，不干就得了。可是不干还不行，因为工人手里有一把刀，这个刀叫罢工。一旦罢工，就会引发社会动乱，美国也要维稳的好不好！所以从20世纪40年代开始，每隔10年，底特律汽车城就有一次大的工潮。

其中最厉害的一次发生在1998年，通用汽车公司准备把一些配件厂放到墨西哥去，那个地方的人员工资便宜，工会也没那么强势。这件事让工会知道后，很多配件厂的工人就开始罢工，一下子罢工了54天，导致通用汽车公司损失20亿美金。

所以第二年通用就把整个配件产业剥离出来，成立了一家新公司，就是现在大名鼎鼎的德尔福公司。通用甚至在股票市场上把所持有的德尔福股票全部卖掉了，就是要跟它彻底脱钩。可是德尔福跟工会脱不了钩，他们和工会签订的还是从通用那儿继承下来的一系列苛刻的协议，所以德尔福公司很快也亏损了。

到了2005年，德尔福公司实在是混不下去了，只好申请破产保护。可这个烂摊子总得有人来收拾吧，于是一个非常强势的新CEO上任了，他叫米勒。米勒知道，改变公司经营方略什么的都是胡扯，关键是马上跟工会展开谈判，把工人的工资和福利津贴降到全行业的正常水平。

但是工会不干，工会揪住的道理就是，你米勒凭什么一年挣那么多钱？米勒加盟这家公司的时候，雇佣协议上写得很清楚，年薪是150万美元，还有300万美元的津贴，加起来一共450万美元。工人阶级要勒紧裤腰带，可资本家可以继续朱门酒肉臭，凭什么呢？

米勒说，你们说得也有道理，要不把我的工资降到每年一美金，陪你们工人阶级过苦日子，行不行？工人阶级还是不干。当时他们还打出一条横幅："米勒连一美金都不值。"

工会抓住的第二点就是，在破产保护的同时，德尔福公司向公司的600名高管承诺，只要在18个月内你们不跳槽到竞争对手的公司，就支付给你们18个月的工资，还另有一大笔津贴。这笔津贴可不少， 600名高管，大概一共是5亿多美金。

后来因为米勒带头做表率，把年薪降到了一美金，所以其他高管也宣布不要这5亿多美金的津贴了，还会继续坚守在这个公司。经过多轮的谈判，再加上公司的CEO和高管团队做出了这么巨大的牺牲，最后德尔福公司才算是跟工会谈判成功。可见，这是一个多么艰难的过程。

美国三大汽车制造公司之所以变成这种不死不活的样子，原因当然有很多，但是它们身上插的那么多把刀里面，最重要的一把刀上写着两个字——工会。

工会到底是在欺负谁

在中国，受过教育的人基本会形成这样一套观念，工会虽然可能会拖累一个国家的产业竞争力，但它在道德上是立得住的，它毕竟是替底层的劳苦大众说话的。那我们就来看看工会到底对工人做了些什么。

20世纪50年代、60年代，美国有一份研究成果，里面有几个数字摆在我们面前。确实有15%～20%的美国工人加入了工会，他们的收入因此提高了15%～20%，可是研究成果同时证明，其他百分之八九十的工人因为工会的存在，收入降低了4%。说白了，工会工人增加的那笔收入，是从没参加工会的工人的兜里掏出去的。

其实这个道理很好理解，一个企业或者说一个社会，它能够承担的工资总额是由市场博弈决定的，这个总额基本上不会变。我们站在资本家这头来想，也是这样，当工会的要价超过了市场的平均水平，他们就得想办法去压榨那些没参加工会的工人。所以这个研究成果，也证实了人们的一个正常的心态。

有人可能会反驳，为什么资本家的利润率就不能动呢？他们住着豪宅，吃着山珍海味，身边还有好几个美女陪着，让一点给工人阶级不就好了吗？

这个想法从概念上是对的，可是一旦回到社会现实当中，你会发现资本家挣的利润其实没有你想象的那么多，更复杂的数据我就不征引了，就说一条。

经济学家弗里德曼在1980年出版了一本书，叫《自由选择》，这本书里面就列举了一组数字：当时美国国民收入的80%用来给劳苦大众发工资、奖金、福利，剩下的20%，其中有10%用来支付租金和利息，剩下的10%才是资本家的利润。请注意，这只是税前的利润，还要交税。交完税之后，总得改进技术、研发新产品吧，所以最终落到资本家兜里可以用于消费、用于花天酒地的钱，并没有你想象的那么多。你即使把资本家这一点点利润全部挤出来，对于劳苦大众的生活又有多大改善呢？

比如曾经的中国首富马云，因为股价飙涨，他的个人财富一度逼近300亿美金，多大的一个数字啊，富可敌国。那我们把马云这300亿美金全部出清变成现金，发给全国人民，我们一个人能分多少？20美金而已，也就是120元人民币。在北京，距离稍微远一点儿，打车都不够。

也就是说，即使我们把马云干掉，把他的钱全分了，我们每个人的得益是很有限的。所以在工人和资本家的博弈当中，从资本家兜里掏东西出来，其实对工人生活条件的改善是十分有限的。

你可能又会反驳，觉得工会毕竟为工人保住自己的饭碗和工作机会，做出了巨大的贡献。没错，可是你不要忘了，工会保住的工作机会，是以其他工人丢掉工作机会为代价的。比如说美国最强悍的工会码头工人工会，他们跟政府、资本家谈判的时候，第一条就是每小时工资不得低于35美金。这条还不算什么，重要的是另外一个条款：企业必须通过工会来雇佣工人，不得雇佣其他工人。其实这样的条款美国很多工会都有，比如说在好莱坞当演员，如果不加入演员工会，资本家是不敢雇你演电影的。所以，工会是在欺负资本家吗？不，工会欺负的是其他工人。

西方的工会不是工人利益的坚定保障

再给大家举一个例子，2014年的夏天，欧洲各个大国的首都，巴黎、柏林、罗马、马德里等，同时爆发了一场遍及全欧洲的出租车司机的大罢工。出租车司机把车停在交通干线上——我们不走，你们也甭想走。

他们反对的是谁？他们反对的不是资本家，而是一款互联网上的打车应用，叫Uber。Uber是家美国公司，它致力于把那些民间闲散的车辆用互联网组织起来，提供出租车服务。所以原来专职的出租车司机就不干了，他们上街呼吁让人们不要用Uber的服务。在巴黎，甚至还爆发了出租车司机殴打Uber司机的事件。所以，工会到底是在带领工人阶级跟资本家斗呢，还是挑动着工人阶级跟工人阶级斗？

工会所用的手段也不仅仅是斗争，还有正当的法律程序。比如说在美国华盛顿的国会山周边，工会就雇佣了大量的游说公司，游说国会制定对自己有利的法律。这种法律最主要的特征就是行业准入，打的旗号都是为了保护消费者的利益。

但是，美国上至联邦，下至各州，制定的行业准入标准都非常奇葩，其中有宠物饲养员、避雷针推销员、文身艺术家、电视机修理工、性生活顾问，这都是要发执照的。这是为了消费者的利益吗？鬼才信呢。还不是为了保护那些先加入这些行业的人的利益！一批人加入工会之后，就希望大家合力把这个行当保护起来，其他人都不许干，以减少竞争。

工会难道就没有一点儿工人阶级的总体觉悟吗？不能只是替自己的会员服务，还要替工人阶级服务啊。也有，比如说美国的工会到处嚷着要制定最低工资标准，要提高全美国工人的最低工资标准。当年中国在制定《劳动合同法》的时候，美国工会也释放了大量的善意，一定要改善中国工人的生活水准，一定要设置最低工资。

这是工人阶级的阶级感情吗？才不是。他们是想把全社会的最低工资都往上提，让工会保护的那部分工人面对的市场竞争减弱。你想啊，中国工人最低工资往上一提，中国企业的竞争力就差了，销售到美国的产品价格就会提高，美国工人所受到的职位威胁就小多了。

其实在历史上，美国工会是最敌视中国人的，比如说历史上的排华事件。美国人为什么排华？就牵涉到这个问题。1942年左右，美国为了和中国搞好关系，把《排华法案》给取消了。当时谁最反对？美国工会。所以美国政府只好出台了一个特别半吊子的法令，就是名义上放开《排华法案》，中国人可以移民到美国，但是一年只有100个名额，跟没放开是一样的。前些年我们跟美国人就“贸易最惠国待遇”进行谈判的时候，反对最激烈的也是美国工会，他们天天说中国工人抢了他们的饭碗。

从桩桩件件来看，美国工会哪里是在跟资本家搏斗，分明就是在跟工人搏斗。

如果工会真能保证工人的利益，那我们就没法解释一个现象，就是绝大多数美国工人是不愿意加入工会的，即使在工会的鼎盛时期，也只有30%的工人加入其中。1980年，这个数字已经降到了20%。我看到的最新资料显示，2005年的时候，只有12.5%的美国工人加入工会。最强大的美国汽车工人联合会有多少人呢？顶峰的时候是150万人，到2006年只剩下46万人，而且这个数字还在下降。

也就是说，工会并不是工人利益的坚定保障。美国南部的田纳西州有一家工厂，是大众汽车公司设在美国的一家工厂，它的工人就坚决不加入工会。你以为这是资本家从中作祟吗？恰恰相反，是工人自己投票决定，让工会不要进来。

美国汽车工人联合会一直想把这家工厂拿下，却始终没得逞，这是工人的自觉意识。工人也会算一笔账，首先，美国从联邦到各个州，对工人阶级的保护法律已经比较健全。其次，如果加入工会，还得拿出5%的收入作为工会的会费，这也是一笔不小的金钱损失。更重要的是，一旦加入，万一工会的头目要发动罢工，那我就得歇着，不能当工贼背叛我的组织，短期内我的收入就会出现波动，这是何苦呢？

西方工会的本质是什么

从反面来看，美国工会也不像他们自己讲的那么高大上。美国人费奇写了一本书，叫《出卖团结》，就是批判工会的。费奇可不是资本家的打手，他自己就是工会成员，他在参加了很多年工会之后，把他的所见所闻写了下来。他说，工会内部的腐败比外部看到的要多得多。

书里面有几个细节。在1952年的时候，全美国有50几个黑帮老大在纽约州搞了一个聚会，其中有22个居然是工会的头儿。这折射出什么信息？工会和黑帮的盈利模式其实有那么一点点相似。还真不是费奇诬蔑工人阶级，确实如此。成员交了会费，然后组织对其提供保护，这跟香港《古惑仔》里那些黑帮老大，至少在逻辑上有一点点像。

而且费奇在书中揭露了一个天大的秘密，就是当工会和资本家签订合同，约定只能雇佣我们工会的工人的时候，会发生什么结果？就是工会和资本家串通起来了。对资本家来讲，工会我惹不起，我只能雇佣你们的人，那好，所有招人的事我就委托你来干吧。所以工会其实是拿着资本家的授权到市场上去招工人——你给我进贡，交会费，我才给你提供这份工作。说白了，在这个结构里，工会跟资本家是一头的，它怎么能够代表工人的利益呢？

工会的力量从哪儿来呢？它最重要的一个手段就是罢工，撂挑子。要知道，在传统制造业时代，整个产业链是环环相扣的，任何一个环节撂挑子，整个产业链就要瘫痪。说白了，罢工就是一种敲竹杠的行为。

我们可以想象一下，工会领导人会选择在什么时候跟资本家谈条件？一定是在订单马上就要交了，所有工厂工人正在加班加点的时候。这时工会的领导人就会跳出来跟资本家说，给工人涨点儿工资吧，你如果不答应，我马上让你好看，让你承担巨额损失。

所以，这种罢工行为的本质是什么？是违约行为。我们早就签好了劳动契约，你说不干就不干了，这不叫敲竹杠又叫什么呢？

不过，话也不能说得这么难听，真发生罢工的时候，请问是谁和谁在做斗争？表面上看，是工会组织起来的工人和资本家在做斗争。但是资本家是经济动物，只要你们提的条件我给不了，那我就坚决不给，那我就跟你们死扛。

双方在对峙死扛的过程中，工会在干什么？在跟资本家作战吗？才不是，工会这个时候只有一件事可做，就是天天组织工人纠察队，去殴打、侵犯、用暴力威胁那些愿意为资本家干活儿的工人。

所以在工会罢工期间，暴力冲突通常不是发生在工人和资本家之间，而是发生在工会的工人和不加入工会的工人之间的。从这样一个结构当中，我们就可以进一步洞察工会的本质。

我就是要替富人说话

有的读者可能会说："罗胖，你就是资本家的走狗。资本家有那么好吗？你怎么这么费劲替他们说话呢？"

我从来也不主张那种毫无制约的自由市场经济，资本家和工人一样都是人，人性当中都有恶的成分。如果没有制约，他们什么坏事都干得出来。历史上不就有这样一页吗？当资本家发现可以自由追逐利润，反正没人管，他们直接就贩卖黑奴去了，那是人类历史上多么惨绝人寰的一页啊，每一页历史都滴着血。

但是现代的市场经济不是这么回事，它除了是一个自由市场之外，它还是法治的自由市场经济。什么叫法治？就是订立一个契约框架，大家都去遵守。不会因为你是工人阶级，你站在道德高地上，就可以随时违背这个契约，就可以敲竹杠，就可以调动暴力。

从表面上看，工会好像是在为工人争取高于市场价格的工资。但是我们想想看，这可能吗？什么叫现代的法治社会？就是除了国家，谁都不能强制别人违背他自己的意愿。一个好的法治的自由市场经济，就是每个人按照自由意愿在市场上交易各种各样的要素，它可能是资本，也可能是劳动力。只要按照自由意愿来交易，最终的价格就是市场自动博弈出来的结果，并不会因为你是工会，就可以把这个价格提高，这是市场经济的常识。

如果你非要把大家组织起来跟资本家对抗，也可以，但你就是在扭曲整个社会的一个价格体系。经济学家诺斯讲过一句名言："一个社会的制度设计，不是按照效率最优设计出来的，而是按照谈判能力的大小设计出来的。"工会的谈判能力很强，然后又不遵守规则，当然可以让制度设计产生偏差，但最后谁来承担结果呢？可不是资本家，而是包括工人在内的整个社会。

虽然我敢站在中国，隔着一个太平洋说美国工会这不好那不好；可要是生活在美国，不要说那些政客了，即使是舆论界的人，也不敢说工会的坏话。因为不管哪个国家、哪个时代，只要是人类文明，通常都觉得穷人是占据道德高地的，富人不是好东西。你要胆敢替富人说几句话，自己都会觉得有点儿理亏。

《圣经》中就有一句话：“富人进天堂，比骆驼穿过针眼儿还要难。”中国著名的经济学家茅于轼曾因为说过“我要替富人说话，替穷人办事”，而被人骂得狗血淋头。

所以，我们一直有一个错误的观念，以为工会在历史上一直被资本家控制的政府残酷迫害，工人阶级一直倒在血泊之中跟资本家搏斗。早年资本主义刚刚发展的时候，工人阶级确实是一盘散沙，没有组织起来，所以那个时候的资本家是在欺负工人。

但是当工人运动风起云涌，并且占据了道德高地之后，就不是这样了。

挥手告别强硬工会时代

资产阶级政府第一次对工人强硬，一直到1926年才出现。那一年英国发生了大规模的煤矿工人罢工，因为工人阶级很抱团，煤矿工人一罢工，电力工人也很支持，大家就串联罢工，最后发生了一个“《每日邮报》事件”。就是有一个右派保守党写了一篇文章抨击罢工，说工人扰乱社会秩序。印刷厂工人一看，对不起，我们不印。

这件事就触犯了英国政治的底线，触犯了英国人最珍视的宪政自由，就是你不能用罢工、用你掌握的一支力量，去管束言论自由。所以当报社老板把电话打到唐宁街10号的英国首相官邸的时候，英国政府才觉得事态严重了。因为罢工已经威胁到了英国的宪政制度，工人已经有能力劫持舆论自由了，所以英国政府决定对罢工态度强硬。

这一届英国政府当中都有谁？著名的张伯伦、丘吉尔都在这届政府中，大家做出了一致的决定。政府能怎么强硬呢？无非就是停止谈判，反正国家遭受损失，工人也要饿肚皮，看看谁能扛得住。当然，后来工人没有扛住。这是英国历史上第一次对工人运动采取强硬的态度。

在我们“罗辑思维”独家发售的《光荣与梦想》这套书中，给我留下最深刻印象的就是，杜鲁门处理美国的罢工事件，这是美国对待工人运动最强硬的一个总统。

本来杜鲁门的处境就不是很好，因为他前面那个家伙太厉害了——就是罗斯福。罗斯福当了四届美国总统，后来是在第四届的任期内去世的，那个时候第二次世界大战还没结束。二战期间，罗斯福利用自己崇高的威望跟美国的工人谈好，前方将士在浴血奋战，你们在后方不能捣乱，大家认认真真干活儿。美国的工人也确实买他的账。

可是二战结束后，到了1946年的时候，杜鲁门总统的威望可比罗斯福差了好多，所以各种各样的罢工此起彼伏。先是通用汽车公司的工人罢工，然后是煤矿工人罢工、钢铁公司工人罢工，连铁路工人都要罢工，就是说，全国都要瘫痪了。

杜鲁门对待罢工是非常强硬的，比如说他让政府接管铁路，如果工人还不服，就干脆把所有罢工的铁路工人都征召入伍，让他们当兵去。他甚至拿出总统的政治前途和政治信誉，跟煤矿工人工会的头儿刘易斯对赌："今天下午我要做一次广播讲话，号召所有罢工的煤矿工人不要听你们工会的，听我的，为国家利益恢复工作。"如果发表讲话之后，工人还是不听他的，杜鲁门还有何颜面继续领导这个国家呢？所以杜鲁门是在做一场豪赌。幸好他几次都赌赢了，在最后关头，工会领导认㞞了，签字复工。

这本书里还讲了一个细节，杜鲁门镇压了工会运动之后，回到白宫，一副志得意满的样子。他的一个助手说，那天我们都听得到他两只睾丸碰撞在一起叮当作响的声音。这个细节描述实在是太生动了，这句话我一直记到现在。

但是后来的美国总统基本上都不太敢跟工会正面对决，在现代政治史上，只有英国的撒切尔夫人敢。撒切尔夫人是1979年上台的，此前英国工会实在是闹得太不像话了。实际上，当工人运动达到一定程度的时候，就已经走到了自身的反面。

我在前面讲到，底特律汽车城被工会折腾得各种不如意，最后整个产业都没有竞争力了。2012年，当共和党人重新执掌密歇根州——就是底特律所在的那个州——的州议会的时候，共和党人颁布的第一项法令叫《工作权利保障法》。

这事很滑稽，原来工会垄断了工人的工作权利，资本家不能雇佣工会之外的工人，而现在共和党人说，我要挺身而出保护这部分工人的权利。这在逻辑上就讲不通了，工会就是为保护工人的权益而存在的，现在却轮到工会的敌人共和党人来保护工人的权利了，那工会还是我们理想中的工人的保护神吗？

工会的结盟策略已不合时宜

在英国，工会走向它的反面是更早的事情。1970年到1978年，工会就一直闹个不停。如果当时你是伦敦的居民，你对工会的观感就不可能好，因为他们一闹，国家就得停电，一个星期最多用3天电，晚上10点之后就不能看电视了。汽车一定会限速在50英里以下，因为没有油。

最狠的一次是在1978年的冬天，闹到什么程度？首先伦敦的垃圾工人罢工，导致伦敦垃圾围城，臭气熏天。紧接着，全国的医疗人员罢工，导致癌症病人、重危病人在医院里没人接待。然后，殡葬工人罢工，英国政府没办法，只能在伦敦的郊区租了一个大厂房，死掉的人都安排在那里停尸。那里面最多的时候停了150具尸首，而且每天还会增加25具左右。当时的英国政府已经开始考虑，去说服英国人搞海葬了。就是把尸体直接扔进海里，不要墓地了。可见，已经到了民不聊生的程度。

但是工会觉得自己很棒，因为我们予取予求，无论我们要什么，唐宁街10号都得答应，连续搞垮了两届英国政府。

1979年工会的命就没这么好了，因为这一年当政的是铁娘子撒切尔。撒切尔上台之后，强硬得不得了，从此工会领袖再到唐宁街10号喝个啤酒、吃个比萨，好言好语被接待这种事，就没有了。

撒切尔夫人威望很高，因为跟阿根廷打仗打赢了，携着这样的威风回来跟工会对抗的时候，就有了一定的民意基础。当时主要是煤矿工人跟撒切尔政府对着干，因为这时候煤矿已经不挣钱了，不挣钱的煤矿就要关掉，这是符合经济规律的。但是工会领袖不干，工会领袖说，亏的是资本家，亏的是政府，我们必须要有工作。

最后，工人这边组织纠察队，政府那边出动警察，双方在街头起了冲突，流了血，但没有死人。撒切尔夫人在整个过程当中，表现得特别强硬，以至于2013年撒切尔夫人死后，在很多工人聚集区还有人打出标语，骂得特别不好听，说这个“婊子”终于死了。

有趣的是，撒切尔夫人在处理这个事件的过程中的推导逻辑。她说，英国的煤矿工人明知道继续开采这个煤矿毫无价值，已经不挣钱了，但是还打出爱国这张牌，要求英国的钢铁公司继续用他们的煤炭。那么，英国的钢铁公司也可以打爱国这张牌，要求英国的汽车制造公司继续用又贵又不好的钢铁。

英国的汽车制造公司也可以要求英国的消费者，去买又贵又不好的汽车。最终的结果一定就是这个国家堕落为一个闭关自守的国家。要知道，英国一直是全球自由贸易的旗手，怎么能够堕落到那个地步呢？

说到底，工会的结盟策略早就出问题了，已经不合时宜。

在过去的工业化时代里面，产业结构也好、社会结构也好，都是比较固化的。即使是在一个比较长的历史时段里面，变化也很小。所以一个资本家通常只能在一个固定的产业链的一段展开自己的企业，他能雇佣的工人也就是那群人，大家互相挑选的余地比较小。就好比大家打的是阵地战，是零和博弈，你那儿多一点儿，我这儿就少一点儿。在这种情况下，结盟策略就是有效的。资本家握有资本，天然有联盟的力量。而工人是一盘散沙的时候，资本家就会欺负工人，就会做出延长工时、克扣工资、雇佣童工等恶行。而自打19世纪有了工人运动之后，工人才变成了一个结盟者，反过来客大欺店，把资本家逼到了墙角里。

我们要知道，这些都是固定格局里面发生的事情。今天是什么样的时代？是全球化浪潮风起云涌的时代，是互联网带来了自由人的自由联合的时代。这个时候，如果还继续采取这样的结盟策略，就像撒切尔讲的，最终的结果一定是大家一起死，因为政府只能闭关锁国，造成整个国家经济的萎缩。

事实上英国就是这样，20世纪70年代工会最得势的时候，就是英国经济最差的时候，在欧洲主要大国中，英国当时的经济增长率最低。而撒切尔夫人虽然表面上残酷无情，但是从她那个时代起，英国的经济才有了恢复和起色。

在互联网时代，我们作为一个普通人，应该抱有什么样的态度？人类自古以来都是靠抱团取暖，靠形成联盟构建力量的。但是在全球化时代，我们会发现这种力量苍白得一塌糊涂。就像美国的工人阶级，它要抱团取暖，结果就一定是排斥美国整个产业结构的迅速变动和快速创新，排斥中国工人阶级和美国工人阶级的正常竞争。

可是它怎么可能做到呢？只要产业结构在变动，只要人类的技术和创新飞速地在发展，美国人如果用这种方法来拖慢自己的发展速度，那么中国人、日本人、韩国人、印度人、印度尼西亚人，甚至非洲的哥们儿就会顶上，代替美国人原来的产业位置，最后就是美国工会抱着美国这艘船一起沉掉。

好了，我也不隔着太平洋替美国工人阶级瞎操心了，还是回到当下。在这个有着巨大不确定性的时代，在这个快速变动的时代，我们每一个中国人应该怎样立身处世呢？

我经常讲两套话。第一套话就是，美国总统肯尼迪经常说："你不要问国家能为你做些什么，你要问问自己能为国家做些什么。"现在我要把这套话反过来说，我们不要问我们能为集体做些什么，我们都要问问自己，当集体、组织、连接起来的人作为一种资源摆在我们面前的时候，我们能通过它成就什么。因为结盟策略已经失效，只有个人的成长和价值确认才是你人生真正的靠山。

第二套话就是，互联网时代的社群，不是那些失败者抱团取暖的地方，而是让牛×的人变得更加牛×的地方。

05 一次体制改革的反面标本

毁灭北宋的千古罪人？

“王安石变法”这个词，我们经常在中学历史教科书里看到。说实话，当年我作为一个正准备参加高考的文科生，对这个词没什么好印象。因为要记一大堆知识点，什么改革的背景、改革的具体条目，什么保马法、青苗法，所以烦死这个词了。

无论如何，那个阶段的教育还是在每个中国人心里种下了王安石的形象——伟大的政治家和改革家。而且中国人有一个毛病，对所有有文学才华的人往往会高看一眼。王安石是什么人？“唐宋八大家”之一，所以他干的事当然是好事，我们一直对此深信不疑。

其实王安石获得这样一个好形象，是近期的事情。在晚清前800年的时间里面，王安石是什么形象呢？是一个办了坏事、闯了大祸的人。

比如说，“王安石变法”结束60年后北宋就灭亡了。南宋的第一任皇帝、杀害岳飞的宋高宗赵构做了一件事，重修“王安石变法”时期的宋朝历史，准确地讲，就是编撰《神宗实录》。

书中牵扯到很多细节，其中很重要的一点就是，把这场变法的名字给改掉了。这场变法在宋代的历史上，官方的称呼是“熙丰变法”。宋神宗一共有两个年号，一个叫熙宁，一个叫元丰，这场变法就是从这两个年号当中各取一个字而得名的。但是在《神宗实录》里，这场变法被改为了“王安石变法”，为什么？因为宋神宗要告诉大家，这场大祸都是王安石的责任，不关他老人家什么事，皇帝只是受了王安石的蒙蔽。

南宋有一个大儒叫朱熹，就是写《四书集注》的那个人。朱熹对“王安石变法”的后果有一个评价：“群奸肆虐，流毒四海。”不管我们同不同意朱熹的观点，他作为一个大儒，私德方面是无可挑剔的，而且隔了这么多年，他为什么要对“王安石变法”做这样的差评？

还有，比朱熹要晚很多年的南宋文人罗大经，写了一本著名的文学史料著作，叫《鹤林玉露》。他在评价“王安石变法”的时候，格调就更高了：“国家一统之业，其合而遂裂者，王安石之罪也；其裂而不复合者，秦桧之罪也。”在罗大经看来，整个宋代有两个罪人，一个是王安石，导致了国家的分裂；一个是秦桧，导致国家不能再归于统一。

你看看，居然有人把王安石和秦桧放在一起评价，说他们是两个罪人！要知道，看不惯王安石的多是和他同时代的人，毕竟他有很多政敌，有很多利益冲突。可是已经过了那么多年，后来的文人在痛定思痛、洞察历史的时候，居然对王安石做出了这种评价，大家不觉得很奇怪吗？

明代的冯梦龙写了一套小说，叫“三言二拍”，其中有一个小段子。宋代的时候，王安石微服私访，看见一个老妇人喊猪过来吃食，说：“啰啰啰啰，来，拗相公！”拗相公就是王安石的外号。旁边又有一个小姑娘在喂鸡，说：“来来来，王安石来吃食。”这说明什么？说明当时的老百姓很恨他。

一个改革家，朝上的奸臣会恨他很正常，可老百姓怎么也这么恨他呢？为什么王安石现在居然有这么好的形象呢？这个转折点在哪儿呢？就在晚清。

三代以下唯一的完人？

晚清时有一个人叫梁启超，他那支笔真的是当时的一支健笔。梁启超对王安石有一个评价，说他是“三代以下唯一的完人”。

这个评价实在是太高了，三代一般是指夏商周三代，这句话是说王安石是夏禹、商汤、周文王之后唯一的完人。弦外之音是把孔老夫子给跳过去了！就是说，除了上面那三个人，就王安石这个人最了不起。

而且梁启超对“王安石变法”进行了分析：“青苗法”不就是现代金融制度吗？“保甲法”不就是西方人搞的警察制度吗？所以他认为王安石就是一个从当代“穿越”回去的人，带去了全套的现代政治制度和观念。

为什么梁启超给他这么高的评价呢？说白了，是将心比心。梁启超当时的角色和王安石是一样的。首先，他们都是改革家；其次，改革的目的是救亡图存、富国强兵；再次，他们都靠着一个非常年轻的皇帝，王安石靠的是宋神宗，宋神宗上台的时候不过20岁，梁启超靠的是年纪轻轻的光绪皇帝；最后，也是最重要的，他们都有反对派，而且反对派当中都有一个太后——王安石变法面对的反对派是当时的高太后，梁启超面对的是慈禧太后。所以，梁启超夸的哪里是王安石？其实是在夸他自己。所以在梁启超的笔下，王安石的形象突然来了一个大翻转，是可以理解的。

但是，我并不是要讨论“王安石变法”到底是功还是罪，我想讲的是，为什么这场具有这么多高明的现代制度特征的变法，最后失败得那样惨呢？

变法失败是人品问题？

历史上对这场失败有这么几个解释。

第一个解释，人品问题，王安石是坏蛋。王安石活着的时候有很多政敌，当时有一个人叫吕惠，他对王安石有一个评价："大奸似忠，大佞似信，外似朴野，中藏巧诈。"这句话什么意思？就是看着像个忠臣，其实是个奸臣；看着挺可信的，其实是一个佞人；表面上看是一个大老粗，其实内心里藏满了奸诈。这就是在人品上彻底否定了王安石。

还有一个人就更有名了——苏东坡的爹——苏洵，这个人也是"唐宋八大家"之一，他写了一篇很有名的文章叫《辨奸论》（也有人说这篇文章不是他写的）。既然名字叫《辨奸论》，就是教大家辨认奸人是什么样的。这篇文章写的就是王安石，说他吃着猪狗食，穿着破衣烂衫，读着圣贤书。这样的行为是违背人情人性的，这样的人一定是大奸大恶之人。

但是，这种同时代、在同一个政治舞台上演出的政敌对王安石的评价，咱们得除三去五打八折地看待，为什么？因为还有别的政敌对王安石的私德评价很高。比如说北宋著名的文人黄庭坚，他就说王安石的私德非常好，说他视富贵如浮云。

王安石一生当中最大的政敌司马光，对王安石的私德评价也很高，说他"文章节义，过人处甚多"，意思是，不管文学还是私德，王安石都比其他人要高出一大截。

所以，从道德上解释王安石变法的失败，肯定是站不住脚的。

而且，改革和人品有什么关系？明朝中后期的张居正，人品就很一般，家里养了很多妻妾，天天吃壮阳药、行房中术，还收受贿赂，人家的改革却搞得挺好。

变法失败是政策问题？

对王安石变法失败的第二个原因的剖析，基本上都围绕在他的经济政策上。其实也不然，王安石搞的那套东西放在今天，用现代化的眼光看，仍然不落伍。

随便给大家举一些例子，比如说“青苗法”，这就是当年的“穷人银行”。穷人在青黄不接的时候，一般都会去借高利贷，借来借去，土地就成了富户的。王安石说不用去借高利贷，国家借给穷人。这不就是前两年得诺贝尔和平奖的尤努斯办的“穷人银行”吗？穷人得到了实惠，付出的利息没有那么高，而国家又得到了利息收入，这不就是现代人刚刚发明的穷人银行制度吗？

再比如说“免役法”，就是免除徭役。根据中国古代的税收制度，民间通常征收三种税：第一种叫徭役，第二种叫赋，第三种才叫税。

徭役就是国家直接征发劳动力去修运河、修长城。

赋是什么意思呢？“赋”，左边是一个贝，就是钱的意思，右边是武装的“武”，就是说国家要打仗了，你得上交一些钱和军事装备，比如弓箭、盾牌、马匹，这叫赋。

那税呢？“税”这个字左边是一个禾木旁，这才是针对农作物收成征收的农业税。

你想想看，老百姓这边种着田，将来要给国家交税，可是那边又要征发劳动力，去修这儿修那儿，老百姓实在是分身乏术啊。所以，王安石说，咱们简化税制，如果不想出劳动力，交钱就是了，国家拿这笔钱再去雇其他人。

这个“免役法”和当代社会简化税制的思路不是一样的吗？后来明代搞的“一条鞭法”，清代搞的“摊丁入亩”，都是受了王安石这个免役法的启发。

你可能会说，王安石变法是不是就是搞计划经济、天下大一统？绝对不是。王安石是很有市场经济思维的。比如说“保马法”，原来马都是由国家养，养得不好，花的钱又多，国营企业的弊端大家都能想得到。王安石的办法就是，把马放到民间，让老百姓自己养，养得好，国家就给补贴收购这些马匹，这多有市场经济思维啊。

再比如说“市易法”，就是管理市场交易的相关法律，这方面也很先进。王安石认为，国家应该派官员去管理市场，一旦发现某个商品价格低了，赶紧买，收储；等这个商品价格高了，国家再抛出，平抑物价。现在我们国家管理市场上重要的民生物资，比如说猪肉，用的还是这套办法，就是所谓的“猪肉收储制度”。

所以，王安石这套办法是远远超越那个时代的，是非常先进的，变法的政策方面也没问题。

后来又出现了一个更加粗暴的分析，说是因为阶级斗争——王安石代表小地主阶级，所以他倡导改革，比较先进；而他的政敌司马光等人，代表大地主阶级，所以比较保守，比较反动。

这正好说反了。司马光哪里是大地主阶级啊，苏东坡给司马光写的《神道碑》，也就是司马光的墓志铭，上面明明白白地记载着，司马光家里只有三顷田，而且老婆死了没钱埋，把田典押了才换了一点钱。而王安石呢，据当代历史学家考证，他家里大概有3000亩田，这在当时算是大地主阶级。所以这个粗暴的分析，结论正好是反的。

变法的必要性和可行性分析

如果我们再深看一层，王安石变法会失败就更加奇怪了，因为变法的条件实在是太好了。

我们从两个方面来分析，第一个方面，就是改革的必要性。当时搞改革已经是朝野的共识，因为国家财政快崩溃了。那时宋神宗刚上台，按说新皇帝上台，总得祭个天吧，可是一翻账本，发现根本没钱。如果搞祭天大典，总得给大臣们发点赏银吧，连这点钱都发不出来。而且当时河南一带又发了大水，还得赈灾，所以国家真的是捉襟见肘。

这个时候怎么办？只能搞改革。而且改革在宋代士大夫的观念中，不是一件不能碰的事。在宋神宗之前，宋仁宗的庆历年间就搞过一次，那时候主政的是范仲淹这帮人，虽然改革最后失败了，他们也没留下什么骂名。凭什么王安石变法失败了，就落下了几百年的骂名呢？这太不公平了吧。

我们再来看这场改革的第二个方面，就是它的可行性。在那个时代搞改革，最关键的要素是什么？就是得获得皇上的支持。你看商鞅变法，商鞅最后为什么那么惨？就是因为秦孝公死了，所以商鞅被抓起来施行车裂，五马分尸。

可是王安石背后这位神宗皇帝，是多么英武的一个人啊！北宋历史上没打过什么胜仗，仅有的几场都发生在宋神宗那代，因为当时王安石变法，财政上有了点钱；当时又有一个名将叫王韶，他带领北宋军队击败了吐蕃军队，收回了20万平方公里的土地，使得北宋的领土达到最大化，而且对西夏形成了包围的态势，北宋的国势一度达到巅峰。

宋神宗对王安石变法的支持，真的是到了言听计从的地步。因为宋神宗在继位之前，有一个好哥们儿叫韩维，每次交谈，韩维对国家的政治、经济都有非常独到的见解，宋神宗对他很是佩服。可是韩维告诉他，这些不是他的观点，而是他朋友王安石的观点。所以宋神宗当时就对王安石崇拜得不得了，虽然两个人还没有见过面。

宋神宗登基之后发布的第一道人事任命，就是让王安石去当江宁知府，以此试探一下朝野的反应。过渡了一下，马上就把王安石调到中央，任命他为参知政事（宋代的副宰相），让他开始大刀阔斧地搞改革。而且这场改革的时间可不短，用了

16年。16年是什么概念？现代的风险投资基金的管理期不过才8年，就是说，对创业者的支持，到8年的时候也算仁至义尽了，该退出了。而宋神宗这个投资人对王安石这个创业者，一支持就是两个风险投资基金的管理期——就等你上市，你遇到任何挫折我都支持你，支持到了六亲不认的程度。

即使是朝中的老臣，不管资历多么深，只要反对变法，对不起，一边去。其中最著名的就是韩琦。韩琦这个人从宋仁宗时期就伺候他们老赵家，从宋仁宗到宋英宗，一直伺候到宋神宗。而且宋英宗和宋神宗这两个皇帝能上位，韩琦绝对是有定册之功的，是他保皇帝上的台。在皇权时代，对这样的老臣，皇帝怎么都得给几分面子。

但是宋神宗不，韩琦不是反对变法吗？走开，到地方上当官去，不要待在朝廷里了。换句话说，就是告诉所有人：如果你们不换思想，那我就换人！

这么好的工商经济环境，这么好的宏观经济条件，王安石又是这么卓绝的财经大师，为什么这次整体配套体制改革仍然失败得如此惨烈呢？

失败不要紧，但它影响的可不仅仅是宋代。这是中国历史上最后一次整体配套体制改革，此后的元朝、明朝、清朝，没有任何人再敢在整体制度上探索得更远了。

所以，我们理解了王安石变法失败的原因，对于理解这两千多年的中国经济，乃至理解当代的改革，都有非常重要的意义。

单目标系统和多目标系统

下面我就分析一下，为什么王安石变法会失败。

在回答这个问题之前，我先提一个问题：中国在改革开放之前，经济不发达，科技水平也不高，但是我们发射了卫星，还研制出了原子弹。可是改革开放之后呢？我们的经济好了，科技水平提升了，但是却造不出一辆在市场上卖得出去的汽车，还不得不引进国外的品牌。这是为什么？

按说原子弹的科技含量比汽车高太多了，为什么后者我们反而做不好呢？如果你掌握了经济学的思维，马上就能回答出这个问题。原子弹是一个单目标系统，只要我们集中国力攻其一点，很容易达到。但是汽车是个商品，它是一个多目标系统。你以为真像有的人说的，汽车就是一个发动机加四个沙发吗？没那么简单。它包括好的雨刮器、好的内饰、好的反光镜，等等，它是一个非常复杂的技术系统。而且一辆车要卖得出去，还要有非常好的品牌、广告、服务、4S店。

更重要的一点是什么？它得有好的价格，因为市场是一个连通的体系，只有在价格上能和国外的汽车竞争，才算有汽车产业，而不仅仅是有汽车工业。而在我们造原子弹的时候，一个零件往往先生产200个再说，挑最好的用上去，没有成本观念，是单目标系统。

效率型变法和活力型变法

现在我们回过头看王安石变法。中国历史上有两种类型的变法，一种叫效率型变法，还有一种叫活力型变法。效率型变法就是前面讲的造原子弹，国家要达到一个特定的目标，需要动用国力，怎么办呢？有很多办法，只要有一个中央权力的决心，加上一个改革家，很容易就能把社会财富的存量给激发出来。

什么是最典型的效率改革？就是商鞅变法。春秋时代层层分封的那种财富分配体系，被商鞅全部拆掉了，他把国家的每一个老百姓、每一粒粮食都镶嵌到了国家这个战争机器上，所以秦国马上变得非常富强。

再比如说，汉武帝为了打匈奴，任用了一个人——桑弘羊。这个人不能说是奸臣，但是他特别会搜刮民财，所以他的改革其实很简单，就两条：第一，用算缗和告缗把所有富人的财产给搜罗来；第二，把民间原来可以自由生产的，比如冶铁、煮盐这些产业收归国有，国家马上就有钱了，就可以去打匈奴了。

再比如说1918年的苏俄，它刚刚诞生的时候形势非常艰险，外面有协约国的干涉，内部有白俄的叛乱，此时国家机器只有一个目标：把仗打赢，所以它就变成了一个单目标系统。

于是，搞战时共产主义，搞余粮征集制，很快就把国力动员起来，把战争打赢了。

如果是一次活力型改革，它面对的对象是死气沉沉的国家机器，仅仅调整它的存量分配是没用的，关键是要激发它的活力，制造财富和资源的增量。这个时候，就要打造一个多目标系统，至少朝廷财源比较丰沛，老百姓能够安居乐业，市场繁荣而稳定，军队能够有战斗力，政府比较高效而廉洁。这个系统要想同时达到这么多目标，要比单目标系统困难得多。

王安石变法是效率型改革还是活力型改革？它是活力型改革，是改革当中最难的那一种。

为什么说它是活力型改革？刚开始要改革的时候，王安石和司马光在朝廷上争论。司马光问他怎么改革，王安石说，他有一个方法叫“民不加赋而国用饶”，就是不用给老百姓增加赋税，不用改变这个社会的财富的存量结构，凭空就可以增加财富。

司马光觉得这是胡扯，天下的财富就那么多，凭空增加财富不是说书嘛！其实站在现代经济学的角度，这是能做到的，但是司马光不懂，王安石就是要激发整个国力，所以他搞的是一个多目标系统，有点像几十年前我们搞国企改革。国企盘子挺大，资产挺多，什么土地、机器、员工都挺多，但是资本的回报率很低。当时的“国资委”的主任宋神宗就很着急，怎么办？只好换厂长，换成职业经理人，一个CEO，就是王安石。王安石有办法，那就试试看，看能不能把这个企业的活力激发出来，同时和外面市场上的那些竞争者，例如北边的辽国、西边的西夏，搞一场能赢的竞争。

所以王安石变法的基础就在于此，搞明白了这个基础，搞明白了单目标系统和多目标系统的区别，搞明白了效率型改革和活力型改革的区别，我们就知道王安石变法败在哪儿了——他搞的是一场活力型改革，但用的却是效率型改革的办法。

第一步：获得顶端权力的支持

接下来我就给大家推演一下这个逻辑，为什么有那么良好的初衷、那么良好的起始条件，最后却变成了那么惨烈的一次失败？我们先来看王安石的逻辑的第一步，就是在皇权时代搞改革，首先要获得顶端权力的支持。

前面我们已经说过，宋神宗给他的支持已经到了六亲不认的程度。宋神宗经常跟人讲，他跟王安石就是一个人。什么意思？就是遍告天下，不要在他们俩间下蛆，挑拨离间，王安石说的话就代表我宋神宗的意思。说白了，王安石就是皇上，宋神宗现在就让王安石这么做。这个支持力度实在是太大了。

王安石也经常跟皇上说，那些小人会常常找机会来挑拨咱俩的关系，你可要小心。确实，历史上有很多这样的事件，比如说袁崇焕，他原来跟崇祯皇帝也说过，只要你信任我，我替你去打仗，我肯定打得赢，但是你在朝中可不能听小人挑拨。

崇祯皇帝说你放心，你到前方打仗，我还能不支持你吗？就给了袁崇焕一把尚方宝剑。可最后，还不是被挑拨了吗？袁崇焕最后直接被剐了。这种挑拨在皇权时代是特别容易发生的。

我们再来看王安石变法，如果王安石搞的是一次活力型的改革，按理说他应该自下而上地激发活力，搞一个多目标系统，劝每一个老百姓好好种田，每一个商家认真赚钱，每一级政府官员都对做大GDP感兴趣，对吧？

但是王安石既然获得了权力、地位以及皇帝无条件的支持，就必然要走到这条路的反面，就是采取自上而下的改革路径，改革的实质就发生了变化，就不再是活力型改革，而变成了效率型改革。

当然，刚开始的时候看不出区别，但是逻辑的原点错了，往下一推导，就差之毫厘，失之千里。

第二步：反对者统统一边去

我们再来看这个逻辑的第二步，王安石获得了宋神宗的支持之后，他的本能反应是要巩固这种支持。所以，所有的效率型改革往往都有非常残忍的一面。

比如说商鞅变法，秦孝公的太子不支持，怎么办？太子犯了法，商鞅把太子老师的鼻子给割了，这就是做给太子看，让他知道，哪怕贵为太子，也必须遵从我的改革思路，因为我要的是效率。

吴起在楚国搞改革也是一样，楚王的妃子嘻嘻哈哈不遵从号令，被吴起杀掉。可见，哪怕是受宠的妃子，也必须杀鸡给其他猴看。

王安石变法也呈现出这样的特征。要知道，当一个效率型改革家在追逐效率的时候，你可以摆出民主的姿态，聆听多方意见，但如果真听了，就是在耽误效率。谁听说过军队在打仗的时候，要搞民主、搞一团和气？都得有残忍的一面，才能保证打仗的效率，因为战争是单目标系统。

如果王安石觉得这个新法已经非常好了，论证得非常完善了，现在要把它的推行效率给提上去的话，那就要灭掉一切反对派，这是中国自古以来所有改革家的必然思路，王安石也一样。当然，在宋代不可能像商鞅变法搞得那么血腥，但是基本的状态是一样的。

我给大家举一个例子，大家都知道宋代有一个著名的文人，叫欧阳修。欧阳修这个人不仅是朝中的元老，而且是文坛的宗主，在文学界是一个大神级的人物。

欧阳修与王安石可不是一般的交情，当年王安石还没有考中进士的时候，欧阳修就非常欣赏他的文章，到处为他推荐。这两个人还是老乡，这就是同乡的前辈提携后辈，况且王安石的文采确实很好。

可是王安石上台之后，欧阳修说，你搞这个青苗法，我有一点意见要表达一下。王安石马上就对他下手，指使手下的人弹劾欧阳修，欧阳修也没办法。宋朝的老臣想要“乞骸骨”“致仕”回老家，一般要到70岁才行，可是欧阳修60岁就灰溜溜地回了老家。

你知道王安石背后怎么说欧阳修吗？王安石说，欧阳修这个人“修善从流俗”，就是说这个人没有什么骨气，老跟那些俗人搞来搞去。他还说三朝老臣韩琦是“社稷臣”，这样的人有什么用？“在一郡则坏一郡，在朝廷则坏朝廷”，用这样的人还不如不用。这就是一个后生小辈受长辈提携之后讲出来的话。

王安石在朝中原来也有很多朋友，比如说“嘉祐四友”。什么叫“嘉祐四友”呢？王安石和其他三个人都是在宋仁宗嘉祐年间考上的进士，同榜的进士往往关系比较好，跟我们今天的同学差不多。都有哪四个人？司马光、韩维、吕公著，再加上王安石。这四个人原本关系挺好，可是王安石开始变法之后，马上就跟其他三人绝交了。

韩维刚对他的变法提了点意见，就被王安石赶到一边去了。王安石曾经跑到宋神宗面前说，吕公著这个家伙有才，将来一定是个宰相。可是后来吕公著对变法刚提出一点意见，王安石就罢了他的官，而且把他说成“四凶”之流。“四凶”就是尧舜禹时代，尧杀的四个大坏蛋。王安石自己的亲弟弟王安国也反对变法，王安石对他也是翻脸不认人。

这是不是王安石个人性格问题呢？确实，王安石的外号不是叫“拗相公”嘛，他就是这么一个执拗的人。他的情商低到什么程度？我给大家举个例子。他在当宰相之前，曾经有一阵子在朝中主管刑狱，就是判各种官司。当时开封发生了一个案件，甲、乙两个人是发小，一直关系很好，甲养鹌鹑养得不错，乙想要一只，甲不肯给，俩人就闹起来了。乙抢了一只鹌鹑就跑，甲就拿起刀在后面追，追上之后也不知道是急了还是言语冲撞，就把乙给杀了。开封府认为甲虽然是乙的朋友，但他杀了人，就得判死刑。这个案卷提交到王安石那儿，王安石说，这怎么能判死刑呢？乙公然抢夺，按照大宋的刑律，他就是盗匪。甲拿着刀追他，这就叫捕盗啊，捕盗杀人不算死罪，所以甲不该死。搞得开封府那些官员哭笑不得。死抠法律的话，王安石说的确实正确，但这个案子还得考虑当时的情况啊，如果这种情况下杀人都不判死罪，那大宋刑律还有什么尊严可言？

王安石就是这么一个特别执拗，而且没有人劝得了的家伙。但是，王安石变法之所以会失败，不能说跟他的性格有关，为什么？因为搞效率型改革，如果没有这种性格，根本就改不下去。

你看历朝历代那些成功的改革家，包括商鞅、吴起，是不是都是这样的性格？所以改革成败与否跟性格、情商什么的都没有关系。这就是逻辑的第二步，一定要把那些反对改革的人全部打掉。

第三步：唯有小人最好用

紧接着第三步就开始了，反对改革的人都打掉了，请问用谁来执行改革计划？当然用那些不反对的人了。不反对的都是些什么人呢？往往都是小人。比如说当时宋朝西北部有一个小官，叫邓绾。有一次邓绾到朝廷跟宋神宗汇报工作，宋神宗闲来无事，就问他认不认识王安石？他说不知道这个人。宋神宗说王安石不得了，是“当今之古人”。要知道，在宋代那个文化氛围里，如果说一个人是古人，那个地位可不得了，相当于孔老夫子那个级别的评价。邓绾马上就明白了宋神宗非常欣赏王安石，所以就跑到王安石府上对新法各种称颂，其实他懂不懂新法都不可知。

出来之后就有人说他，你这不就是拍马屁吗？邓绾讲了一句特别有名的话：“笑骂由他，好官我自为之。”这在历朝历代官场上都成为一个心法，就是我拍领导马屁，你们随便笑我，我就是要当好这个官。

邓绾这样的人马上就得到了重用。看到这儿你可能会说，王安石智力太差了，怎么能够用小人呢？你还真别把这个问题看得这么浅。一方面，没有正人君子可用，能用的只有他们；另一方面，这帮人好用。

比如一个上市公司的老板，他更愿意用对金钱激励非常敏感的职业经理人，因为，老板用金钱激励、期权激励，马上就可以让员工好好干活儿，这个组织的效率马上就会得到提升，确定性就会增加。

切换到王安石也是一样的，他愿意跟司马光共事吗？司马光会动不动就坐下来对他说，这东西我不同意。那怎么行呢？当然得用那些小人，他们对金钱激励非常敏感，效率就会提高。

再有一点是什么？很多人以为拍马屁领导就喜欢，其实，领导心中对拍马屁的人的道德评价不会有多高，但是拍马屁这个动作给领导传达了一个清晰的信号：我这个人像算盘珠子一样，你不拨我就动。对于王安石这样追求效率的人来说，他不用这些人用谁？

所以，支持王安石搞新法的那一派，就是所谓的“新党”，里面充斥着小人，吕惠卿、章惇、蔡京、蔡卞、曾布这些人，后来基本上都被写到了宋史的《奸臣传》里面，这是逻辑的第三步。

第四步：制度成本知多少

第四步顺理成章地就出现了，王安石任用这帮人去推行新法，新法能推行好吗？青苗法的初衷很好，让老百姓不用去借高利贷，政府以很低的利息借给他们。

当时王安石定的利息是年利二分，就是你借一块钱，到年底的时候还一块二，在今天看来这个利率很高，但在那个时代，这已经是很低的利率了。

对这些奸臣来说，只有一个目标：对王相公负责。既然王相公说要借钱给老百姓，然后收利息，那我们就要多收利息。春天借给老百姓一次，秋天再借给他们一次，不管他们要不要借，都要强行摊派给他们。这就变成了另外一种形式的赋税，当然民不聊生了。

奸臣发挥的作用可不仅如此，虽然狠心欺负老百姓的奸臣没有那么多，但由奸臣或者说操守不是那么好、廉洁度不是那么高的人构成的系统，它会带来一个问题，这个问题叫制度成本。

我们可以推想一下王安石变法时民间的情况，假设高利贷普遍的标准是年利四分，现在官府推出一种贷款年利才二分，这当中有两分的差额，请问会发生什么情况？这笔贷款的额度当然就会成为各种各样“寻租空间”的额度。

就像今天我们的政府会给创新企业、文化企业一些补贴，市面上就出现了一种公司，帮这些企业去申请这种补贴，等补贴申请下来，再跟这些企业来分。宋代也一样，既然有这个利差，就一定会有人利用这个利差，往自己腰包里搁钱。

为什么说火车票应该提价？因为火车票没有达到它的市场价格，是国家使用补贴把价格压了下来，表面上对老百姓有好处，实际上这个系统会把价格再弹回去——内部人偷票或把票给票贩子，等等。老百姓买票的时候，如果不到票贩子手里去买，就得彻夜排很长的队，用支付自己时间成本的方式，把这个成本给支付掉。

所以制度运行的过程是有成本的，制度设计得再好，如果把制度成本算进去的话，其实跟市场自然形成的价格没有什么区别。

再给大家举一个例子，比如说“市易法”，那是一个多么高明的设计，当一个商品的价格低了，国家赶紧收储；价格高了，赶紧抛出平抑价格。可问题是，当真正的市场经济出现的时候，你怎么知道现在是高价还是低价呢？既然让官员去判断，如果他的廉洁度不够，最后他会买什么？一定是紧俏货、高价货，因为有人给他塞钱，反正是国家出钱，所以“市易法”迟早会搞得国家入不敷出。

但是王相公也说了，市易法应该有收益，不是低吸高抛嘛，所以找那些官员要钱。那些官员会怎么办？只好拼命去压榨那些商户。所以市易法被废除的时候，社会是什么情况？最后有4万家商户欠政府钱，市易法的执行机构雇了1000多人在全国讨债，那当然就是民不聊生的结果了。

所以你看，制度成本这个变量一旦代入系统之后，你会发现，新法想要给老百姓制造的好处其实并没有出现。

第五步：坏人发起反攻

紧接着，第五个逻辑出现了。新法可能会失败，但是皇帝任用的这批坏人已经站在朝堂上了，他们不会轻易退出历史舞台，而且他们要反过来攻击新法的发起者——王安石。

王安石后来失去了宋神宗的信任，被贬到了南方。临走的时候宋神宗还在征求他的意见，问他觉得谁当下一任宰相合适？王安石就推荐了他最信任的那个人，吕惠卿。吕惠卿当了宰相之后，最害怕的事就是王安石回来，因为王安石是他老师，对他恩重如山，王安石一回来他就得靠边站。所以这个时候，他唯一的政治目的，就是把王安石搞掉。

于是，他跟邓绾两个人一合计，就诬陷王安石参与了一个亲王的叛乱。幸好王安石还是有一定政治经验的，日夜兼程赶到开封，跟宋神宗把这件事情摊开说清楚了。

宋神宗说，既然这事说清楚了，要不你回来当宰相吧。又把王安石任命为宰相，这是王安石二度当宰相，吕惠卿只能靠边站了。按史籍上的记载，从此只要能害王安石的事，没有吕惠卿不参与的。

这个时候，改革者的悲剧就出现了。王安石跟宋神宗虽然表面上好得跟一个人似的，但毕竟不是一个人。王安石原来跟吕惠卿关系好的时候，经常跟他商量变法的细节，他跟吕惠卿说，有人批判新法，这事你不要跟皇上讲。他俩大量的书信来往都涉及这个话题。

吕惠卿这个时候就把这些书信整理了一下，一起端到了宋神宗的面前，这就是你信任的王安石，你还信他吗？宋神宗一看就傻眼了，彻底失去了对王安石的信任，导致了王安石的第二次罢相。这是王安石变法彻底失败的标志。

第六步：贻害无穷的党争

事情到此算结束了吧，实际没那么简单。如果仅仅到此为止，王安石怎么会在南宋历史上留下那么大的骂名？仅仅由于变法失败，怎么也达不到这个程度。

所以说在第五步逻辑之后，还有第六步的逻辑，这才是影响更深远的逻辑。

所有的效率型改革必然会有余波，为什么？因为它是在强大的后台老板支持下搞的改革，后台老板一死或者撤除支持，原来被强权压制的那些力量就会反扑。

为什么历史上的改革家下场往往都不好？就是这个逻辑的产物，比如商鞅、吴起，最后都死于非命。王安石变法，这个逻辑同样在起作用。虽然王安石已经死了，但是他的那些徒子徒孙们，就成为了打击目标。

宋神宗一死，表面上继位的是他的儿子宋哲宗，但是真正掌权的，是他的老妈高太后。高太后一直觉得宋哲宗这个孙子在胡闹，忍不住自己上了台，把新党全部撵下台，把旧党请了回来，那谁来执政呢？就是司马光。

这一段历史叫什么名字？叫“元祐更化”。元祐是年号，其中暗藏了一个意思，就是多亏了高太后这个明白事理的老太太出来保佑我们，所以叫“元祐”。什么叫“更化”？就是把原来干的那些事全部变更掉。

但是，老太太年纪大了，自然做不了几年主，老太太一死，宋哲宗就会亲政。宋哲宗说，对，你是宋神宗的母后，以母改子没有问题，是符合孝道的。我是宋神宗的儿子，我要以子继父，这也符合孝道啊。所以就把旧党赶下台，把新党再召回朝廷。

这段历史叫什么？叫“绍圣绍述”。这名字听起来很别扭，绍圣是宋哲宗的年号，“绍”和“述”都是继承的意思，“圣”指的就是宋神宗。“绍圣绍述”就是说，宋哲宗要继承宋神宗神圣的使命，把他未完成的事业干下去。于是，新党又上台了。

可是宋哲宗执政没几年也死了，又上来一个太后，就是宋神宗的老婆向太后，她虽然是宋神宗的老婆，但是她特别讨厌新党。于是，新党再次被赶下去，旧党又被召回朝廷。这一段有两个年号，一个叫元符，一个叫建中靖国，这俩年号都是有意思的。

什么叫“建中靖国”？就是说，我们新旧两派不要再争斗下去了，搞一个中庸的东西，这叫“建中”；“靖国”，就是平静的意思，就是不要再闹了。但实际上向太后还是倾向于旧党的，所以又扶植了大量的旧党上来。

向太后没有几年就下台了，然后是谁亲政？就是宋神宗的第二个儿子，历史上大名鼎鼎的道君皇帝宋徽宗。他又开始搞宋神宗那一套，旧党再下去，新党再上来。

如此一来，整个北宋的政治成了什么？就像翻烧饼，这面烤煳了翻另一面接着烤，不断地折腾。新党上台的时候，是不是还要搞改革，推行王安石的那些政策？

没那回事，这个时候新党和旧党已经沦为两个政治符号，没有什么实际的改革措施了，就是互相指着鼻子骂，你是小人、我是君子云云，朝廷政治就变成了一个党争型的政治。

在宋徽宗年间，党争发展到了什么程度？我们来看一下宋徽宗的年号，崇宁，什么意思？就是要崇拜熙宁年间宋神宗做的那些事。宋徽宗搞了一件事情，刻了一副“元祐党人碑”。当年高太后搞的那一套不是叫“元祐更化”吗？宋徽宗认为，上台的旧党都是奸臣，所以亲自用他的瘦金体在碑文上刻下了这些人的名字，司马光、文彦博都在上面。刻下来干什么呢？立在开封，告诉大家，这些人的子孙永远不许参加科考，朝廷永不录用。

后来宋徽宗把这个碑建得全国都是，当然，其他碑上面不是宋徽宗的字，而是大奸臣蔡京的字，元祐党人碑就作为蔡京的一个重要的书法作品被保留了下来，这也是一个历史的遗迹。

元祐党人碑上刚开始只刻了100多个人的名字，最后名单扩大化，变成了300多人。而且这张名单上已经不分什么新党、旧党了，所有的政敌一概打击。这个党争甚至在北宋灭亡之后，一直到南宋，还在折腾。

讲到这儿，大家可能才会理解，为什么王安石是国家由统一到分裂的罪人。都是因为他搞变法，才导致整个大宋天下变成了一个党争的天下。

这段故事真是让人感慨。你可能会问，罗胖，难道你想否定王安石吗？我没有那个意思，你以为这里面有谁是正确的吗？谁都不正确，一个正确上台，另外一个正确就在台下等着，要把前者推翻。所以到底是王安石对，苏东坡对，还是司马光对，已经变成了一锅稀粥，谁都不对。

为什么效率型变法一定会出问题？因为效率型变法讲究的就是单目标效率系统，一定是要靠权力把效率给推进下去。可是效率型改革有一个天然的前提，就是要先造蓝图再施工，蓝图不对，房子肯定会盖走样。

所以，这个蓝图一旦画出来，它就一定得正确。害死人的就是这“正确”二字，因为“正确”这个家伙一旦登台，它只有两句台词，第一句，我正确；第二句，所有反对我的都不正确。所以“正确”一生的使命就是要把那些跟它不一样的东西强行赶下去。这就是效率型改革往往会贻害无穷的原因。

改革开放：活力型改革的好教材

你可能又会问，如果罗胖你是王安石，应该怎么改革呢？这事别问我，我也“穿越”不回去。但是我知道，如果想搞一个活力型的改革，真的有一本好教材，那就是中国人现在还在经历的改革开放。

改革开放的总设计师邓小平先生有著名的“三论”，叫猫论、摸论、不争论。“猫论”就是不管白猫黑猫，逮着老鼠的就是好猫；“摸论”就是摸着石头过河；“不争论”就是不要争什么意识形态、是是非非。

其实这个逻辑可以倒过来理解，第一步是不争是非，咱们别说改革蓝图已经描摹好了，它是什么样我们不知道，不争是非。

第二步就是“摸论”，就是大家分别去摸，有人能摸到帮助过河的那块石头就好。那么，那个人就是逮着老鼠的好猫，判他是正确的，让改革再往前走一步。

这恰恰是中国改革开放特别重要的一个经验，就是先不争是非，让它去试，试好了我再事后追认，让整个改革往前走一步，这才是活力型改革最好的一个样板。

老子的思想当中有一个特别奇葩的理念，叫“不尚贤”，这是什么意思？就是不要尊重贤人。这不是很脑残、很反动的话吗？为什么老子会说这样的话呢？刘军宁先生在《天堂茶话》当中解释得很清楚，什么叫尚贤？把一种人定为贤，就是定了一个标准，这个标准的对错你是不知道的，等于先论了是非，就会出现我们前面讲的王安石变法演化的逻辑。所以不尚贤恰恰是保护贤者，所谓的尚贤恰恰是伤贤。

我到底想表达什么意思呢？我想说的是商业。现在很多企业觉得互联网+、互联网浪潮扑过来了，我们一定要参与到这个浪潮当中，要激发企业的活力。可是现在有多少企业用的是活力型改革的方法呢？他们大多用的都是效率型改革的方法，在总裁办里面成立一个专门委员会，叫“推进互联网战略委员会”，天天开战略会议，老总极端重视，一定要用企业最多的资源，不遗余力地把这场改革给推进下去。可是结果呢？往往会距离那个效率的目标越走越远。为什么？就是因为前面讲的那个道理。

所以，企业家们如果真觉得自己要面对互联网转型了，真的要参与到这个活力驱动的全新市场环境当中，那么，你面前真的就有一面镜子可以参照。它的正面是我们正在经历的改革开放，而它的反面就是王安石变法。

第四章

成长的坐标

中国古代有一句话：“纵使一年不将军，不可一日不拱卒，日拱一卒，不期速成。”这句老祖宗留下来的话，很有保守主义的智慧。我们每天拱一步卒，也比一年来一次将军要强得多，这就是中国古人的智慧。

01 | 中国经济到底是向好还是向坏

6.9%的背后

很多朋友都关心一个话题，那就是：中国经济从短期和中期的趋势来看，到底是向好还是向坏？

这个话题相对有点大，为什么要聊这个呢？因为最近我在很多朋友圈子里，包括企业家、创业家，甚至投资人的圈子里，都普遍感受到弥漫着一种悲观情绪。这些人都是聪明人，这种悲观情绪当然是有事实支撑的。比如，国际上很多原材料的价格在飞速下跌，现在石油的价格一直在走低；中国的区域经济——东三省这样的老重工业基地传来的消息，通常有些揪心；还有产业经济，中国是一个以制造业立国的国家，但是很多制造业的发展状况都在一路下滑。

虽然中国经济也有一些亮点，例如互联网行业，好像仍有很多公司在蓬勃发展；但是这么大的一个国家，从宏观角度去看，经济到底是向好还是向坏呢？

如果按照国家统计局的说法，2015年中国经济增长了6.9%。这个数字是有讲究的，网上就有人评论说，这个数字其实弹射出两层意思。

一方面，国家想要保住7%这个点，但是没保住，说明经济增长不如预期；另外一方面，又要告诉老百姓，距离7%其实只有很小的差距，让人们继续怀抱希望。所以，从6.9%这个数字中既可以得出悲观的判断，也可以得出乐观的结论。

我们每个人都生活在中国经济这个大母体当中，我们应该怎么判断呢？

在此，我想特别提出一个人，他就是张五常先生。张老爷子对中国经济的判断，30年来几乎都是准确的。比如在1982年，还在大洋彼岸的美国念书的他就说，中国一定会走上市场经济的道路。

从1983年开始，张五常就一直唱好中国经济。2008年他还讲了一番话，得罪了好多人。他说，中国现在搞出来的这套制度，是人类有史以来最优秀的制度——他指的就是经济制度。此言一出，众人哗然，说这不就是拍马屁吗？但是他一直坚持这个观点，后来还专门写了一本书来系统地论述这个观点。所以，他算是一个长期对中国经济做乐观判断的人。

但是就在过去几年，张五常再提到中国经济的时候，往往都是一派悲观的预测，他总是觉得这个庞大的经济体要出问题。这样的人的意见特别值得我们重视，因为过去30多年他都说对了，这一回他会不会又说对了呢？

我们这一代人命很好，如此大的经济体，经济快速地发展，而且持续了这么长时间。但我们都知道“人无千日好，花无百日红”“天下没有不散的宴席”，就算现在中国经济进入了一个平台期，或者转折冲下，那也很对得住我们这一代人了。看看我们的邻居日本，在20世纪同样经过了30年的快速发展，到20世纪90年代一个大马趴栽下去，到现在也没缓过来，已然一个缠绵于病榻的病人。

中国经济在这个点上，会不会像有人讲的那样，沦入“中等收入陷阱”[①]呢？会不会从此就画出一个拐点的曲线呢？不知道。

我先做一个声明，接下来的内容并不意味着确定性的判断，因为所有敢对未来事件做确定性判断的，都是算命先生。连搞地震预测的科学家都说，地震其实是没法预测的，因为它太复杂了。而人类经济现象是一个不输于地震的复杂现象，怎么能够得出确定性的结果呢？所以我下面写的所有内容都是猜，都是赌。

① “中等收入陷阱”是指当一个国家的人均收入达到中等水平后，由于不能顺利实现经济发展方式的转变，导致经济增长动力不足，最终出现经济停滞的一种状态。

我长期看好中国经济的三个理由

赌中国经济一定不行的经济学家我见过很多，从我认识他们、看他们的文章的时候起，他们就一直说中国经济不行了。我们常笑话这种人，因为一只不走的表，一天也总会有两次时间是对的，经济也一样，总有不行的时候，所以他们偶尔也能蒙对。

熟悉我的人都知道，我是中国经济的“死多头”。什么叫“死多头”？就是不管发生什么，我都认为它会变好。我讲过一句话：“中国经济未来30年的发展会好到大家不相信的程度。”就是说，倒转回30年前，你能想象今天中国人民能过上这种日子吗？同样，30年后，我们获得的繁荣和强盛也是我们今天不敢想象的。

熟悉罗辑思维的人都知道，我此前提出过三个理由，来支撑我为什么长期看好中国经济。

第一个理由，全世界的大国崛起分成两种模式，一种叫创新主导的崛起，一种叫规模主导的崛起。这是什么意思？就是有一些人口规模比较小的国家，它的创新力很强，搞出了技术、制度各个层面的创新，所以应该崛起。但是别忘了，旁边会有一些“大胖子”国家，它人口规模比较大，在特定的历史阶段不见得要创新。这个大胖子就蹲在旁边看瘦子在搞什么，一旦学会了，这种创新他拿来就用，凭借人口规模，照样可以崛起。

在人类历史上后一种崛起模式其实是非常多的，美国、苏联刚开始的时候都是这样。我们中国过去30多年，也是蹲在西方旁边看。我们中国人聪明，所以很快就学会了。

就像我的很多创新，大家以为是我独创，其实并不是，都是我从书里看来的。但是我勤奋，我口头表达能力比较强，于是我形成了一种规模主导的崛起。我每个星期都做节目，而发明这种创新思想的人却未必每个星期都搞得出来，这就是一个胖子的优势。

有人可能会说，中国经济没有出息，过去30多年发展的那个经济模式傻、大、黑、粗，没有创新，跟日本、美国比多丢人啊！

这种想法太幼稚！经济发展方面的创新，当然是拿来就用，在中国这种后现代性国家，这个阶段搞什么创新？别人创完了，跟他们学就好了。

还有人可能会说，这不是正中美国人下怀吗？美国人经常说我们中国人侵犯他们的知识产权。

你别搞错了，人类的大量创新都是没有知识产权的。举个例子，麦当劳在北京开了第一家店，它做它的生意，它的品牌我们也不去侵犯；但是中国所有搞餐饮的人，尤其是搞连锁餐饮的人，一看还有这么一种玩法，店面是这么装修的，经营策略是这样子的，自然他就学去了。这么多年来，那些世界500强在中国开分部，训练了大量的职场人士，我们一看，原来办公室是这样管理的，市场营销是这样做规划的。大量东西没有知识产权，我们就都学来了，这就是规模主导的崛起。

我的第二个理由是，规模本身就是优势。很多人说，中国经济现在不行了，因为基数太大，所以这个发展速度势必要降下去。这固然也是一个观察的角度，但是他们没想到的是，基数太大反而是个优势，有的时候胖子能玩的游戏，小个子是玩不了的。比如瑞士，即使它造的表能卖给全世界每一个人，它的经济不也就是那个规模嘛！

中国经济到了这么大体量的时候，就能玩出很多花样来，而西方经济就没法玩。比如说中国的电商、服务业，正是因为中国人收入差距大，所以才可以如火如荼地干起来。你到美国住几个月就知道了，它的服务业是远不如中国的。因为它在特定地区的人口总量、它的聚居人口规模不可能有中国这么大。

雕爷跟我讲过一个比方，他说经营企业有三种玩法：第一种玩法叫从0到1，就是创意型的企业，从来没有出现过的生意我突然干出来了。第二种玩法是从1到10。中国共产党当年打解放战争的时候，打的就是从1到10的战役。就是我现在不如你，所以我派任何一支部队出去，比如有100个人，一定要拎回来对方120个脑袋，每场仗都不能输。

第三种玩法就是，从10到100的战争，就是你自己的体量极大，所以你的玩法就变得非常多。举例来说，如果让指挥解放战争的那些将领到太平洋战场上去指挥中途岛战役就不行了，因为大胖子与小瘦子打仗时，算账的方式是不一样的。美国当年和日本打的时候，它就是个大胖子，日本损失一艘航母，美国也损失一艘，美国就赚了，因为它胖嘛。

商业竞争也是这样。有一些大公司就是因为它“胖”，所以玩法就可以不一样。比如说微软，这家公司已经多年不创新了，跟谷歌、Facebook比都好low的。但是微软的盈利状况非常好，所以它就是可以不下牌桌。只要有现金流支持，动不动就可以打一仗。输了，就再来一局，只要不下牌桌，它永远还有机会。

就像2015年微软推出的Surface，这个产品其实是失败的，但是一局一局玩下去，新一代产品的评价就还不错。这是胖子的玩法，在一定规模产生之后，它的玩法变得越来越多，中国经济的创新空间是那些小规模的经济体没法比的。

第三个理由就是，中国经济这30年来走对路了。比如说我们的邻国印度，经常看我们中国心里不服，觉得他们在软件业、互联网界也很牛。但是根据徐滇庆先生的研究，印度走错路了，虽然它的某些特定产业非常好，在全球市场上远超过中国，但是又怎样？它的产业发展路径没有卷入大量的人口。比如有“印度硅谷”之称的班加罗尔，它的核心区跟美国没有什么区别，但是一墙之外可能就是贫民窟，大量人口没有卷入到全球的分工当中。

有经济学知识的人都知道，什么叫经济繁荣？就是一个国家每一个人在理论上都可以卷入全球的精细分工，这样它的财富状况就会增长。从过去30多年来看，中国恰恰走对路了，虽然我们干的是最脏、最苦、最累的活儿，但是又怎样？每一个中国人，哪怕是穷乡僻壤的农民工，也有机会通过这个国家崛起的过程，对接到全球分工中。所以中国的成长才是一个普遍的成长，一个总体人口规模上的成长。

中国经济发展有独特的历史机缘

现在我再提出一个角度，来重新解释一下中国过去30多年经济繁荣的原因。美国经济学家科斯讲过一句话：谁能够破解中国经济的繁荣之谜，谁就应该得诺贝尔经济学奖。罗胖我当然没有这个野心，但是作为一个40多岁、生活在中国内地的人，我的生命完整地见证了这个国家成长的过程。

我看到了什么？作为一个身在此山中的人，我清晰地看到了三条线索。第一条是产权逐步落实，第二条是市场逐步自由，第三条是国家逐步开放。除此之外，我没有看到这个国家搞出什么独门秘方来推动经济发展。大家不要小看我刚才讲的这三个“逐步”，实际上它意味着中国的经济发展有着独特的历史机缘。

秘鲁经济学家德·索托有一个观点：一个穷国不是没有财富，而是这些财富就像高山上的湖泊，都聚在上面，缺乏一根管子把它导下来，变成可以发电、可以灌溉的能量。这个管子是什么呢？就是产权。

我借用他这个比方是想说明，中国经济其实就是一个被压得紧紧的弹簧。我们这30多年可不是简简单单从穷到富的过程、GDP从小到大的过程，还伴随着什么？整个社会处在一个高压状态，整个产权状态从集中到分散，整个市场从不自由到自由，整个国家从封闭到开放，这不就像是一根弹簧吗？所以，这30多年就是这根弹簧逐渐释放出来的过程。

这个解释也许听起来平平无奇，但是请注意，我们讨论的话题是中国经济未来到底向好还是向坏。那么结论就出来了，如果这根被压死的弹簧在过去30多年里，所聚集起来的能量已经被释放干净了，再往后发展就乏力了，因为没有动力源泉了。如果这根弹簧的能量还没有释放干净，你凭什么说中国经济就不行了呢？这30多年来的惯性是停不下来的。这是我个人观察中国经济总体趋势的一个心法。也就是说，过去导致我们成功的那些因素现在有没有消失？如果没有消失，我就对它保持乐观。

产权与“18亿亩耕地红线”

让我们回到最基本的产权问题。产权问题落实了吗？表面上包产到户，农民已经可以各种各的了，但是土地仍然没有作为一种产权落实到每一个农民手上。农民还不能够自由地买卖土地。它至少带来两个结果：第一，城里面的资本和技术不能够顺畅地下乡，所以中国农业产业化的步伐严重滞后；第二，农民缺失了最重要的经济手段，他们不能买卖土地获得资本，或者抵押土地获得资金，这样就严重地打压了那些进城农民工在城市里的竞争力。

像我了解的一些农民朋友，虽然他们心里清楚自己再也回不到农耕生活了，已经在城里扎下根来了，但是还得派一些老弱病残的家庭成员回到乡下继续耕种土地，虽然经济产出一塌糊涂，可是一旦土地撂荒，没准儿承包的土地就要被村里收回去。农民们聪明着呢，知道这个政策迟早要放开，虽然眼下不划算，但是万一将来这个土地是我的，它也是一大笔钱，所以还得用一只手摁在那里。

这就陷入了一个僵持的状态。所以，中国经济这个高压的弹簧，实际上有一部分是没有放开的。中国农村的土地问题其实可以解释很多现象，比如说这一节弹簧现在为什么被压住？压住它的理由未来会不会成立？如果不成立，这个弹簧会不会继续松开，从此释放出更大的经济活力？

土地可不得了，它有一个称呼，叫“财富之母”。著名经济学家陈志武先生算过一笔账，如果把土地彻底流转起来，允许私人买卖，至少会为整个中国经济体注入40万亿的资本。这是一个巨大的释放和成长空间，现在到底卡在什么地方呢？这就要提到我们中国人都熟悉的一个词：“18亿亩耕地红线”。

这个词的形成是有历史机缘的，话说1990年的时候，美国有一颗遥感卫星，在太空中探测了中国耕地的规模，美国人最后公布的数字是21亿亩。中国那个时候很多统计口径不是很精确，可美国人技术好，一下子就把这个数字端出来了。说实话，我们心里是很吃惊的，因为这个数字并不小，但是我们的人均耕地面积在全世界排名非常靠后。所以大家就在想，我们的粮食会不会不安全呢？

到了1995年，美国有一个环保主义者布朗，写了一篇文章，标题很耸人听闻，叫“谁来养活中国？”。文章里说，中国土地这么少，水资源这么匮乏，万一崩溃了，中国人就要抢全世界人民的粮食吃，所以中国人的粮食安全危机就是全球的粮食安全危机。

我那个时候还在北京读研究生，看到这篇文章之后，发现中国的主流媒体都在愤怒地驳斥布朗，认为他在胡说，我们中国人能养活自己。但是这个观点还是戳到了中国一批知识分子和官员的心里，引起了他们的反思：“是啊，我们能不能养活自己呢？”

于是，1996年国家认真探测了一下土地面积。测完不禁倒吸一口凉气——只剩下19亿亩的土地了，已经不是美国人说的21亿亩了！

这说明什么？随着城市化的进程和大量的工业开发，我们的很多耕地已经变成了房地产等，这样下去还得了？现在是19亿亩，那么，18亿亩耕地就是条红线，再也不能损失耕地了，我们一定要为子孙后代留足能让他们吃饱饭的良田。

当然，18亿亩红线这个词是2006年第十届全国人大四次会议上才提出来的，因为当时人们觉得形势特别严峻，城市里的房地产开发如火如荼，所以严防死守这条红线成为上上下下的共识，国土资源部门主要干的就是这件事。

今天，我们站在2016年，看看又过去了10年，这件事情还有没有必要性。现在我们就把“18亿亩土地红线”当作一只麻雀来解剖一下，看看到底是什么样的原因，导致中国经济制度中会出现这样的局部，像弹簧一样紧紧地压在那儿，而没有释放出经济上的动能。

首先，18亿亩这个数字是怎么得出来的呢？国家探测了出全国的耕地面积是19亿亩，就在下面画了一道线，得出18亿亩这个数字。其实还有另外一个算法，因为在20世纪90年代和21世纪初的时候，中国政府普遍预测将来中国大陆人口的峰值会达到15亿到16亿。如果按照国际通行的标准，一个人平均一年消耗500公斤粮食的话，这就是8000亿公斤的需求。而那个时候中国粮食产出量一直稳定在5000亿公斤左右。换句话说，一旦人口达到那个数字，我们的粮食缺口是2000多亿公斤。就算将来我们的亩产还有增加，那也一定要保持18亿亩耕地的底线，才能够养活16亿人。

但是，现在我们站在2016年再回头去看，会发现好多账都算错了。

首先，对人口的预测出错了。根据现在的预测，中国大陆人口的峰值可能不会超过14亿，我看到最悲观的一个判断是，

50年之后，中国内地的人口将会跌到10亿以下。既然我们这片土地没有必要养活16亿人，为什么还要留这么多耕地呢？现在国家放开二胎政策，就是觉得中国人口不能维持一个极低的增长率，我们需要更多的人口。这个观念正在转化。

其次，我们把耕地总数量判断错了。当时觉得只剩19亿亩了，可是看看2015年公布的数据，我们现在拥有多少耕地？20亿亩以上。怎么凭空多出来这么多耕地？很简单，2006年中国取消了农业税，于是土地瞒报这种事情就没有了。过去我们认为18亿亩是通过层层口径统计上来的，数据比较准确。可是，那时每一亩土地都是要交税的，于是上下级之间互相打个埋伏，就少报了。所以这笔账从根儿上就算错了。

再次，是哪笔账算错了呢？粮食增产到底靠什么？是靠土地面积吗？稍微有一点知识的人，一看美国农业就全明白了，真正靠的是技术，是资本对技术、土地、劳力的整合。美国的耕地当然比中国多很多，现在可开发的耕地是28亿亩。他们有一望无际的大平原，所以有大量可耕地，现在很多土地都撂荒了。

但是美国出产了多少粮食呢？全世界10%的小麦、40%的玉米，都出产于美国，你能想象吗？美国还生产大米呢，美国的大米产量只占全球的1%。但是，请注意另外一个数字，美国大米的出口量占全球大米出口量的10%，养活了很多外国人。

我们再来看美国的人口结构，美国只有1%的农业人口。简单地说，1个美国农业人口要养活98个美国人，还要养活34个外国人。同样是这一小片土地，虽然美国土地的总规模很大，它的出产效率也是极高的。美国农业那真叫大碗喝酒、大块吃肉，都是高技术的运作，所以农田的产量大幅度地提升。结论就是，单单保护耕地面积是没有用的，关键是要让资本、技术进入农田，才能够产出更多的粮食。你看，这笔账是不是也算错了？

最后，还有一笔账算错了，就是关于粮食危机的估计。前些年我看过媒体公布的一个关于中国粮食自足率的排行榜，排在末尾的是上海，只有10%。也许有人会觉得上海人民很可怜，可我的感觉正好相反，上海怎么能有10%的粮食自足率呢？这个数字不应该是0吗？上海的土地是多么值钱啊，就算是留下一部分耕地，也应该种植经济作物，比如水果、蔬菜，或者养殖鱼虾才对嘛。粮食缺口怎么解决呢？上海有的是钱，从产粮大省买就好了。从这个排行榜里我们可以清楚地看到一个规律：经济越发达的省份，它的粮食自足率就越低。

如果把这个规律放到国家层面，不也适用吗？像我们中国，要追逐经济的长足发展，难道不应该尽可能地进口粮食吗？对这个看法，很多人持反对意见，认为欧洲在追逐粮食自足，日本也在追逐这个结果，美国更是粮食出口大国，作为大国，粮食安全非常重要。

可是我们中国人口多、耕地少，粮食很可能酿成重大危机，我们应该怎么办？我们粮食安全的底座应该放在哪儿？难道是放在我们本来就已经很脆弱的国土上吗？当然应该放在全球的协作架构当中了。

产权逐步落实的总趋势不会变

在20世纪90年代做出那种判断还可以理解，那个时候我们国力很弱，还是一个经济不发达的发展中国家，所以我们带有一种弱者心态，怕那些强者围堵我们，不给我们进口粮食。但是2016年的中国是什么经济状况？从总量上说已是全球老二，在不远的未来，没准儿还会超过美国，成为全球GDP老大。作为老大，再这么思考问题，那就不对了。

我们的粮食安全一定要建立在全球协作的基础上。现在不光是中国，全球好多发达国家都在一些第三世界的不发达国家租种大量的土地，来确保自己的粮食安全。越是像中国这种人口庞大、有潜在粮食危机的国家，就越应该这么干。用一个不太好听的词形容，叫“驯化”——驯化你的协作伙伴的经济结构，把它捆绑在你的经济体系当中，让它去承担你的粮食安全问题。

有人可能会问：“美国人要是围堵我们，不卖粮食给我们，我们中国人不就饿死了吗？这些小兄弟万一都让美国人拉走了呢？”

你想过美国人拿什么拉走他们吗？一定是经济上的利益。我们现在已不是穷国，一个在GDP上已经立得住的大国，如果美国人给人家利益，我们就没钱给吗？

假设中国人有的是钱，美国人就是不卖粮食给我们，那么不仅其他小国做不到，连美国的农场主可能都做不到。你只要有钱买，那些生意人定会把粮食弄到中国来卖。所以，粮食安全一定要架构在全球的协作体系上。

假设中国会断绝和外界的一切经济联络，那别说粮食了，整个国家经济都崩溃了，就不只是粮食危机的问题了。

所以从20世纪90年代一直到今天，我们必须完成从弱国到强国这种心态上的切换。我打一个比方，比如说罗辑思维还是一个小公司的时候，我们想做什么事就自己做了，即使要到外面找人做，也是尽可能占人家的便宜，一看这个服务是免费的，我们就占点儿便宜。可是一旦变成一个中型公司的时候，我们就不这么想问题了。

今天，面对市场上那些企业协作软件的服务，一类是免费的，一类是收费的，你说我们会用哪类？当然用收费的了，甚至用收费比较贵的服务。为什么？不是我不想省下这笔钱，是收费的公司它才能存活下来。既然它已经跟我们形成了协作伙伴的关系，我们就要多给它利益，让它能单独地成长，然后去帮我们做一些我们自己做不了或者不愿意做的事情，架设一个更稳固的分工协作体系。越大的公司就越会具有这样的心态——我要去滋养我的环境，而不是保护我家里的哪个体系是完整的。所以中国的经济成长一定是建立在全球化的协作体系下的，想关起门来搞任何安全举措，都是不可能的。

一旦你理解了这个逻辑就会知道，我们现在看待粮食问题的很多尺度实在是太狭窄了。比如说前两年北京有一家公司在海淀区占用了一片耕地，建了一座楼，根据现有的政策得“占补平衡”，就是你占了一片耕地，必须得补出一片面积相同的耕地。这片地补在哪儿了呢？补在延庆的山沟里。于是就有专家跳出来反对，说延庆那个地方天寒地冻的，一年作物只能熟一季，而海淀区能熟两季，所以吃了大亏。

他站在粮食产量这个尺度上看问题是对的，但是站在整个北京经济发展的角度看，这笔账就错了。海淀区是什么地方？寸土寸金的地儿，建一座楼产生的财富总量，是种粮食能补得回来的吗？你既然拥有了更多的钱，拿去买粮食不就完了嘛！

再比如说，前两年北京要在顺义发展汽车行业，很多粮食专家就提出，顺义是北京的粮仓，怎么能够建工厂呢？造汽车的工厂，在土地上产生的效益是种粮食能补得回来的吗？懂一点经济学的人都知道这个道理。

可是我们在当下的中国，经常能看到这样的怪现象，一个居民小区已经拔地而起，可是周边还是耕地，还是菜园子。原因很简单，因为没有土地配额，政府不能把周边的耕地转化成商品房建设用地。周边的农民明知道自己这片地很值钱，但就是不能把它兑现为经济收入。你放心，过不了多少年，中国政府一定会意识到这个问题，然后把这个强行的政策阻隔给撤掉，然后经济不就发展了嘛！

你可能会问，罗胖你怎么这么有信心？这些大政策你三句话两句话就能把它们撤了？不是我有本事，我一呼吁中央就改政策，是这件事情它是水到渠成的。一旦认知水平改变了，决策就一定会发生变化。就像18亿亩耕地红线，如果站在20世纪90年代的认知水平上，我们做出这样的决策就是对的。可是到了今天，认知已经出现了变化，所以政府的政策也会出现相应的调整。

其实，我不是想说什么耕地问题，我是想说中国经济发展真正的动因在哪儿。原来持续发展的产权逐步落实的总趋势会不会变？不会变，因为很多问题原来想是错的，现在想就是对的。随着我们生存环境的变迁，全民认知水平的提高，政府的很多政策一定会发生调整，只要产权逐步落实，就一定会推动经济发展，这个经济学上的规律不变，那么中国经济产权逐步落实的总趋势就不会逆转。

市场交易会越来越自由

我们再来看第二个趋势——市场交易逐步自由。在未来中国经济发展进程中，市场交易会不会变得越来越自由呢？在此我也表达一个乐观的预期。

当然有人会反对，说中国政府很多部门为了部门利益，会扼制经济自由。

这个现象当然有。但是你看过去30多年的总趋势，为什么总是趋向于越来越自由呢？站在2016年的节点上，我们会发现中国正在等待一个新的东西，叫“消费升级”。也就是说短缺经济、匮乏经济的时代算是全面过去了，老百姓兜里的钱越来越多，经济的总体结构会发生一次升级，这会发生什么？从产业分析上来讲，一定是经济等待开发新边疆。

这是什么意思呢？因为过去的经济都是满足确定的需求。老百姓的衣食住行这些基本需求都没有得到满足，所以企业只要做一件事情，就是生产、对应市场的需求就可以了。可是消费升级之后出现的最大变形是什么？是老百姓也不知道自己要什么。你不信可以回去问你爹妈，他们今年的生日礼物想要啥？老爷子、老太太一定会说：“哎呀，我什么都有，什么也不要。”你看，这个场景很普遍吧，说明老百姓真不知道自己想要什么。

所以，这个时候的需求已经不是被满足的，而是被企业家创造出来的。这个时候经济提供的那些供给是原来的经济版图内从来没有的新物种，所以我称之为“探索经济的新版图”。比如说iPhone，如果乔布斯不把它发明出来，谁知道自己需要iPhone呢？一部新电影，一款新游戏，一本新书，如果不是供给者把它创造出来，谁知道自己需要这个呢？在这种情况下，如果不给供给者自由，他什么都不会创造，经济就会停止发展。

回过头再来看中国经济，中国政府手里还握有大量的经济自由的释放空间。换句话讲，很多地方还不自由，比如说医疗产业化、教育产业化，还有文创产业。就拿电影分级制度来说，现在多少人都在呼吁尽快建立这个制度，一旦电影分级制度建立起来，电影市场的繁荣势必会呈指数级增长。再比如说医疗产业化，马云是聪明人吧，他的聪明钱早就跑到前面等着了，搞什么阿里健康产业群，搞什么未来医院，他就是预测这个领域一定会变成一个自由竞争的市场。

有人可能会反问，要是政府就不给我们自由呢？这可就误解中国政府的本质了，因为中国政府的执政合法性就是建立在创造全民族的崛起和繁荣、让老百姓过好日子的基础上的。如果在全球的大国当中排名次，看哪个政府对经济发展握有更重的责任的话，中国政府是首屈一指的。西方很多政府只需要在上台之后对选民负责就可以了，而中国政府是要对全民的繁荣和发展负责的。

换句话讲，如果政府手里握有这张牌，只要打出去经济就会繁荣，而它的主要使命又是促成经济繁荣，请问这张牌它打还是不打呢？它一定会打。所以你不要认为政府是一个社会或者经济之外的要素，它是经济网络之中的一个要素，它在完成自己的目标、达成自己的使命的过程中，既然有可使用的手段，它凭什么不使用呢？这是一个总规律。

我再举一个例子，比如说2015年年末的时候，网上疯传一篇文章，说一位英国爵士跟一个中国记者讲：“你们中国人发展电商，好不聪明啊，搞什么电商呢？我们英国政府和英国企业家要搞出一个电商平台来，简直是易如反掌。但是我们为什么不干呢？因为街上的店铺是不能打击的，一搞电商，大家都不去街上的店铺买东西了。要知道，街上一个店铺背后就是一个中产阶级家庭，你摧毁了他们，就是摧毁了社会的基础。”

这番话很多人听着真是入耳，所以这篇文章到处都在传。可是只要稍微有点经济学或者政治学常识的人，都会知道这个话肯定是假的。首先，英国的电商一点儿也不比中国落后，英国每天有1500万人次去点击像eBay、亚马逊这样的网站进行网购。为什么英国没有电商平台呢？有两个原因，首先，人家的零售业比较发达，很多地方的需求已经被满足。其次，更为重要的是，美国人搞的eBay和亚马逊网站占领了英国的电商市场，所以英国本土没有人搞得出一个电商平台。而且，创业的人都知道，创业都是在泥泞的沼泽中跋涉，都是不知道前途的。

但是更重要的一个缺乏常识之处是，如果英国政府和英国企业家认识到，这么干能推动经济发展，可是摧毁中产阶级家庭又会对社会带来危害，所以就自觉忍着不干，这可能吗？英国的资本家是吃素的？他们如果看到这个机会，会因为不能摧毁中产阶级家庭就不创业？怎么可能！

所以，政府如果遇到一个机会，将手里的牌打出去就能达成结果，它是不可能不做的。

我个人对此做极其乐观的预期。很多中国市场现在看起来不自由的地方，政府只要为了推动经济繁荣，这张牌一定会打出去。这是第二个趋势，叫经济交易一定会越来越自由。

国家一定会越来越开放

我们再来聊第三个问题，国家会不会越来越开放呢？

过去30年，支撑中国经济发展的还有一个总趋势，就是国家越来越开放。那请问，在有限的未来，这个趋势会不会发生逆转呢？我的答案是不会。

2015年确实传出了一个坏消息，美国人搞了一个叫TPP的自由贸易组织，它的全名叫跨太平洋伙伴关系协定。这个组织就是明摆着要绕过WTO世界贸易组织的现行安排，甩掉中国，另搞一摊所谓的世界自由贸易体系。

这个消息传出之后，中国舆论界哗然，最悲观的判断就是：完了完了，中国30多年改革开放的成果将毁于一旦，美国人不带我们玩了，这样下去我们生产的东西卖给谁？中国的改革开放事业将要从此停止了。

这当然是胡扯，因为中国现在的影响力距离美国虽然还差很多，但也不是没有还手之力。在这儿，我推荐大家看一篇文章，就是我们节目的重头策划人李子旸先生写的《一篇文章看懂TPP和美式自由贸易》。

这篇文章的题目就很有意思，什么叫“美式自由贸易”？它不是正牌的自由贸易，正牌的自由贸易是英国在19世纪搞出来的那一套，当时英国跟世界上其他国家的想法都不太一样，不管别的国家怎么跟它搞贸易战，怎么垒起贸易壁垒，它都单方面取消关税，把大量税种的税率降到零。中国香港原来就是英国的殖民地，它就实行这样一个政策，是一个自由港，没有关税，一分钱不收。结果影响了香港的繁荣吗？当然没有。英国在19世纪就把这件事情想通了，要不然19世纪为什么会被称为“英国人的世纪”呢？

美国号称接过了英国自由贸易的大旗，但它是怎么做的？它又搞出了一套美式自由贸易，换句话说，自由贸易是一种恩赐，而不是对美国利益的维护。所以美国在这方面脑子是短路的，美国觉得我领土这么大，人口这么多，市场这么繁荣，你想跟我做生意？对不起，要答应我很多政治上的要求。年长一些的人都知道，20世纪后半叶，美国在自由贸易这一点上给中国设了多少难题。有一个词叫贸易最惠国，什么叫最惠国？就是一个平等的贸易关系。这给中国提了各种各样的要求，什么人权标准、环保标准，等等。它不仅和中国这么玩，在全世界其他小伙伴那儿都是这么玩的。

举一个例子，同样是盎格鲁-撒克逊国家的新西兰，由于在海湾战争的时候不愿意出兵，美国就惩罚它，说以后签自由贸易协定，只跟澳大利亚签，不再跟新西兰签了。所以，自由贸易在美国手里是什么？是政治工具，而不是这个国家的基本贸易政策。

现在的TPP还搞出一个黄金标准，就是我们再搞自由贸易，大家要主动把关税降到零。但是对不起，是有附带条件的，劳工、政治、环保……别的我们不管，就拿劳工条件来说，如果一些经济上不如美国发达的国家按照它的条件来做，那就死定了，比如越南。

欧洲在劳工政策上规定，雇了人就不能辞退，涨了工资就不能往下降。这一套在欧洲、美国玩还行，它们家大业大，还能够支撑得下去，越南能玩这一套吗？肯定不行啊。

所以，这套标准把中国排斥在外，一定是中国的祸事吗？不一定，中国政府又不是傻子。现在中国政府在干什么？跟澳大利亚、智利、韩国签双边的自由贸易协定。而中国这种自由贸易协定可不是美式自由贸易，我们跟贸易伙伴可不提什么政治、环保、人权、劳工上的要求。所以美国搞出来的那些黄金标准恰恰是贸易壁垒，而不是它所标榜的自由贸易。

现在全球最像19世纪英国搞的英式自由贸易的国家是谁啊？恰恰是中国。中国领导人出访其他国家谈自由贸易的时候，哪有动不动就提一大堆乱七八糟的要求？100多年前英国搞出来的自由贸易传统这杆旗帜传到21世纪，真正的旗手是谁？是我们中国。我们握住这杆旗帜，不仅可以推动经济发展，更是在全球范围内和美国进行博弈的一个重要手段。你明白了这个原理之后就会知道，中国开放的总趋势不会逆转。

以上我讲了这么多，其实就是主张一个方法论，我们在猜、在赌中国未来的经济发展趋势是什么样的时候，要有一个基本的思路：过去30多年来支撑我们发展到今天的那些总趋势不逆转，中国经济就会好下去。

换句话讲，如果有那么一天，中国的创新水平已经跟美国差不多了，我们从西方世界再也学不到新东西了，中国的人口规模已经开始下降了，我们的产业类型参与不到全球分工中了，我们的市场自由已经释放干净了，我们的所有产权都已经落实到位了，而我们的国家开放已经走到了尽头，这个时候你再说中国经济有危险，也许我还信。而现在，你说中国经济不行了，打死我都不信。

02 被排斥的中国人

中美就是同床异梦的夫妻

说起中美关系，有一个特别棒的比方，就是把这两个国家比喻成同床异梦的夫妻。离不了婚，因为共同利益太多，一起供的房子、一起养的孩子，离了怎么分割呢？可是又没法在一块儿好好过，价值观不同，利益也不一样，有各种矛盾、各种争吵，虽然偶尔也过过夫妻生活，但总体关系是不好的，整天疑心对方有小三、存私房钱。

说起中国人对美国人的情感，其实也很复杂。过去有一大堆证据可以证明美国对中国好。早年我们“庚子赔款”之后，美国立马给退了回来，还创办了清华大学；二战的时候，陈纳德的飞虎队给了中国很多支持。这些都是实实在在的证据。可是要说美国对中国不好，也是不胜枚举、罄竹难书。最重要的一个证据就是屡屡被人提起的《排华法案》，这严重地伤害了中华民族的感情。

如果你看了《排华法案》，情绪一定会非常低落。我在看这些史料的时候，就非常难受。我现在简短地告诉你是怎么回事。

1882年《排华法案》由美国联邦正式订立，然后在几十年的时间里不断修订、不断延期，不断扩张排斥华人入境的边界。是什么时候废止的呢？历史上说是1943年，因为美国加入了第二次世界大战，宋美龄到美国国会演讲，一时间风靡美国，美国人一看东方美人这么漂亮，这样的美人越多越好啊，还排什么华呢？所以就把《排华法案》废除了。

确实，罗斯福总统废除《排华法案》是在二战期间，但是我们看后来的史料可并非如此简单。举个例子，美国驻华大使骆家辉的父亲可不是一般人，是美国的民族英雄、巴顿将军的属下，是为数不多的几个参加过诺曼底登陆的华人士兵。他复员之后，在美国没工作没老婆，就回香港找了个老婆带回了美国，她就是骆家辉的母亲。这样一个民族英雄、正宗的美国公民娶妻带回美国，居然还受到了刁难，骆家辉的父亲经过非常复杂的博弈才把妻子带回了美国。这是我从史料中看到的故事。

骆家辉本人对他祖辈的很多事迹的说法也很矛盾。比方说他特别爱说一个词，“一英里”。他祖父当年给别人当佣工居住的大屋，和他在华盛顿州当州长的办公室，相距不过一英里。他说他们家族用100年才走过了这一英里，说这话的时候他很自豪。可是若要再深打听他祖父的事，他就不愿意多说了。后来《纽约时报》的记者就说，他爷爷是非法移民，所以他才不愿意多说。你看，每一个炎黄子孙在提到这件事情的时候，心里都是有那么一点儿疙瘩的。

为什么美国人只排斥华人

你可能会说，这明摆着就是欺负中国人嘛，有什么可说的？你罗胖还能讲出什么花来？无非给我们谈一堆血泪史。

我刚开始也是这样以为的，可是随着读的史料越来越多，我的疑心就越来越重。都说丈母娘看女婿——越看越有趣，我读《排华法案》是越看越心疑，为什么呢？因为解释不通。要知道，《排华法案》不是一部普通的法典，它是美国历史上唯一一部针对特定族群的排外法案。为什么不排斥爱尔兰人？为什么不排斥波兰人？为什么不排斥黑人？为什么专门排斥华人？

过去的历史学家对此的所有解释都很粗糙，尤其是在意识形态比较浓烈的时代，他们给我们解释道，资本家迫害我们华工，帝国主义欺负我们中国人，然后还有种族歧视，等等，就是这一堆理由。摊开来看都对，但是不合情理，我们一条一条地分析。

第一条，种族歧视。

白人当然会歧视黄种人。但是你不要忘了，在美国种族歧视的链条当中，华人可不是最下等的那一群人。即使在今天，虽然哪个美国人都不敢说自己有种族歧视，但是潜在的歧视链条始终存在。白人看不起黄种人，可是在美国的华人社区，华人还歧视黑人呢，黑人没准儿还歧视印第安人呢。所以任何地方都有歧视链条，华人并不在这个歧视链条的最下端。

爱尔兰人在白人的文化圈当中，其实也是非常受歧视的。不信可以去看看钱钟书先生的《围城》，里面就有一句话很没节操地调笑爱尔兰人，说爱尔兰人的不动产就是奶子和屁股，剩下的就是穷，跟华人一样穷。而且爱尔兰人信仰天主教，跟美国的新教传统格格不入，所以爱尔兰人和美国人还增加了一层仇恨，就是宗教信仰上的冲突。可是，为什么美国人不排斥这些人，单排斥咱们华人呢？这个说不通。

第二条，帝国主义国家总是欺负弱小国家。

可是你不要忘了，美国的帝国主义和其他帝国主义是不一样的，美国天生是个移民国家，是由一船一船的从大西洋、太平洋彼岸的那些国家、种族来到这儿的移民构成的，美国现在的几亿人几乎全部是移民的子孙。纽约有一个小岛叫爱丽丝岛，岛上有当年美国移民建的一个博物馆。移民们给那个岛起了个名字，叫希望之岛、眼泪之岛。叫“眼泪之岛”是因为拜别了家乡；而叫“希望之岛”，是说这是全世界穷苦人向往的自由之地。

爱尔兰人在19世纪中期遭遇了一次惨绝人寰的大饥荒，因为一种土豆的传染病，导致土豆全部烂在地里，整个国家绝收，据统计，饿死了100万到150万人。剩下的150万到200万人，占当时爱尔兰人口的1/4，漂洋过海到了美国，成为移民。美国向来是无差别地接受这种穷苦人的，第一拨登陆美国的“五月花号”乘客，不就是受迫害的穷苦人吗？这是美国的立国精神。

可是为什么在这种立国精神下，美国人要歧视华人呢？即使是歧视，也应该平等地歧视嘛！

在美国人看来，大西洋两岸和太平洋对岸过来的都是害虫，中国人抽鸦片的习惯不好，而欧洲人带来的是各种各样有害的动乱思想，所以歧视当然应该是平等的。为什么专门对中华民族产生了这样一个《排华法案》呢？这也不可解释。

第三条，中美关系不好。

那就更是扯淡了，稍微读一点儿国际关系史就知道，中美关系在19世纪后期一直到中华人民共和国成立这一段时间，在国际上都是非常突出的，是相对良好的关系。当然也有个别瑕疵，比方说日本侵占琉球的时候，美国人就在背后做了点手脚。但从总体来看，双方的关系是非常好的。

我给大家举几个例子，比方说中国对外派出的第一个使节，你猜是谁？不是中国人，是一个美国人，这个人叫蒲安臣。蒲安臣原来是林肯总统的手下，是共和党当时在麻州分舵的舵主。后来林肯竞选成功了，美国国内开始打南北战争了，这位蒲安臣就被林肯派到中国来当驻中国公使，一干就是6年。他虽然代表美国利益，但很帮着中国。任职期满，恭亲王给朝廷写了封奏书，说蒲安臣老帮着我们跟英国公使李泰国斗，现在正好我们要选出使各国的人选，反正他卸任美国大使了，要不干脆让他当我们中国政府的对外公使，让他去帮中国做一次环球外交。

清朝廷当时也没办法，一开始打算派郭嵩焘当对外使节，可当时的士大夫是不能容忍这种事情的，有人送了郭嵩焘一副对联，上联叫“出乎其类，拔乎其萃，不容于尧舜之世”，下联叫“未能事人，焉能事鬼，何必去父母之邦”。郭嵩焘是湖南人，很多湖南的士绅就联合起来要烧他们家的房子。所以，那个时候中国人根本派不出使节。

那怎么办？让蒲安臣这个美国人来，让他帮中国人搞全球外交。于是他就代表中国人，打着一面小黄旗出发了，不仅到了美国，到了法国，受到拿破仑三世的接见；还到了俄国，到了英国，受到维多利亚女王的接见。中国的第一面国旗就是他设计的，因为当时中国还没有国旗的概念。他是怎么死的？他替中国出使俄国的时候，头一天还在跟沙皇谈中国和俄国的领土纷争，第二天就得重病死在了俄国的圣彼得堡，享年51岁。这真是一个为中国人民鞠躬尽瘁的美国人，真是为中国的国家利益在搏杀。诸葛亮鞠躬尽瘁死的时候都53岁了，而他51岁就死了。现在旧金山还有一个华人聚集地是以蒲安臣的名字命名的，就是为了纪念这个美国出身的中国外交家。

但是你不要以为这是蒲安臣的个人行为，要知道这是当时美国非常流行的外交政策。大家都知道，英国和日本是同盟，因为英国要靠日本来牵制俄国在远东的扩张。美国人跟英国人在第一次世界大战之前就是世仇，美国可以说是从英国家里反出来的儿子，所以两国关系也不融洽。如果美国要在远东地区形成一个制衡，应该怎么做？拉拢中国。所以不论是从理性的外交层面，还是从美国人那种相对理想主义的外交政策层面考量，中美关系都是比较好的。

而恰恰在此时，詹天佑、蔡绍基这帮幼童去了美国留学。这几个人师1881年去的美国，1882年《排华法案》就出来了，所以这个友好的关系和这个特别恶劣的逆流，怎么能够同时发生呢？这也不可解。

第四条，你可能会说，这是因为资本家坏，欺负华工。你搞清楚好不好，你要是资本家，你喜欢什么样的工人？当然是吃苦耐劳、聪明又不罢工、挣得又少的工人。华工就是这样的工人，比如说修太平洋铁路的时候，一个欧美的白人，月薪是35美金，还得包吃包住；而华工呢？25美金，而且既不包吃也不包住。

华人这么聪明，什么不会？当警察吓唬人他们会，当水管工、擦玻璃、洗衣服、带孩子他们也都会。所以华人的竞争力是很强的，资产阶级凭什么迫害这样的无产阶级？那么，为什么美国政府在1882年的时候会出台美国历史上唯一一个针对特别种族的排外法案呢？

如果我在上文提出的那几个理由都不太成立，那就怪了，美国人为什么要把我们中国人往死里得罪一回，让我们不能进入美国？

到底是谁在歧视中国人

有一幅当年的漫画，你们看了就知道一点儿原因了。这个画面的中心是哥伦比亚小姐，她代表美国的国家形象。旁边站着一个腆胸迭肚的美国白人老板，哥伦比亚小姐就在那儿打圆场说，你把人家华人小孩收留了，不能现在踢人家走啊，当然你有权利以后不收留他的兄弟。闻听此言，哥伦比亚小姐身后的那帮人高兴得鼻涕泡都出来了。这帮人是什么人？黑人、印第安人、爱尔兰人，他们最高兴，他们手里举着个牌子：“Kick out！”一定要把华人踢出去！

看懂了这幅漫画，你才能知道当时华人真正的处境，讨厌华人的不是美国的主流阶层，因为完全不是一个阶层里的人，构不成竞争；真正和华人竞争的是其他少数民族的工人阶级兄弟。

那就奇怪了，不是说天下穷人是一家嘛，为什么他们会讨厌华人呢？

我们用两个例子来分析一下。首先是《排华法案》通过之后的第三年，1885年，在美国的怀俄明州发生了一场针对华人的屠杀。有很多历史著作都拿这个案子当证明，说白人欺负了我们黄种人，死了几十个人，好多华人商店都被烧掉了，这是赤裸裸的屠杀，我们华人没招谁没惹谁啊！

可是把史料往细看下去，你会发现，杀人者的确是白人，不过不是一般的美国白人，而是刚刚移民到美国的西班牙人。他们为什么要杀华人呢？是因为西班牙人要组织工人罢工，而华人不肯参加，在参加罢工的工人心目中，华人就是“工贼”。

另一个例子就是加利福尼亚劳工党，这是在美国历史上排华最得力、喊得最凶的一个团体。这是什么罪恶的团体吗？还真不是，它就是当时遍及世界各个工业化国家角落的工人运动的一个分支。你可以去翻它的档案，看它的组织主张。首先它不分种族，没有歧视，同工同酬，采用8小时工作制，不用童工，全是正大光明的、跟欧洲没有什么区别的工人阶级的主张。可是这个组织为什么要排华呢？因为华人不参加工人运动，这就是“工贼”的行为。

可能我们身边的罢工太少了，所以我们不太理解什么是工贼。我们想想看，工人阶级是弱势群体，弱势群体想要跟资本家斗，只有一个方法，就是抱团。如果我们都罢工了，只有你去上班，那我们就得在家等着饿死了。只有全体工人阶级都不去上班，资本家才有可能屈服。就像中国前些年有一些城市出租车司机搞罢运，罢运的出租车司机就见不得此时上街抢生意的出租车司机，所以才会偶发砸车事件，道理是一样的。

如果你还不明白，不妨去读一本美国名著，德莱塞的小说

《嘉莉妹妹》。主人公原来是个流浪汉，很久没有工作了，一听说电车工人在闹罢工，就想，我能不能去挣点钱啊？所以他去开车了。他心里知道这就叫工贼，吓得不敢下车。最后还是被工人阶级揍得头破血流，工钱也不敢领，就跑回家了。这件事情描述的就是当年的芝加哥大罢工。

所以，当时中国人不参加任何罢工，不组团去获取自己的权利，这一点是其他少数族裔绝对没有办法容忍的。可是仅此一点并不能说明《排华法案》颁布的原因。

因为《排华法案》是美国的国家意志，这跟具体的少数族群在局部地区发生冲突是两回事。刚开始的时候，美国的白人主流界对排华这种事采取的是息事宁人的态度，怀俄明州那次屠杀之后，美国政府给中国政府写照会说，那是一帮暴徒，我们拿他们也没什么办法，最后以美国政府提供赔偿结束了这个案子。

为什么最后排华从加利福尼亚的一角，变成了美国的国会山通过的国家法案，成为了国家意志呢？看了大量的资料之后，我突然发现原因很简单，在于文明的冲突。

就拿工人阶级的斗争来说，我们的工钱实在要得太低了，其他民族的人竞争不过我们。

据美国参议院的一个调查报告说，中国人的生活要求太少了，一块15英尺的木板，他们就能做一张床；平时我们一个人或者一家子睡的屋子，他们能睡40多个人。他们只需要这么低的生活条件，这么少的工钱，我们怎么跟他们竞争？我们跟他们竞争赢了，我们过的日子还叫日子吗？这是一种指责。

可是你想想看，我们中国人难道是特殊材料制成的，天生特别能吃苦吗？爱尔兰人一样很能吃苦，爱尔兰人也是吃点土豆就能活下去的种族，他们的生存要求不比我们高，为什么中国人要的工钱比他们还低呢？原因只有一个，中国人不用养家口。

你可以到广东的台山、江门那些侨乡去看，很多华侨都是年纪轻轻就把自己卖给了猪仔，卖得的几块大洋给家里贴补家用。娶了媳妇的，就把媳妇留在老家照顾老人。他们自己漂洋过海，依靠自己的身体卖苦力挣钱，挣到一点儿钱就寄回老家，从来没打算在美国生活。

而爱尔兰移民是拖家带口一起移到美国来的，所以一个典型的爱尔兰工人，他挣的工钱是要养活一家子的。我们华人呢？自己吃饱全家不饿，所以当然可以把价钱压得很低。

表面上看来是经济上的竞争，很多人都说我们华人能吃苦、肯受剥削，本质根本不是这个，本质是华人劳工从来没想真正地移民美国，美国就是他们打工挣钱的地方。

看到这儿，可能你会联想到，现在到城市来打工的农民工，不也是家小放在农村，城市只是他们挣钱的地方吗。当时广东的很多华侨到美国，也是这种心态。当然，如果说仅仅是工人阶级对华人反感，就把这个局部的冲突上升为国家意志，让联邦通过法案来排华，这个道路可长着呢，尤其是这种排华的意识是不符合美国当时主流的精英意识形态的。

《排华法案》是1882年通过的，当时的总统叫阿瑟，此前的总统是海斯，这两任总统都是林肯总统的小伙伴，都是在废奴运动中成长起来的政治家，是天然反对种族歧视的。而且这两个总统都否决过《排华法案》，最后实在顶不住了，才不得不通过的。阿瑟总统就曾经讲过，种族平等，尤其是移民自由，对世界上任何苦难的人都张开怀抱，这是美国的立国精神。所以，最后法案的通过，证明这个局部的冲突，已经成长为美国当时主流精英的集体意志了，这是怎么回事？

我们再去看当时的史料，会发现根本原因不在于这些表面的冲突，根本原因在于中华文明。

比方说华人为什么竞争力强？同样是一个人、一个胃，我能吃得这么少，你就不能吃得比我少点儿？爱尔兰人也很惨的，给颗土豆就能过一天的。为什么呢？因为华人不要家眷，答案就在这儿。他们上有高堂，甚至还娶了妻子，让妻子在家孝顺父母，自己跑到美国去挣钱，稍微挣点儿钱就弄回家乡造房子、买地。而且中国移民有个特别奇怪的现象，就是死了不葬在美国，华人所有的会馆都有一项服务，就是代人订棺材、订船，一船一船地把尸体给运回去。在早期的华人移民当中，但凡有点儿能力、有点儿财产的，或者至少有朋友帮忙、同乡资助的，都会把自己的遗体运回大陆。这让美国人怎么理解？你到我这儿来就是挣钱的，从来就没想在我这儿待着，是吧？

所以从1876年开始，美国参议院启动了一个调查，在次年的2月就发布了这个调查，有好几千页，现在都能查得到。

美国白人精英排华的四个原因

美国的主流白人精英认为，华人从来不认同我们的文化，他们来时孤身一人。旧金山的3万华人，只有五六百名是妇女。这五六百名妇女不是富商的家眷，就是华人当中混得比较好的人娶的媳妇，剩下来的说得不好听有的是妓女。

再有，他们从来都不参加选举，对选举制度根本就漠不关心。结果是什么呢？结果就是，我们给了他们美国选举权，最后却被那些工头拿走了。工头说，今天中午加个菜，你们全给我投谁谁谁，那么华人就都会选那个人。这是败坏我们的民主制度的。

当时还有一幅漫画，有一所房子，爱尔兰人和黑人在屋子里很高兴，因为他们获得了选举权。可门外头站着两个人，这就是当时没有投票权的，一个是华人，一个是白人妇女。白人妇女的行为是什么？在那儿愤怒地砸门，要进去。但是华人呢，在寒风中瑟瑟发抖，在旁边偷眼看着，一点儿反应都没有。这就是当时华人的心态，选举是你们的事，我的身份是华人还是美国人都不重要，这都是手段，目的就是为了挣钱，将来我要回老家。

还有一条，华人不置不动产。因为华人挣了钱要寄回老家，所以当时美国的那些精英就讲，你们华人竞争力这么强，挣了钱，也不置不动产，在整个加州，你们的人口比例和置不动产的比例完全悬殊，说明你们根本没打算给美国纳税。如果懂得一点儿美国税制的话，你就知道，不置不动产的话，美国是很难征到你的税的，这就是物业税。

但是你往下一推论就会发现，白人精英的这个担心是有道理的。在参议院的一份证词当中，有人就说，中国是个什么国家？他们有四亿人口，他们只需要凑足40美金、花上四个星期就可以漂洋过海到我们的加州。如果我们现在不加以限制，这个国家是有强大的移民冲动的，因为他们在自己的国家活不下去，只要凑够40美金就会过来了。如果我们一直采取这种开放政策，将来整个西海岸就会全是华人。更重要的是，华人这种特征导致他们的竞争力非常强，强到什么程度？强到所有工人阶级都被华人挤出，最后所有的活儿全让华人干了。

下一个推论就更让美国人惊心动魄了。有一个绅士给参议员的报告中写到了一句话，我印象非常深刻。他说："华人将会是一个我国既不能收留也无法赶走的种族。而且更重要的是，当这个国家里两个积极的人变成两个种族的人，社会是不可能有稳定的繁荣的。"

不能不说，他这句话背后有远见。如果美国白人都是资本家，而底层都是华人，不仅有阶级矛盾，还要加上种族矛盾、信仰矛盾、宗教矛盾，美国确实会陷入一种不确定的前景当中。他们能不害怕吗？就是因为这样的文化因素，最后才导致一个地区性的阶层矛盾变成了美国的国家政策。

疯狂的中国人

我为什么要讲这个《排华法案》？是因为我看了《不死的中国人》这本书，它就是一份调查报告。它的作者是个意大利记者，跑遍了意大利全境，采访了大量生活在意大利的中国移民，写出了这本书。看完之后，我大惊失色，这里面写的中国移民和我们100多年前在美国受尽排挤和歧视的先辈——那些华工们的生活状态，几乎一模一样。

这本书里讲了一些故事，比方说意大利有个水稻种植区，因为当地劳动力不足，就用小时制来雇佣中国人割水稻、锄杂草。可是有些意大利庄园主一看，中国人一干就是十几个小时，甚至二十多个小时，夜以继日地干，有人甚至脱水累倒在了田头。意大利人将中国人送进医院之后说，咱们订个规矩，每天最多干十个小时，再多了那可不成。

第二天意大利人跑到田里一看，中国人全跑光了。他赶紧跑到工人宿舍，宿舍里还有俩人在打包行李。意大利人就问他们为什么要走，规定10个小时是为了你们的健康啊。中国人说，我们是出来挣钱的，一天只干10个小时，那剩下的十几个小时不就浪费了吗？所以我们不干了。

这就是中国人，中国人不仅能干，还不花钱，肯定不买不动产，也不买大件商品。为什么要买大件东西？回头变卖就不值钱了。而且他们几乎不怎么花钱，一个典型的中国移民，如果没结婚的话，一个月如果挣2000欧元，最多能花200欧元；如果拖家带口，有老婆孩子，花400欧元就不得了了；如果花500欧元，那就得开家庭会议批判了，这也太奢侈了吧！

中国人不理解意大利人，说怎么还有度假，是过日子的人吗？意大利也不理解中国人，纳闷这个族群怎么可以不度假、不休息？随便开家店就24小时营业，一家人就睡在店里，这叫什么生存状态？

更重要的是文化上的隔阂。这本书里有一段话，我看过一遍就能背下来了，因为实在太触目惊心了。意大利人说："我们对外族是有偏见，可是对每个族群的偏见是不一样的。对穆斯林，我们的偏见像水晶一样清晰；对阿尔巴尼亚人，我们认为他们在用暴力犯罪；对吉普赛人，我们认为他们是习惯偷窃者。可是对中国人呢？主要是神秘。中国人好像天天只生活在自己的车间和餐馆后厨的阴影里面，从来看不出他们是高兴、喜悦还是沮丧，他们从来也不单个儿出现，一出现就是一群。他们除了干活儿挣钱、挣钱干活儿之外，似乎没有什么事情想做。"

这本书里用两个字来形容中国人——蚂蚁。这就是中国人留给意大利人的形象。当这种神秘发酵之后，意大利民间产生了一个传说，认为中国人不死。我真希望这个传说是真的，但是很可惜，这只是一个偏见。你对意大利人说，中国人会死的呀，怎么会是不死的呢？意大利人会说，我们从来没见过中国人的葬礼。

比方说在米兰，每90个人当中就有一个中国人，可是每2000个人当中才有一个80岁以上的中国人，为什么？中国人认为叶落要归根，他觉得老了，干不动了，就会回老家养老等死，这叫叶落归根，所以很少有意大利人看过中国人的葬礼。

说到根处，中国人还是保有100多年前的习惯，玩命干活儿，坚决不在文化上跟别人融合。所以意大利人才会想，我们为什么要接纳这个族群？他们不喜欢我们的食物，不喜欢我们的文化，不喜欢我们的制度，他们从来不为尤文图斯队和米兰队喝彩，我们为什么要跟他们做邻居，为什么要跟他们搞在一起呢？

切换竞争优势，真正融入全球化

我们为什么要移民呢？我们中国人安土重迁，就在这片土地上繁衍生息不好吗？出去招人看不起，招人排挤，受尽白眼，何苦呢？对，传统社会里只要不出国门，就可以不参与全球化，我们中国家大业大，这么多人口，谁也拿我们没办法。别说像今天这样国势蒸蒸日上了，就在100多年前，八国联军打进北京的时候，洋鬼子也没拿中国人怎么样。他们敢把我们瓜分吗？

有一次，八国联军的统帅瓦德西，我们中国人的干女婿、赛金花的干老公，给自己的皇帝威廉二世写信说，有人说要瓜分中国，我看不靠谱，我们没有那么多兵力和脑力能够统治全人类的四分之一的人口。

我们人多是优势，这么大一堆人谁也搞不动，侵略者拿到四亿两白银的赔款就得走人，我们接着关起国门来过自己的日子，这是在传统社会。可是现在还可能吗？不管高兴不高兴，满意不满意，愿意不愿意，我们作为一个群体就必然参与全球化。作为一个个体，不管你在北上广深还是某个小县城，都置身于全球化的狂潮中，无可躲无可避。

在今天这种环境下，我们无须背着一个小包袱跑到旧金山去参加全球化，去接受《排华法案》，去遭受白眼，我们作为一个地球村当中的群体，是不是还在面对这样的命运呢？

你难道没有从这一两年的新闻报道中发现，在非洲，我们被当地人排挤；在西班牙，当地人烧我们的鞋；在意大利的情况，我们在这本书里已经看到了；在俄罗斯，当地人关闭我们的工厂和市场。一个全球化的排华运动似乎在隐隐地成型，虽然我们强大了，他们未必能成气候；但是这种心态的酝酿，你不觉得是100多年前美国排华运动的历史回声吗？

我们中国人曾经以为，我们之所以不能立足于世界民族之林，是因为穷。可是30多年过去了，我们不穷了，不管是Rimowa还是LV，还是石油，我们都可以买。

有钱就一定能立足于世界民族之林吗？我们至少还缺两点。

第一点，切换我们的竞争优势。如果我们还是靠能吃苦、不消费，把自己的生命压缩在一个小小的缝隙中，以干活儿挣钱为自己生命的第一目的，靠这样的优势构建起我们的竞争力，对不起，我们再有钱，都不可能被其他民族接受。

第二点，如果我们还是抱守着自己中华民族的坚硬内壳，不能向全世界绽开我们的笑脸，表达我们的善意，表达我们想要融入的主观愿望，我们仍然会被排斥在全球化之外。虽然再也不会有一个国家通过什么狗屁的《排华法案》，但是除中华民族外，每一个在这个地球上生活的人，心中都会有一部《排华法案》。所以要实现我们的中国梦，尤其是我们中国梦中的全球梦，还有很长的一段路要走。

03 西方的右派为什么这么横

威丝曼法案和洛克纳时代

1905年，美国联邦最高法院有一个案子，这个案子的标额可大了去了，不是50亿美金，而是50美金。这就是美国联邦最高法院的一个特点，它不去判什么大案要案，如果某个案子牵扯到对美国宪法的解释的时候，它才会出手。

说起这个案子，就得回到1897年。这一年纽约州通过了一个保护劳工的法案，叫作《威丝曼法案》，从此纽约州的工人每天的最高工作时长是10个小时，一周最多只能工作60个小时。

站在我们今天的角度来看，资本家还是很黑心啊，工人每天给你卖命8个小时还不够吗？但是历史是一点一点进步的，这在当时已经是保护劳工权益最先进的法案了，即使工人每天要工作10个小时，有些资本家、企业主心里还是不爽，于是就有了这个案子。

这个案子的涉案企业是个多大的企业呢？不过就是芝麻粒大的一家面包房。面包房的主人叫洛克纳，面包房是他从父亲手里继承下来的，一共二十几平方米，雇了3个伙计。大家可以想象一下，面包房嘛，都是起早贪黑的，早饭也卖，晚饭也卖，开门前要做各种准备，关了门还要洗洗涮涮。只有4个人工作，所以有时候上下班时间就不是那么严格。

《威丝曼法案》颁布之后，这家面包房就总是犯法，先是被罚了20美金；过了没多久又被逮着了，这次要罚50美金。这下老板洛克纳就不干了，就学中国的秋菊开始打官司，要讨个说法。一审败诉之后，他又不断地上诉。一直折腾到1905年，联邦最高法院公布了终审判决。你猜结果是什么？洛克纳赢了，联邦政府把70美金的罚金退给了他。

更重要的是，因为美国是实行判例法制度的，有了这么一个判例，就意味着以后谁再想给工人的劳动时间设置上限就没那么容易了。也就是说，工人阶级好不容易争取到手的这点权利，又被资本家邪恶地收回去了。

这个案子在当时引起了很大的争议，从表决结果就可以看出来。联邦最高法院有9个法官，表决的结果是5∶4。出现这种表决结果，往往说明这件事的是非对错，在社会的精英阶层里也处于一种尖锐的对立和明显的分裂之中，这个结果的达成是基于一种脆弱的平衡。

对底层老百姓讲也是一样。给大家讲个有趣的故事，开篇我们提到的那个法案的名字叫《威丝曼法案》，给洛克纳打官司的律师也叫威丝曼，这两个威丝曼是什么关系？我告诉你，是同一个人。

这个人前半辈子是面包师傅工会的秘书，同时也是一名律师，他站在工人阶级的立场上向资本家要权益，一手推动了《威丝曼法案》的创立。可是后来他创业了，变成了企业主，“屁股决定脑袋”，他一坐到资本家的位子上想法就全变了。他这时觉得，资本家和工人达成的协议是我们之间的事，关国家什么事？立这个法案不就是捣乱嘛。所以他就去帮洛克纳打赢了这场官司，借此机会推翻了自己原来推动成立的那个法案。可见在民间，这个法案也是尖锐对立的。

洛克纳的案子只打了几年，但是美国的历史学者居然用洛克纳的名字命名了一个时代，叫“洛克纳时代”，就是从1905年一直到罗斯福执政期间这一段时间。在洛克纳时代，契约、劳动、资本家、自由市场经济都是自由的，国家是不能管的。

现在我们都知道，8小时工作制已经是全世界人民普遍接受的一个标准了，洛克纳主义和洛克纳时代是一个被扫进历史垃圾堆的错误的东西。

右派其实是一种思想传统

在西方的政治传统当中一直有一派思想或者说一派势力，

他们老是干一些在我们今天看来完全错误的事。什么洛克纳主义，不就是代表血腥的资本家的利益，残酷地剥削工人阶级吗？所以在很多中国人看来，历史的进程就是右派势力不断地碰南墙、撞得头破血流的一个过程。

但是奇怪的是，这种替少数资本家摇旗呐喊的右派思想，在西方的政治传统当中，不断地露头，不断借各种议题借尸还魂。比如说撒切尔夫人，她和美国总统里根关系很好，他们俩的政治思想、执政理念好像很一致，他们俩那个时代，就是右派很猖狂的时代。撒切尔夫人上台之后，镇压工人罢工那是毫不留情的，甚至派军队、警察去镇压煤矿工人罢工。

所以2012年撒切尔夫人死的时候，很多英国的底层老百姓就打出旗帜，上面写道："这个bitch终于死了！""bitch"在英语中是母狗、婊子的意思。在我们中国人看来，死者为大，死了还这么骂人家好像不太对。我们且不评价骂得对不对，就说撒切尔夫人虽然在西方政治界盛名卓著，政绩很好，但是普通老百姓对她的很多做法是非常不满意的，她死了之后恨不得在她尸体上踢两脚。

我们都知道，奥巴马曾试图在美国推行一个左派的法案，就是医疗保险法案，让更多的穷人享受由纳税人支付的医疗保险。有的右派议员就说，干吗要给穷人支付保险呢？他们又懒又坏，不工作，也不锻炼，长得那么胖，不得病才怪呢！这种情况下得了病，为什么要我掏钱去帮他治？我不通过。如果有政府官员胆敢在中国的微博上发表这样的言论，那肯定是要被唾沫淹死的——这好像有点儿太冷血了吧，有些公知甚至说这简直就是纳粹言论。

没错，在西方政治历史的长河当中，一直有这样一种右派思想，如果仅仅出于道德上的批判，将其解释为是坏人嚣张，那我们就看得太浅了。资本家只是一小撮，如果右派仅仅是为资本家说话，为什么在大选当中他们还经常能赢呢？

最典型的就是小布什，小布什是共和党人，是个典型的保守主义右派。但是他赢了，当了8年总统，虽然离任的时候声名狼藉，而且有人给他测智商，说他智商只有91，他老爹老布什98，就是俩笨蛋，话都说不清楚。他从来不掩饰自己极端保守主义右派的这种政治立场，但是他居然在2004年大选的时候把对手民主党的克里，现在美国的国务卿，打得一败涂地，为什么？老百姓给了他选票。选民的绝大部分是穷人，穷人为什么要把选票投给这个只为富人说话的血腥右派呢？

看到这个现实，我们就不能说这只是出于道德上的因素了。我想说的恰恰是，所谓右派其实是一种思想传统。既然是一种思想传统，它就有根、有源、有流。作为一个读书人，一个爱知求真的人，我们应该了解这个传统，并且从这个传统当中吸取有用的东西，来作为我们人生成长的一个可资借鉴的坐标。这就是这篇文章的核心理念。

右派有自己的道德高地

这个右派传统其实不局限在每个时代、每个话题的是非对错，他们也有自己的道德高地，比如说撒切尔夫人，在美国人拍的电影《铁娘子》中，她的老爹就是个英国小店主，这老头在电影里振振有词，他认为自我奋斗的传统，这种“虽然我可以对他人仁慈，但是国家管不着”的传统，不仅是生活正当性的来源，也是国家、民族力量的来源。拿破仑怎样，希特勒又怎样，不都被我们这些小店主给搞败了嘛！他有一种道德自豪感。

有历史学家说，这种右派传统源远流长，英国中世纪的时候，萌芽就已经出现了。我给大家讲一位奇葩，这个人是1729年生人，就是《法国革命论》的作者埃德蒙·伯克。这个人虽说是政治家，但实际上官当得并不大，最高只做到首相的秘书。他的观点很奇葩，他作为大英帝国的臣民，居然赞成美国独立。他说不要把大英帝国暴露在这么大的风险下，美国要独立，就让它独立好了。

埃德蒙·伯克就敢说这样的话，这出现在他另外一本书《美洲三书》里面。在这本书当中，他赞成美国革命，反对法国大革命。要知道，美国大革命和法国大革命是同时期的姊妹革命，法国大革命高扬自由、平等、博爱的旗帜。埃德蒙·伯克作为一个老辉格党人，也就是自由派人士，居然反对法国大革命，是不是很奇葩？

当时他有一个法国小兄弟叫杜邦，杜邦写信说，你作为老自由党人，给我们点个赞吧。埃德蒙就回了一封信，洋洋洒洒，越写越长，最后就写成了这本书。

在这本书当中，埃德蒙说法国大革命斩断了右派的传统，我凭什么给你点赞，我得看到你们整个革命的结果，以及新时代的军事、民生、经济、法律、秩序这些东西磨合好，我才能判断。然后一条一条把法国大革命骂了一个狗血淋头，包括在1789年法国大革命刚开始的时候，就洞见了后来法国大革命的一系列恶果。

你说这个人是不是奇葩？埃德蒙·伯克生存的那个年代有一个词还没有被发明出来，在19世纪30年代才出现，而这个词发明出来之后，就奉埃德蒙·伯克为开山祖师爷，这个词叫“保守主义”。

埃德蒙·伯克开创了这一派思想传统之后，其实争议也很大。我们的革命导师马克思就恨透了他，说这个人是个流氓，说他骂法国大革命，肯定是拿了英国国王的贿赂才会站出来骂；他支持美国独立，就是因为拿了美国殖民者的贿赂，他就是个资产阶级下流胚。

但是也有一派西方的政治学者、政治家很崇拜他，比如说丘吉尔和撒切尔夫人，就认为埃德蒙·伯克是他们保守主义思想传统的祖师爷，甚至是精神导师。

所以，我们触及到了一派源远流长的传统，他们在历史的每一个时刻都是以反面人物或者跳梁小丑的角色跳出来，喊一些在我们今天看来完全不正确的话。但是，他们却是一个自我感觉良好的传统，这个传统到底是什么呢？

保守主义者的知识论

这个传统有三个特征：

第一个特征就是保守主义者的知识论，他们怎么看待这个世界的知识。关于知识其实一直有两个传统，一个叫建构论，一个叫扩展论。建构论就是说人类很牛×，我们是有能力用理性的光芒照亮这个世界的，所以我们有可能去设计一个天堂。面对北京城，我们说这边是海淀区的学校，那边是朝阳区的工厂，然后进行设计，一张白纸可以画最美最美的图画，这叫建构论。

还有一种叫扩展论，就是说人类其实很卑微，每个人知道的东西、人类的理性光芒能够照亮的地方只有那么一丁点儿。但是，扩展论并不悲观，它认为如果让这些细碎的知识自发生长，一点一点地拼接，没准儿也会长出一个很繁盛的东西。

简单地讲，建构论就是我想建造一个天堂，而扩展论是我要等待一棵大树的生长。这是对人类知识的不同前景以及不同禀赋的两种认知。

保守主义者当然属于后者，他们觉得，我们对于这个世界的理解其实是很小很小的一点。比如说撒切尔的执政方略当中就遇到了一个天大的问题，当时就欧洲统一的局势，有一个方面她非常赞成，就是欧洲共同市场的建立，她凭着英国小业主的经验，觉得搞共同市场是对的。但是一听别人说要搞欧元，撒切尔就赶紧摇头——这个不行。

她后来会下台也有这个原因，因为她坚定地反抗这样一个用人类理性设计出来的、跟传统完全脱节的一个天堂般的图景。她有一次在下议院做讲演的时候说："我的政府只相信英镑，因为英镑是人类历史一点一点靠经验、知识堆出来的一个东西，而欧元是人为设计出来的东西。看上去不错，但我怎么知道到底好不好呢？"这就是一个典型的保守主义者的态度。

埃德蒙·伯克当年就是这样，他在《美洲三书》《法国革命论》里批判法国大革命，说这帮第三等级，拿着几本知识分子的书就天天要闹革命，你们有什么经验？你们的知识系统与这个国家怎么对接，你们自己搞清楚了吗？路易十六看着也不是很坏，你们杀他干什么？要想学宪政，先看看我们英国人怎么玩的，我们从来不搞什么宣言、宪法，到现在英国也没个宪法。我们英国所谓的法律都不是为了建造天堂而设立的，我们都是为防止最坏的情况出现，一代一代根据一件件最具体的事设计出来的。所以让我们英国人把现有的法律系统打翻，造一个红彤彤的新世界，我们办不到。

人类历史上两种完全不同的思想路径就此出现了。相信理性的力量的一派，觉得人类迟早有一天会把知识搞清楚，有了牛顿这样的底子，总有一天世界的真容会暴露在我们面前。

但是保守主义者不相信这一套，他们老觉得那个设计出来的东西不可靠。中国历史上也不是没有教训，几次成功的改革的共同特征就是，没有一整套完善的理论设计。比如唐代的杨炎改革，明代的张居正改革，都没有什么伟大的理想，就是根据当时具体的情况，一点一点拱，搞出了一点成就，完成了一个盛世或者王朝的起死回生。

那些轰轰烈烈、有伟大理想的革命，反而结果都不太好。最著名的一个是王莽，一个是王安石。王莽觉得，我们还搞什么理论设计，圣人周公当年玩的那个《周礼》不就够用了吗？后来经历史学家考证，《周礼》不过是战国时代的一些知识分子写的。但王莽不知道，他觉得既然是圣人写的，那还有错吗？就照着做，结果天下大乱。

王安石是不信什么圣人的，他只信自个儿——我聪明，你们都傻，我要来设计一套东西。我严重怀疑王安石是现代搞金融的基金经理“穿越”回去的，因为他那套东西太具有现代金融学的雏形了，实在太牛了。但是又如何呢？最后一推演下去，发现面目全非。

我简单给大家讲一下王安石变法最后是怎么变形的，因为这个会导出保守主义者关于知识论的一个认知。

王安石变法里面有一个重要的措施叫青苗法，什么意思呢？政府粮仓里放着银子，放着钱，放着也是放着，还不如去生点儿利，老百姓青黄不接的时候也需要借点儿钱。正好，我们搞一个互联网金融，把这笔钱贷给老百姓，等秋天长出粮食来，老百姓加点儿利息再还给我，这样官府也收到点儿钱，老百姓也得利，多好。王安石在家里打着草稿，越想越兴奋，最后开始在全国推行。

可是，有趣的事情发生了，一个很好的理性的设计，在执行过程中发生了无数次变形。先看第一次变形，那些地方上的官老爷一看，王相公要搞青苗法，我们的前程都攥在王相公的手里，当然要执行好了。假设你是一个宋代的县官，你会怎么把款贷下去呢？你怎么知道哪个老百姓需要贷款呢？很简单，摊派，把各个地方的乡长、保甲长全叫来进行摊派。因为缺乏需要贷款的农户的具体数据，所以好的法令产生了第一次变形。

第二次变形紧接着就出来了，那些保甲长拿着这个任务回到村里，平时看张三不顺眼，就对张三说，朝廷有令，让你们贷款。张三敢不贷吗？不需要也必须贷。这成了害人的一种手段。

第三次变形，有些地方上的贪官污吏觉得，这一进一出，就可以从中挖上一勺，利润就是他们的了，就形成了一个新的市场。

有些老百姓被迫贷了款，秋天的时候把自己的口粮都还进去了，导致没饭吃。怎么办？只好找当地的土豪劣绅、地主大户借高利贷，这又形成了一个新的市场。这是第四次变形。

所以，王相公在东京汴梁自己家书房里设计出来的完美无比的大方案，在民间发生了几次变形后，就全完了，这次变法走向了它的反面。

这话当时有没有人说？当然有人说，富弼、司马光、苏轼、范纯仁这些有经验的大臣，早就跟皇上讲过，王安石这套搞不得，想得挺好，一下去就会完全变形。皇上不听，偏要相信理性设计，结果搞得一塌糊涂。

在这几次变形的过程当中，最核心的问题是什么？就是我们前面讲的保守主义者的一个担忧——人类的知识是分散的，不要指望有一个天纵英才的圣人出世，了解所有的情况，然后把天下治理得井井有条。这是不可能的。

给大家讲一个故事，有个经济学家叫周其仁，有一次他到湖南长沙开会，开完会，几个经济学家包了一辆车去岳阳游览岳阳楼。到了岳阳，长沙的司机不认路。这时候周其仁说，不认路没关系，你放我下去。周先生下了车之后，打了一辆出租车，跟后面人说："跟着我的车走。"然后跟师傅说："走，去岳阳楼。"

这个简单的情景里其实包含了一个深刻的经济学道理：不要觉得知识这个东西只有大知识分子才有，周其仁这样的大经济学家固然知识丰富，但是怎么走到岳阳楼这个具体的知识，周其仁不知道，怎么办？还得向劳动人民请教，当地的出租车司机知道。

哈耶克这一派经济学家就认为，知识是分散的，是扩展秩序下的一种知识的结网和积累过程。每一个人都有自己的知识，你不要看不起胡同口炸油条的，他可知道怎么炸出让人放心的油条，用什么样的油，以及哪个居民楼的张大爷起得早，可能买第一根油条，哪个大妈爱吃回锅油条。这些知识都是市场的一部分，而这些知识的掌握者是一个个具体的市场参与者，而不是那颗中心化的大脑。

如果你不信这一套，觉得人类很理性，我们可以靠手段、靠科学、靠计算机、靠大数据，那么，你还真错了。比如说《天朝田亩制度》，这是太平天国搞的一套东西，一家养几头猪、几只鸡，全部分配得好好的。可是后来计算机专家一分析，认为《天朝田亩制度》在太平天国时期根本没有实行。因为即使用现代化的计算机计算每家每户应该养几头猪、几只鸡，也无法分配得那么均匀。《天朝田亩制度》的口号是“天下无一处不饱暖，无一处不均匀”，这根本做不到，现代化的大型计算机都算不出来。

我们再看苏联，当年它也是迷信理性的力量，想靠计划经济来排除资本主义那些弊端，通过中央计划部一点一点地弄好，作为法律固定下来。可是前苏联不仅生产能力不行，生产的产品也很丑，为什么呢？你想啊，它的信息只能止于一个非常浅的层面，它能算得出来今年老百姓需要多少台电冰箱，可是大家需要什么颜色的、需要什么款式的，是双开门的还是单开门的，有几个冷藏箱的，它可就算不出来了。

我们假设今天苏联还在，它有可能花重金把乔布斯弄去生产一台苹果手机。可是它怎么知道全世界现在有几百万种苹果手机壳呢？这些知识、偏好是属于每一个消费者一时一地的决策，中央计算机是算不出来的。所以自由市场经济最后遵循的原理，是扩展派的知识建构的原理。

看到这儿，你可能就会理解撒切尔夫人当年为什么要说“我们的政府只相信英镑”了。

保守主义者从来不相信革命

第二个特征就是，保守主义者在人类社会进步的过程中，从来不相信革命。把传统全部斩断，然后跳跃式地进入一个红彤彤的新天地，这件事保守主义者从来不信。说白了，保守主义者从来都是反革命。“反革命”这个词如果剔除它的负面含义，安在保守主义者头上，一点儿都不冤枉。

比如说法国大革命，埃德蒙·伯克在《法国革命论》这本书里讲，你们干吗非得把国王杀了搞宪政，你们法国人搞什么宪政？你们不要羡慕英国搞宪政，我们那是站在传统的基础上，我们有当年的大宪章，有所谓的光荣革命，我们是一点一点累积出来的。你们今天学我们，然后一下子就能跳跃到那儿吗？门都没有。你们有你们的传统，你们应该建立在你们的传统上，一点一点往前拱。

中国古代有一句话：“纵使一年不将军，不可一日不拱卒，日拱一卒，不期速成。”这句老祖宗留下来的话，很有保守主义的智慧。我们每天拱一步卒，也比一年来一次将军要强得多，这就是中国古人的智慧。

但是我们拿中国和英国这两个国家对比就会发现，在社会进步的过程中，两个国家使用的手段和过程是有区别的。英国人当年也是王权一支独大，可是他们怎么把王权逐步搞掉呢？英国人就用切香肠的方法，把香肠搁在这儿，一小片一小片往下切，用的正是“日拱一卒”的手段。

比如说17世纪后期的光荣革命，詹姆斯二世跑掉了，议会一商量，没国王传统就要断绝，不行，还得请一位国王来。一看詹姆斯二世有一个女儿和一个女婿在荷兰执政，就让他们回到英国来当国王，这一对夫妻高高兴兴地就来了。下议院跟他们说，你们这个权力是白来的，所以不妨让点儿步，给老百姓点儿权利，保护自由产权，等等，把王权限制住了一点。到了18世纪早期，英国的国王是从德国请过去的，就是所谓的乔治王。乔治王有好几代，最早的两代不懂英语，到下议院去的时候，大家都听不懂国王说什么。后来乔治王干脆不去了，把国王的权杖搁在桌上，说你们就跟它说吧。拱来拱去，把国王的权力又限制了一点儿。

到了19世纪维多利亚女王时代，老太太在位的时间可长了去了，中间有一段时间，因为丈夫的去世，她整日沉浸在悲伤的情绪当中。英国那帮贵族一边安慰她，一边偷偷摸摸把女王的权力一点一点篡夺了。

其实英国人在所有领域基本上都是搞这一套。我们都知道法国启蒙时代群星璀璨，一堆大知识分子都在强调社会的巨大变革和进步。英国虽然也有启蒙大师，可是基本上都是苏格兰传统里的人，比如说休谟、亚当·斯密。在英格兰传统里面还真的找不出几个大师，它的启蒙时代的所谓的启蒙运动，就像今天的松鼠会搞科学杂志，只是给人讲点现代化的科学道理，根本没有大师，它就是这种“随风潜入夜，润物细无声”的力量。

英国人搞科学也是这样的，比如说从牛顿当皇家科学院院长一直到赫胥黎当皇家科学院院长，这中间隔了200多年，请问其间有任何一任皇家科学院院长老百姓认识吗？都不太出名，为什么？英国很少出那种划时代的大师，他们往往愿意当老二，跟着别人学。

别的国家改朝换代，从君主制变成共和制，往往要付出的沉重的代价。法国大革命就不用说了，埃德蒙·伯克天天吐槽，说最后弄出来的不还是个流氓嘛！王岐山先生推荐的《旧制度与大革命》也在讲，法国大革命搞来搞去好像没什么进步，法国社会的面貌没有什么太大的变化，而这个时候已经血流成河了。

我还记得雨果在《九三年》里面写道：“他们判路易十六死刑的时候，罗伯斯庇尔还有18个月可活；丹东15个月；马拉一个月又三个星期。人类嘴里的气息多么短促和可怕呀！”此时从历史后端倒回头来看，什么人落着好了呢？没有。

中国也一样，当年我们要搞革命，把满清皇帝的皇冠打落在地。这个理想当然是好的，救亡图存嘛。可是一旦所有的目标和手段都诉诸革命，我们就会发现，它会一点点地出现异化，让当时的人很纠结。

首先是手段上的异化，比如说1905年的时候，清廷派五大臣出洋考察政治，这是要改革了。革命党一看，你哪能改革呢？结果，这件事情就延迟了。

更深刻的伦理上的纠结，发生在我老家安徽。那时候安徽的省会在安庆，1906年的时候，安徽的巡抚叫恩铭。说实话，此人并不是个浑蛋，不代表满清腐朽王朝，而是一个非常开明的官员，上任之后就搞教育，推行各种新政。后来刺杀他的革命党人徐锡麟，其实是被作为新派代表送到他面前的。恩铭一看徐锡麟是新派人物，就想重用他，不想却被他干掉了。

他们俩当时其实是恩师和弟子的关系，所以徐锡麟被逮着之后，马上就问：“恩铭大人现在情况怎么样？”审案的官员说：“你还有脸问，都是你害的，他待你不薄啊！”徐锡麟说了一句话，大意是，关心他是属于我们的私人交情，杀他是属于国家正义。

这话虽也讲得通，但是你们不觉得这已经有一点儿伦理上的纠结，已经有一点儿强词夺理了吗？只要选择去做一个跨时代的革命者，这种难题就会留在具体的人和事里面，让当时的人面临艰难的选择。而保守主义那一套，慢慢来，切香肠，日拱一卒，反而没有这些烦恼。这就是保守主义者在社会进步上的价值观。

我们能从保守主义中汲取什么养料

还有一条，保守主义者是不是都是屄人呢？不相信伟大的理性，不相信辉煌的革命，像一只土拨鼠一样一点一点地打洞，往前拱，可不就是一群屄人吗？

听了刚才那两条，你们心里可能会想说，革命怎么搞、左右派怎么分关我什么事？我之所以会讨论保守主义这个话题，并不是想说“中国向何处去”这种高大上的命题。我想说明的是，当代社会的每一个人在面临最具体的选择的时候，我们能从保守主义这个源远流长的思想传统当中汲取什么样的养料。

保守主义者的整套价值观听起来特别像中国人讲的那句话：“脚踩西瓜皮，滑到哪里是哪里”，是一种二流子哲学。因为他们既不相信理性，也不相信智慧；既不相信权威，也不相信圣人。那他们信什么呢？保守主义者会给你一个答案：信自己。所以保守主义恰恰不是一种贴地爬行的土拨鼠哲学，它是一种强者的哲学、鹰的哲学。

《投资哲学：保守主义的智慧之灯》这本书的作者刘军宁，在这本书里讲了几个有趣的观点，是出于保守主义理念的一套投资心法。比方说千万不要信什么宏观经济趋势，那个东西让经济学家去分析好了，就算分析出来跟你们当下的具体投资也没有半毛钱关系。如果宏观经济形势也分析得出来，这种趋势和具体企业的盈亏关系也可以分析得出来，那计划经济不就搞成了吗？之所以搞不成，就是因为细碎的市场投资机会，是由分散在每个人脑袋当中的知识和具体的交易来决定的。这东西跟宏观趋势没什么关系，所以投资者千万别看宏观形势。

他还有一个观点，千万不要听内幕消息。股市红火的时候，卖菜的老太太都有内幕消息，但是都不要听。为什么？因为它会干扰你积累的经验。经验是唯一珍贵的东西，这个东西需要你去一点一点摸索，甚至交学费去获得，而不是靠内幕消息。内幕消息依赖得多了，会严重干扰你投资经验的积累，而且没准儿会把你暴露在一个巨大的、不可控的风险之下。这就是保守主义的投资哲学，但你按这个方法投资亏了别怪我。

保守主义作为个人的一种选择，实际上是一个相信自己的强者选择。在互联网上也流传着一些版本，说这是穷人思维和富人思维的区别。

什么叫穷人思维？就是老是在存量里打主意，混得不好，就老觉得是富人剥削我，就跟富人对着干，最好富人多缴税，然后我们穷人多享受福利，这是左派的哲学。

右派的强者哲学不见得在道德和正义观上立得住，但是有自己的道德观，它认为如果自己穷，就应该想办法去挣钱。

所以你判断一个人是用穷人思维想问题还是用富人思维想问题，别听他怎么说，也别听他说自己喜欢什么——其实穷人和富人喜欢的东西差不多，都是金钱、美女、别墅、舒服的日子、和谐的环境——而是要听他说他恨什么和他怕什么。比如说一个人的手机丢了，穷人思维的人会恨这个社会，会恨小偷，会恨政府——你们警察都是吃白饭的吗？应该替我们把小偷管得好好的，我的手机才不会丢。

富人思维的人也恨，但他只恨自己——刚买的手机就丢了，我怎么就那么没本事，我应该努力挣钱再买一部手机。然后，他就会想办法挣钱了。这就是区别。

穷人思维的人怕什么？怕失去既有的。富人思维的人怕什么？怕自己被既有的东西绑架。

穷人思维和富人思维就是人生的分水岭

我之前干了一件事，把自己在北京的房子卖了，我现在租房住。很多朋友都说："你疯啦！北京的房价肯定要涨的。"确实，我也不太相信北京的房价会跌。但是，北京的房产作为一个巨大的投资机会，几年翻几倍的时代已经结束了，它未来可能会涨，但已经不是最好的投资机会了。

其实卖房遇到的最大的阻力不是这个，而是父母以及亲戚朋友都在担心，你把房子卖了租房住，那你不就没根了吗？你就没有安全感了。对，我最怕的东西就是这个。

如果我有房，国家出台一个什么规定，什么不动产登记，我就会分析，这会不会影响房产的价值？我得赶紧拿出计算器算算我这个房产值多少钱，那个政策出台之后它会不会跌价。我天天都在惦记我生命中财产的存量，我怎么能够容忍我的生命这么堕落下去呢？所以必须卖掉。

所以，我常说，互联网时代的生存哲学就是“要享用，但是不一定去占有”。因为占有是存量逻辑，而享用是靠自己的本事去挣钱，然后享用它，是一个增量逻辑。所以，为了防止自己陷入一种穷人思维，我把房子卖了，然后租房住。具体的账我就不跟大家算了，我可以告诉你，拿着卖房的钱，也不用做什么理财，就放入余额宝的收益，拿来租房也是绰绰有余，每年还能多出很多钱去旅游去吃饭，胡吃海塞。它在经济上是很划算的一笔交易。

很多年轻人毕业后，父母帮着交了首付，然后自己跟女朋友含辛茹苦地天天还房贷，当房奴。其实这不是房价太贵、市场在迫害你的问题，而是你沦入了一种穷人思维无法自拔。

所以，我常劝很多20多岁的人别买房，管它未来涨不涨呢，现在买房最大的悲剧就是你不敢辞职，不敢创业，不敢冒任何风险，让你最黄金的青春年华陷入了一种根本就不值钱的存量思维当中。那你不就注定是穷人吗？你20多岁的时候使劲往前奔，当你年薪达到50万、100万的时候，北京的房价再贵你也买得起，对吧？所以20多岁人的人生选择往前看还是往后看，是人生的分水岭，也是强者逻辑和弱者逻辑的分水岭。

为什么大家会投票给保守党

保守主义可不光是个人的价值观选择，也是国家民族在做政治选择时的一个选项。再给大家推荐一本书——《别想那只大象》。这本书是在讲人类的一个心理现象，但是它用大量的篇幅黑了当代美国的保守主义者——共和党人，因为这本书的作者是民主党的笔杆子。但是看完这本书之后，我对美国共和党人的想法反而有了一种理解和同情，甚至是尊重。

这本书最精彩的地方是用一个比喻，把民主党、共和党思想的分界线给说清楚了。作者说整个国家就是一个家，保守主义者扮演的是严父的角色，而左派民主党人扮演的是慈母的角色。严父最恨什么？恨败家子，恨不成器的儿子——你应该努力，你应该有出息，然后自我奋斗，自己变成富人。而慈母最恨什么？恨谁欺负我的宝贝儿子。这就是强者哲学和弱者哲学的区别。

我们再看严父怕什么？他怕这个家里没规矩，老大有本事奋斗，老大就应该是富人；小儿子没本事，只要饿不死，活该受穷。这叫规矩，不能破。而慈母就不这么想，慈母最怕的是整个家庭不和谐、不均匀，老大你挣了那么多钱，你弟弟混得不好，你给他十万八万也不要紧嘛；你弟弟马上结婚了，掏50万给他。这就是慈母的想法。美国政坛上所有的话题，不管是堕胎、枪支管理、征税，还是穷人福利，这些分歧我们基本上都可以在这个框架里面理解清楚。

到此，我们就可以理解前面提过的一个悬念：为什么整套保守主义右派的政治哲学都是替富人说话，而富人人数少，他们的党派还老能选上呢？因为他们有一种坚定的价值观。

很多选民接受采访的时候就说："谁对我有利？当然民主党候选人对我有利，他上台会给我们发福利。但为什么最后选了共和党人呢？因为我信他那一套。"虽然富人并不占多数，但是且看2004年布什那一届总统大选，给他投票的百分之六十几的人，都不是富人，但是他们信布什那一套。

你也可以理解美国当前政治生态上的一个特征，就是共和党人虽然显得傻傻的、笨笨的，还土气，不管在伦理上还是行为习惯上都比较保守，但是他们抱团，因为他们是用价值观、用传统凝聚起来的一个集团。民主党人虽然个个都很聪明，但是不抱团，有的人支持环保，有的人为同性恋呼吁，他们之间没有那么团结。这也是《别想那只大象》这本书为民主党人痛心疾首的一点。

我不知道你能不能理解我下面这个结论——很多右派保守主义者具体的观点听起来很反动、反革命，是在替富人说话，残忍无情。但是一旦我们理解其道德基础和传统根源之后，会发现这不是好人和坏人的问题，仅仅是个人价值观上的一个选择偏好。

不管政治那一套，我们再回头来探讨每个人的最具体的选择。我举一个例子，文章、马伊琍他们家出事后，马伊琍发了一条微博，遭到很多人的调笑甚至是嘲弄，但我恰恰觉得这条微博写得精彩极了。“恋爱虽易，婚姻不易，且行且珍惜。”这句话听起来就是我们前面讲的保守主义的整套价值观系统。

“恋爱虽易”，我们相信爱情，相信通过个人奋斗就可以拿到那个好东西。“婚姻不易”，永远别说什么大话，对人性不要寄予太高的期待，婚姻当中总是有各种问题，这些问题都得去解决。怎么解决？“且行且珍惜”。不要相信什么一揽子解决方案，公主和王子结婚之后从此过上了幸福的生活，没那回事儿，大家都是一边摸着石头过河，一边往前走，一点一点去把问题解决掉。

你看世界上的聪明人，当他们的价值观一致的时候，不管他知不知道什么叫保守主义，什么叫右派，他们的人生选择往往都是一样的。